In unserer digitalen Welt wirkt eine Flaschenpost wie ein Relikt aus uralter Zeit. Doch sie ist zeitlos. Und grenzenlos. Sie ist wie ein Schatz. Im Sommer 2008 begegnet Oliver Lück einer Lettin, die ihm 35 Briefe aus dem Meer zeigt. Jetzt macht er sich auf die Suche nach den Absendern. Sein Weg führt ihn von Litauen bis Deutschland, von Dänemark nach Russland und sogar bis in die Niederlande.

Er besucht Arne, einen schwedischen Fischer, der auf einer entlegenen Insel lebt und über 100 Briefe gefunden hat. Er lernt einen Flaschenpostredakteur aus Kiel kennen, der eine Zeitung herausgibt, die man nicht kaufen, aber finden kann. Und auf Rügen trifft er einen Mann, der regelmäßig Nachrichten mit Wind und Wellen verschickt und schon mehr als 30 Antworten aus sieben Ländern bekommen hat. «Flaschenpostgeschichten» nimmt sich Zeit für besondere Menschen und ihre Erzählungen, die alle über die Ostsee miteinander verbunden sind.

Oliver Lück, geboren 1973, lebt im Land zwischen den Meeren, in Schleswig-Holstein. Seit 20 Jahren arbeitet er als Journalist und Fotograf. Er reist durch Europa und sammelt Geschichten von Menschen, die Geschichten zu erzählen haben. Zuletzt ist sein Buch «Neues vom Nachbarn – 26 Länder, 26 Menschen» im Rowohlt Verlag erschienen. Mehr über den Autor und seine Arbeit finden Sie unter *www.lueckundlocke.de*.

Oliver Lück

FLASCHENPOST-GESCHICHTEN

Von Menschen, ihren Briefen und der Ostsee

Rowohlt Taschenbuch Verlag

3. Auflage August 2016

Originalausgabe
Veröffentlicht im Rowohlt Taschenbuch Verlag,
Reinbek bei Hamburg, April 2016
Copyright © 2016 by Rowohlt Verlag GmbH,
Reinbek bei Hamburg
Redaktion Tobias Schumacher-Hernández
Umschlaggestaltung ZERO Werbeagentur, München
Umschlagabbildung und Fotos im Tafelteil Oliver Lück
Karten Peter Palm, Berlin
Lithografie Susanne Kreher
Satz Arno Pro OTF (InDesign) bei
Pinkuin Satz und Datentechnik, Berlin
Druck und Bindung CPI books GmbH, Leck, Germany
ISBN 978 3 499 63085 9

Das für dieses Buch verwendete Papier ist FSC®-zertifiziert.

Inhalt

Ostsee ist Postsee 9
Wie die Idee zu diesem Buch entstand

Kapitel eins · 14

Die Briefe der Biruta Kerve 17
Sie sammelt Treibgut und macht sich das Leben bunt. Für Biruta Kerve aus Lettland ist das Meer der Postbote.

In den Wind geschrieben 28
Besonders viel Flaschenpost wird im Baltikum entdeckt – aber warum?

Kapitel zwei · 36

«Schjene liebe Gruesse aus Russland» 39
Thomas Masloboy hat ein seltenes Hobby: Flaschenpost. Jahrelang wartet er auf Antwort. Er sagt: «Ich habe Zeit.»

Der Flaschenpostautomat 56
Ein Strandversuch an der Ostsee.

Kapitel drei · 60

Herrn Arnes Schatz 63
Der Schwede Arne Nordström hat seinen Platz im Leben gefunden. Und schon mehr als 100 Buddeln mit Post. Ein Inselbesuch.

«Eine Flaschenpost ist völlig unzeitgemäß» 81
Peter Scharstein ist Flaschenpostredakteur.

Kapitel vier 92

Tief im Westen 95
Eine Nachricht aus Deutschland. Zwei Familien in Russland. Ein Leben im Dazwischen. Und Sommertage in Kaliningrad.

Planschen in Plastik 111
Wie geht es der Ostsee? Ist eine Flaschenpost Müll?

Kapitel fünf 118

Auf Augenhöhe mit dem Meer 121
Wie kommen Wünsche aus Holland an einen Strand in Lettland? Eine Tänzerin und ein Erfinder wissen die Antwort.

«Ich bin doch bloß der Postbote» 135
Konrad Icking ist der erste weltweite Flaschenpostkurier.

Kapitel sechs 142

Einsame Spitze 145
Mogens Christensen ist Strandvogt auf Bornholm. Seine Sammlung: 200 Botschaften aus Flaschen. Viele aus DDR-Zeiten.

36 818 Tage 161
Eine Flaschenposse um den angeblich ältesten Buddelbrief der Welt.

Kapitel sieben … 170

Sara auf Safari … 173
Sie spricht sechs Sprachen. Sie lebt in Dänemark und Tansania. Die Flaschenpostgeschichte der Sara Ilum.

«Flaschenpost finden ist wie Pilze sammeln» … 186
Frank Beerens hat ein privates Flusspostmuseum.

Kapitel acht … 192

Wortschätze … 195
1999 schreibt Kristofer Flensmarck einen Brief ans Meer. Darin ein Wunsch: Er will Schriftsteller werden. Heute ist er es.

Käpt'n Kork, bitte melden … … 210
Mit der Fähre von Kiel nach Klaipėda. Begegnungen an Bord. Und ein besonderer Brief.

Kapitel neun … 216

Stille Post … 219
Rückkehr ins lettische Nida: Biruta Kerve und ihr bunter Garten sind verschwunden. Eine Spurensuche.

Paldies, Tak und Danke an … … 238

Ostsee ist Postsee

Es gibt Sachen, die nur Kinder machen: auf einer Autobahnbrücke stehen und winken. Kaugummis am Automaten an der Ecke ziehen. Einen Wunschzettel an den Weihnachtsmann schicken. Oder Briefchen schreiben, die man, klein gefaltet und nass geschwitzt, seiner großen Liebe zusteckt. Darauf die alles entscheidende Frage: *Willst du mit mir gehen?* Gleich darunter die möglichen Antworten mit den Kästchen zum Ankreuzen: *Ja. Nein. Vielleicht. Weiß nicht.*

Auch eine Flaschenpost gehört zu den Ideen, auf die bloß Kinder kommen können. Dachte ich immer. Genauer gesagt, glaubte ich das bis zum 26. Juni 2008. Damals fuhr ich mit meinem alten VW-Bus von Land zu Land. Viel Zeit und kein Ziel. Europa ohne Ende. Das war der Plan. Nach der Reise wurde sogar ein Buch daraus, mit Geschichten, die mir in 20 Monaten begegnet waren. Es heißt «Neues vom Nachbarn – 26 Länder, 26 Menschen».

Einen dieser Menschen traf ich an besagtem Tag Ende Juni in einem Dörfchen namens Nida. Ich war gerade von Litauen nach Lettland gefahren und hinter der Grenze auf die erste Sandpiste in Richtung Meer abgebogen. Eigentlich suchte ich nicht mehr als einen ruhigen Schlafplatz, doch dann entdeckte ich einen mit Treibgut bunt geschmückten Garten, der eigentlich kein Garten, sondern eine große Galerie war. Bestückt mit aus Müll gebauten Kunstwerken. Hier lebte eine weißhaarige Frau, damals Mitte 60. Mit Biruta Kerve fing alles an.

Denn am Strand vor ihrer Haustür hatte sie nicht nur viel Plastik und Treibholz gesammelt. Sie hatte auch reichlich Flaschenpost gefunden. Liebesbriefe und Urlaubsgrüße. Zettel voll Wut und Bitterkeit. Nicht ernst gemeinte Hilferufe, Gedichte und kleine Malereien. 35 Briefe aus der Ostsee. Viele von Kindern. Die meisten von Erwachsenen. Biruta hatte allerdings nie Antworten geschrieben. Sie sprach kein Englisch und kaum Deutsch. Sie hatte kein Telefon und keinen Computer. Aber sie verwahrte die Schriftstücke für viele Jahre wie einen Schatz.

Also machte ich mich daran, den Absendern vom Fund ihrer Flaschenpost zu erzählen. Ich telefonierte, schrieb Karten und tippte weit über 500 E-Mails. Ein reger Schriftverkehr entwickelte sich. Ich wollte wissen, was für Menschen dahintersteckten, was für Geschichten sie erzählen konnten. Einige Botschaften blieben Briefgeheimnisse, da die Schreiber nicht mehr zu erreichen waren. Manche der Kinder von damals waren längst erwachsen und hatten selber Kinder.

Zwei Jahre fuhr ich immer wieder in die Ostseeländer, um diese Menschen zu treffen. Und die Recherche nahm ungeahnte Ausmaße an: Denn eine der Nachrichten kam von Thomas, der auf Rügen lebt. Er verschickt regelmäßig Flaschenpost. Das ist sein Hobby. 30 Antworten hat er schon bekommen. Eine von Mogens, einem dänischen Strandpolizisten von der Insel Bornholm, der seit 1971 mehr als 200 verkorkte Postwurfsendungen gefunden hat, viele davon aus DDR-Zeiten.

Durch diese Briefe lernte ich weitere Schreiber kennen: eine junge Dänin, die sechs Sprachen spricht und in Tansania eine zweite Heimat gefunden hat. Einen Schriftsteller aus Malmö, der in den neunziger Jahren seinen Herzenswunsch in eine Flasche steckte und auf die Reise schickte: Er wollte Schriftsteller werden. Einen Meeresbiologen aus der Ukraine, der auf seinen Forschungsfahrten in aller Welt schon mehr als 200 Mal Flaschenpost geschrieben und diese mit Seriennummern versehen hatte. Oder eine holländische Schulklasse, deren Flasche auf kuriosem Wege von Rotterdam nach England, durch Nord- und Ostsee bis nach Lettland wanderte. Darin auch der Wunsch eines Jungen mit den wohl größten Dingen, die sich ein Zehnjähriger vorstellen kann: *Star Wars und Weltfrieden.*

Am Ende hatte ich eine Auswahl von fast 300 Briefen. Die meisten gut lesbar, nur wenige von der Sonne ausgeblichen oder vom Salzwasser zersetzt. Ein roter Faden spann sich kreuz und quer durch die Ostsee. Ein soziales Netzwerk. Denn alle diese Menschen sind als Absender und Finder über zwei oder drei Ecken miteinander verbunden. Geschichten, die das Meer schreibt: Flaschenpostgeschichten.

Wie die von Arne, einem bärtigen Fischer, der auf einer winzigen Insel in Südschweden lebt. Er hat vier Nachbarn und fährt selten ans Festland, nur dann, wenn es unbedingt sein muss. Und wenn er zurückkommt, ist er froh, wieder zu Hause zu sein. Arne hat seinen Platz im Leben gefunden. Er hat auch schon mehr als 100 Flaschen mit Post gesammelt. Vor Jahren mal war eine von Thomas aus Deutschland dabei. Und auch das ist eine Verbindung in diesem Buch: Ich treffe eine Frau in Lettland, die mir eine Flaschenpost aus Deutschland zeigt, dessen Schreiber mir von einem schwedischen Fischer erzählt. Manchmal ist es gut, sich von den zufälligen Begegnungen leiten zu lassen.

In Zeiten von Passwörtern und Profilbildern, wo alle stets erreichbar, aber niemals greifbar sind, wo man 245 beste Freunde hat und an allen Ecken geliked, gelöscht oder gefolgt wird, wirkt eine Flaschenpost wie etwas Uraltes aus einer anderen Welt. Wie ein Selfie aus der Steinzeit. Denn sie tut das, was vielen heute seltsam erscheint: Sie lässt sich Zeit. Manchmal nur ein paar Tage, meist viele Jahre, oft für immer. Wobei, manchmal kann auch schon ein Paket, das man kurz vor Weihnachten zur Post bringt, zum Abenteuer werden.

Vor Jahren mal wollte ich ein Päckchen an einen guten Freund schicken. Darin lauter kleine Kostbarkeiten, die ich nicht mehr brauchte, die aber einen gewissen Wert hatten und im Internet sicher Höchstpreise erzielt hätten. Wie zum Beispiel noch originalverpacktes goldenes Lametta aus dem Jahr 1982. Es war ein richtig gutes Lametta. Es hatte feine Fäden, die trotzdem schwer genug waren, um auch wirklich hängen zu bleiben. Oder eine stark verstaubte Kassette mit Polkamusik aus dem Jahr 1986. Eine Dose Labskaus aus dem Vorratskeller meiner Eltern, das Mindesthaltbarkeitsdatum war abgelaufen, als es im Fernsehen noch drei Programme und Sendeschluss gab. Sogar einen langen Zopf, den ich mir viele Jahre zuvor abgeschnitten und in eine Schublade gelegt und vergessen hatte, packte ich in den Karton.

Das Paket aber kam nie an. Ich brachte es zur Post, und es verschwand. Bis heute frage ich mich, wo das Lametta und das Labskaus geblieben sind und was derjenige, der das Päckchen öffnete, wohl dachte, als er meine Haare sah. Er wird sich gewundert haben, so viel ist sicher. Vielleicht wird er sich sogar geärgert haben. Es waren ja auch 500 Lose für den Jahrmarkt beigelegt – alles Nieten.

Es gibt Menschen, die ihre Kontoauszüge schreddern und in Plastikflaschen stecken, um sie meistbietend bei E-Bay zu versteigern. Dazu der Hinweis: *Wollten Sie nicht immer schon mal etwas völlig Verrücktes kaufen?* Und es gibt Menschen, die dafür 2,99 Euro ausgeben. Plus 2,50 Euro Versand. Früher gab es so etwas nicht. Und früher war die Ostsee das, was den Osten vom Westen trennte. Heute verbindet sie. Früher schrieb man «privat» auf einen Brief, wenn man sichergehen wollte, dass er nicht auch von anderen gelesen werden sollte. Heute schreibt kaum noch jemand Briefe. Auch Zeitungsannoncen, in denen Brieffreunde gesucht werden, sind verschwunden. Es sind keine Telefonzellen mehr da. Das Klick und Klack der Schreibmaschinen ist verklungen. Selbst Zeitungen und Bücher kämpfen ums Überleben.

Doch auch heute findet man sie noch: die Dinge, die irgendwie schon immer da waren und einfach nicht verloren gehen wollen. Visitenkarten zum Beispiel, die immer griffbereit sind, auch wenn das Smartphone längst den Geist aufgegeben hat.

Oder eine Flaschenpost natürlich, die schon da war, als Frauen und Männer noch Kinder waren. Die heute noch da ist, wenn gestresste Männer und Frauen wieder wie Kinder sein wollen. Denn eine Flaschenpost ist zeitlos. Das habe ich in den Jahren der Recherche zu diesem Buch gelernt. Und das Meer, so hat es Arne, der schwedische Fischer, mir erzählt – und ich glaube ihm, denn er muss es ja wissen: «Das Meer», sagte er, «das kennt keine Wege. Es kennt bloß Richtungen.»

Einigen wird die Flaschenpostgeschichte, die nun folgt, bekannt vorkommen. Sie steht etwas kürzer in «Neues vom Nachbarn». Doch genau dort muss dieses Buch jetzt beginnen: in Lettland. In Birutas buntem Garten am Strand von Nida. Im Sommer 2008.

FLASCHENPOSTGESCHICHTEN

1. **Die Briefe der Biruta Kerve**
2. **«Schjene liebe Gruesse aus Russland»**
3. **Herrn Arnes Schatz**
4. **Tief im Westen**
5. **Auf Augenhöhe mit dem Meer**
6. **Einsame Spitze**
7. **Sara auf Safari**
8. **Wortschätze**
9. **Stille Post**

Bergen

NORWEGEN

Edinburgh

Nordsee

DÄNEMARK

Immingham

GROSS-BRITANNIEN

Stiens

NIEDERLANDE

London

◆ Rotterdam

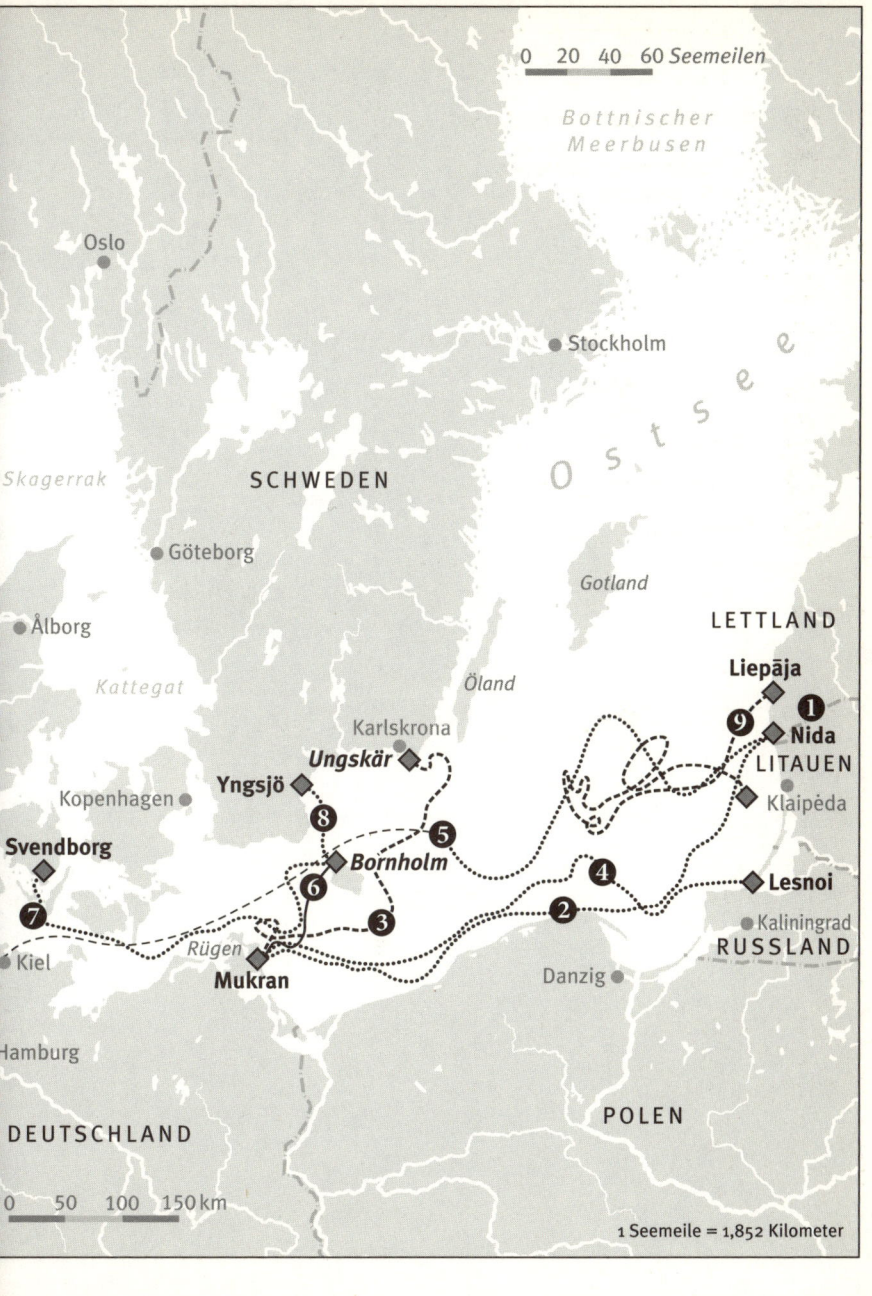

Die Briefe der Biruta Kerve

Sie lebt alleine in einer Holzkate am Strand und sammelt das, was die Ostsee ihr bringt. Für andere ist es nicht mehr als der Müll des Meeres. Für Biruta aus Lettland sind es Geschenke, die ihr der Wind und die Wellen machen – darunter 35 Flaschenpostbriefe aus halb Europa.

Der schmale Pfad führt durch einen Kiefernhain bis auf eine Düne, wo eine kleine Holzbank steht. Von hier hat sie einen guten Blick. Manchmal sitzt sie einfach nur da und schaut zu, wie die Ostsee ihre Farbe wechselt und mit schäumenden Zungen über den Strand leckt. Sie hört den Möwen zu, die so schrill und ausdauernd schreien, als ginge es um Leben und Tod. Und dann tapst Biruta Kerve los, sie geht auf die Suche. Sie liest auf, was das Meer sich irgendwann geholt hat und nun zurückgibt. Sie sammelt, was die letzte Flut in den braunschwarzen Spülsaum geschleppt hat, was die Stürme in den Schilfgürtel geschmissen haben, was ganz vorne, wo Wasser und Land sich trennen, in der Brandung dümpelt.

Heute sind es zwei Dutzend Flaschenverschlüsse, eine Zahnbürste, ein Feuerzeug, fünf leere Flaschen Wodka, eine Packung Erdnüsse aus Deutschland, eine Dose Schnupftabak aus Schweden und acht Dosen Mais aus Russland, rostig und angefressen vom Salzwasser, aber laut Aufdruck noch vier Jahre haltbar. Die Ostsee muss eine Menge schlucken, doch irgendwann spuckt sie alles wieder zurück an Land.

Für andere ist es nicht mehr als der Müll des Meeres. Für Biruta sind es Geschenke, die ihr der Wind und die Wellen machen. Sie trägt die Fundstücke in ihren Garten hinter der Düne und fügt sie ein in ihr Gesamtkunstwerk. Schutzhelme, Rettungsringe, Frisbeescheiben. Puppen, Uhren, Verkehrshütchen und Schleppnetze – Dinge, die verloren gingen oder im Sturm gekappt werden mussten. Einmal hat sie einen Fernseher gefunden, er funktionierte noch. Ein anderes Mal einen Feuerlöscher, dann einen Kühlschrank, einen Wasserkocher oder Kaffeemaschinen. Vier Kilogramm Orangen, kistenweise Bananen. «Die Tage danach gab es Bananenkuchen», erzählt sie, «auch viele Gläser Püree und Marmelade habe ich eingekocht.» Und regelmäßig kommt Brennholz an.

Biruta sagt: «Das Meer gibt und nimmt. Doch oft ist es großzügig zu mir. Jeden Tag werde ich neu überrascht. Jeden Tag sieht der Strand anders aus.» Und auch ihr Garten verändert sich: Fahnen in vielen Farben flattern an meterlangen Ästen im Wind. Bojen, mit denen Fischer ihre Leinen markieren, wachsen wie riesige Früchte an den Bäumen. Seltsame Wesen aus knorrigem Treibholz glotzen ihre Betrachter mit Flaschendeckelaugen an. Zahnbürsten sind zu Blumenmustern arrangiert. Einen Ölanzug, wie ihn Arbeiter auf Bohrinseln tragen, hat sie ausgestopft, mit einem Fußball als Kopf, und ihm eine Sonnenbrille aufgesetzt. Badelatschen sind in Reihe an den Hühnerstall genagelt. Die Hühner übersieht man in dieser bunten Welt aus Treibgut.

Von Nida, wo Biruta lebt, sind es gerade mal zwei Kilometer bis zur Grenze. Es ist das südlichste Dorf an Lettlands Küste – vermutlich auch das einsamste. Stundenlang kann man am Strand laufen, ohne einem Menschen zu begegnen. Während im Norden in Liepāja und im Süden im litauischen Palanga Touristen ihre Badetücher ausbreiten, Luftmatratzen aufpusten und dicht gedrängt am Strand liegen, hat es hier noch nie nach Sonnencreme gerochen, hat noch nie ein Verkäufer Eis am Strand verkauft. Der Eiserne Vorhang hing gleich hinter Birutas Holzkate – zwischen ihr und dem Meer.

Der Strand war zu Sowjetzeiten gesperrt. Es patrouillierten Soldaten. Wachtürme standen alle 100 Meter. Und doch lebten damals mehr Menschen hier, über 100. «Fast alle waren Fischer», erzählt Biruta, «doch dann durfte keiner mehr zur See.» Die Ruderboote wurden mit Äxten in Stücke gehauen. Tag für Tag pflügte das Militär breite Furchen in den Sand, um die Spuren möglicher Flüchtlinge oder Spione sofort entdecken zu können. Den Menschen sollte die Flucht so schwer wie möglich gemacht werden. Fast 50 Jahre lang.

Biruta hat in dieser Zeit in drei verschiedenen Staaten gelebt, ohne auch nur das Haus verlassen zu haben. 1944 wurde sie im von Nazi-Deutschland besetzten Lettland geboren. Ein Jahr später eroberte die Sowjetunion die Küstenlinie zurück. Und 1991 wurde Lettland wieder unabhängig. «Der schönste Tag meines Lebens», sagt Biruta heute noch. Auch wenn damals vieles schwieriger wurde und viele Letten – als die Freiheit endlich Gewissheit war – Reißaus nahmen. Die meisten Höfe sind seit Jahren verlassen. Man hat sie aufgegeben und lässt sie verfallen. Nur noch fünf der Häuser sind bewohnt. Die Menschen, die geblieben sind, sind alt, die meisten weit über 70. Es ist ein einfaches, meist selbstversorgtes Leben, mit Plumpsklo auf dem Hof und Brunnen hinterm Haus. Mit Holzofen und ohne Telefon. Mit oft kargen Mahlzeiten aus selbst gesammelten Zutaten, reich an Geschmack, weil ohne Geschmacksverstärker.

Viele Mauern in Nida sind grün überwuchert. Elche und Wölfe, Füchse und Biber leben wieder hier. Ganze Kolonien von Störchen suchen zwischen Meer und Moor, auf den Wiesen hinter den Dünen, nach Fressbarem. Die Natur erobert das Land zurück. Und hier, wo die Ostsee im Westen liegt, kann der Himmel ein Spektakel sein. Er fegt alles weg, wenn er will. Er wird eins mit dem Meer, wenn er will. Bleigrau und graublau. Gleich wird es Regen geben. In Nida kann man das Wetter von weitem kommen sehen. Jetzt ziehen drohende Wolkenwände von der See herüber. Der Wind wird stärker.

Biruta sammelt noch schnell einige Zweige im nahen Wäldchen, für den Ofen. Sie mag es, wenn es von einem auf den anderen Moment anders riecht, die Luft schwerer wird und nach feuchtem Heu schmeckt. Sie liebt es, wenn die Winde so kräftig am Wellblechdach ihres Hauses rütteln, dass sie nachts nicht schlafen kann. Und wenn es im Frühjahr und im Sommer blüht, wenn es noch bunter wird in Birutas Garten, beginnt die schönste Zeit des Jahres für sie, «dann habe ich ein Leben in Hülle und Fülle. Das ist eine große Freiheit. Das ist alles, was ich mir wünsche.» Und auch an unwirtlichen Wintertagen, wenn der mächtige Westwind heult wie ein krankes Tier und so stark ist, dass niemand mehr aufrecht gehen kann, und er die Ostsee einfach über den schmalen Strand drückt, auch die Dünen die Sturmflut nicht aufhalten können und das Wasser direkt vor ihrer Haustür steht, wenn die Wellen donnern, dass es sich wie ein Beben aus der Hölle anhört, dann scheint die Zeit endgültig still zu stehen im einsamen Nida, wo die Vergangenheit so gegenwärtig und die Zukunft so ungewiss ist.

Regelmäßig aber wird das kleine Nida verwechselt – mit einem anderen ehemaligen Fischerdorf, das in Litauen, keine 100 Kilometer entfernt, liegt und auch Nida heißt. Die beiden Orte verbinden der Name, die Ostsee und ihre Geschichte, beide waren von den Sowjets besetzt. Heute gibt es keine Gemeinsamkeiten mehr. Das andere Nida ist so ganz anders. Es ist das genaue Gegenteil. Dort gibt es Haupt- und Nebensaison. Es gibt Hotels und Restaurants. Es gibt Tausende Touristen und einen Supermarkt, der täglich von 7:30 Uhr bis 23 Uhr geöffnet hat. Im Hafen liegen Segelyachten. Die Häuser sind frisch renoviert, das Holz ist in warmen Farben gestrichen, und die Straßen sind asphaltiert. In der Touristeninformation kann man Thomas-Mann-T-Shirts kaufen. Sein ehemaliges Sommerhaus ist heute ein

Kulturzentrum. Das Dorf ist ein Menschenmagnet. Es liegt zwischen Haff und Ostsee auf der Kurischen Nehrung, dem schmalen Fetzen Land, den sich Litauen und Russland teilen, der wie eine seltsame Laune der Natur wirkt, wo weiße Wüstenberge mitten im Meer enden. Über 1500 Menschen leben in diesem Nida, das jeder kennt. Das Nida in Lettland kennt keiner. Zwei Dörfer, ein Name, zwei Welten.

Biruta ist nie im namensgleichen Dorf gewesen. «Ein Nida langt mir», sagt sie. *Zu verkaufen* steht auf vielen Schildern, die vor den Höfen im sandigen Boden stecken. Doch niemand kauft die Grundstücke, nur einige reiche Litauer oder Russen gönnen sich in Birutas Heimatdorf ein Sommerhaus, verbringen dann aber kaum Zeit hier. Denn die Zeit läuft anders in Nida, vielen viel zu langsam. «Hier gibt es nur das Meer. Zeit darf bei uns noch Zeit sein», sagt sie, «vermutlich ist es den meisten zu ruhig hier.» Und ihre meerblauen Augen verraten den Rest. Es solle ihr recht sein, sie komme gut alleine klar, sagt sie. Doch wer viel alleine ist, der schweigt auch viel, wenn er nicht alleine ist. Auch bei Biruta ist das so. Sie braucht immer ein wenig, um sich an Gesellschaft zu gewöhnen. Dann aber, nach einiger Zeit, beginnt sie von sich aus etwas mehr zu erzählen, auch über sich und ihre Geschichte.

Vor der Unabhängigkeit Lettlands war sie einfache Traktoristin in der regionalen Kolchose «Padomju Latvija» – zu Deutsch: Sowjetisches Lettland. Die umliegenden Dörfer waren in einem großen Kollektiv zusammengeschlossen, mit einigen tausend Menschen. Sie erzählt, wie sie die Felder bestellte. Sie erzählt, wie die Ernte eingeholt wurde. Und wie man morgens in ein Glas pusten musste und der Brigadeführer seine Nase hineinsteckte. Wessen Atem nach Wodka roch, durfte den Tag nicht arbeiten, nicht Trecker oder Mähdrescher fahren. Mit dem Kollaps der Sowjetunion verschwanden auch die Staatsbetriebe, Biruta und ihr Mann Jurji verloren ihre Arbeit. Doch eine Alternative gab es nicht im einsamen Nida.

Der Strand aber, der war nun wieder frei zugänglich. Und schon bald fingen die beiden an, das Strandgut, das sie auf ihren langen Spaziergängen fanden, zu sammeln und in ihren Garten zu schleppen. «Wir hatten nicht viel, also mussten wir erfinderisch sein», erzählt sie, «was man hatte, das hatte man. Und das reichte meistens auch.» Sie mussten sehen, was die Natur für sie bereithielt. Meist früh um vier oder fünf am Morgen – noch vor allen anderen – stiefelten sie los. Aus allem, was die Wellen brachten, wurde etwas gemacht. Gewaltige Baumwurzeln haben sie geschliffen und bunt geschmückt. Aus Plastikrohren haben sie Torbögen gebaut. Hölzerne Kraken und Müllmonster bevölkern nun das Dorf. In ihrem kleinen Kunstpark hat der Müll eine neue Bedeutung bekommen. Er muss nicht verschwinden, er darf bleiben. TrashArt würde man die Skulpturen und Objekte heute in der Kunstsprache wohl nennen. «Kunst?», wiederholt die kleine Frau mit den weißen Haaren erstaunt, «wohl eher nicht. Ich mache mir das Leben bunt – das ist alles.»

Im Januar 2006 ist ihr Mann mit 66 an Krebs gestorben. Er liegt auf dem kleinen, von Büschen und Bäumen eingefassten Friedhof gleich gegenüber ihrem Garten begraben. Sie hat Steine am Strand gesammelt und auf sein Grab gelegt. Sie sind rund geschliffen vom ewigen Gleichlauf der Wellen, «vom Leben», wie Biruta sagt. Ihren Ehering trägt sie weiter am Finger. «Der bleibt für immer.» Und auch sie wird in Nida bleiben und weiter das sammeln, was die Ostsee ihr bringt. «Das führe ich fort», sagt sie, «für mich und Jurji.» Der Staat zahlt ihr eine kleine Rente, etwas mehr als 100 Lats im Monat – das sind keine 150 Euro. Sie braucht ihren Gemüsegarten zum Überleben. Einmal die Woche fährt sie ins 60 Kilometer entfernte Liepāja, um Einkäufe zu machen und ihren Sohn zu besuchen. Eine Tagesreise mit dem Bus. Doch die Stadt ist nichts für sie, «viel zu viele Menschen auf viel zu wenig Platz. Wenn ich dort leben müsste, würde ich krank werden. Das ist mir zu laut. Ich möchte in

Ruhe am Meer sein.» Doch auch Biruta hat auf ihrem Grundstück ein Schild aufgestellt. Mit den Verschlusskappen von Plastikflaschen hat sie einen Pfeil und drei Wörter daraufgenagelt: *Taka uz Juru* – da geht's zum Meer. «Für die Touristen», sagt sie, «ich weiß ja, wo der Strand ist.»

An manchen Tagen stehen tatsächlich Fremde an ihrem Gartenzaun und blicken ungläubig auf das bunte Grundstück. Die meisten haben versehentlich die Abzweigung nach Nida genommen und sind die kilometerlange Schotterpiste gefahren, die hier ohne Ankündigung endet. Nun reiben sie sich verwundert die Augen, da sie so etwas nicht erwartet und noch nie gesehen haben. Man kann die Fragen in ihren Gesichtern lesen: *Was um Himmels willen ist das? Was soll das? Wer wohnt denn hier?* Und dann trauen sie sich doch, kommen näher und laufen staunend durch den bunt geschmückten Garten. Wie jetzt zwei Frauen und zwei Männer aus Riga. Sie sind die einzigen Besucher der letzten drei Tage. Sie kichern und fotografieren jedes Detail, jedes Stück Holz und sich gegenseitig. Biruta steht dabei und strahlt. Sie zeigt ihre Skulpturen, die drei Tütchen mit Bernstein und den ganzen Stolz ihrer Sammlung: Briefe, die ihr das Meer gebracht hat. «Flaschen mit Wörtern», wie sie in gebrochenem Deutsch sagt. 35 Botschaften, die an den Strand vor ihrer Haustür gespült wurden. Abgeschickt in Schweden, Polen, Litauen, Russland, den Niederlanden und Deutschland. Oder von Fähren und Segelbooten in die See geschmissen. Gestrandet in Nida, Lettland. Das Meer als Postbote.

Biruta hat alle Briefe sorgfältig in Klarsichthüllen gesteckt und in einer Mappe abgeheftet. Auf jedes Papier hat sie das Funddatum notiert. Post aus einer fremden Welt. Noch nie hat sie außerhalb Lettlands Urlaub gemacht. Noch nie hat sie einem der Absender eine Antwort geschrieben. Sie spricht kein Englisch und kaum Deutsch. Sie spricht Lettisch und Russisch. Doch manchmal lässt sie sich eine frisch eingetroffene Flaschenpost von den Gästen übersetzen, die ihren Garten besuchen. Manche der Flaschen trieben Jahre in der Ostsee, andere nur ein paar Tage.

Doch jede Nachricht erzählt die Geschichte eines oder mehrerer Menschen. Wie von Agnes und Aurelija aus Litauen zum Beispiel, die sich beide in einen Schweden namens Cobain verlieben, der sie per Anhalter mitgenommen hatte. Also wünschen sich die Mädchen noch mehr nette schwedische Männer in ihrer Heimatstadt Klaipėda. Am 28. April 2001 verschicken sie einen Liebesbrief ins Meer. Biruta findet ihn fast zwei Jahre später, am 7. Februar 2003.

Oder die damals 30-jährige Nico aus Stettin, die als Köchin auf einem polnischen Frachtschiff arbeitet und sich nach fernen Reisen sehnt, wie sie am 15. September 2004 schreibt. Dann wirft sie die Flasche zwei Seemeilen vor dem polnischen Seebad Leba ins Meer. Biruta sammelt Nicos Nachricht bereits sechs Tage später ein.

Oder Brigitte und Günther aus Laboe, die mit der Passagierfähre *Gloria* von Kiel nach Litauen in den Urlaub unterwegs sind.

Vidmantas aus der litauischen Kleinstadt Skuodas, der in seinem Gedicht vom Leben und von der Liebe erzählt. Es endet mit dem Satz: *Und nun wünsch ich mir eine schöne Frau an meiner Seite.*

Paulina aus der Nähe von Warschau, die sich auf einen gemeinsamen Urlaub am Meer mit ihrem Freund freut. Doch der muss arbeiten. Am Telefon gibt es Streit. Sie macht ihm Vorwürfe. Er schreit sie an. Sie schreibt: *Ich hasse ihn. Doch nun gehe ich nach Hause, um mit ihm ein ernstes Wörtchen zu reden. Wieder einmal ist etwas schiefgelaufen in meinem Leben. Doch ich habe Hoffnung.*

In dieser Flasche steckte auch ein zweiter Brief. Auf der Rückseite eines Horoskops notiert eine Freundin Paulinas am 9. Juli 2007: *Nie habe ich mich einsamer gefühlt als vergangene Nacht. Vielleicht ist es lächerlich: Aber ich dachte, dass mir eine Flaschenpost irgendwie helfen könnte, dass ich nicht länger traurig bin. Solltest du ein netter Mann sein, schreib mir doch mal. Weronika*

Auch Luftpost ist bei Birutas Briefen dabei: Der Ballon mit der Karte aus Kiel muss irgendwo in die Ostsee gestürzt und dann bis nach Nida getrieben sein: *Achtung!*, heißt es, *der Verein Schüler helfen Leben startete einen Luftballonflugwettbewerb am Tag der Deutschen Einheit.* Michi aus Heikendorf hätte den Preis für den am weitesten geflogenen Ballon sicher gewonnen, wenn Biruta geantwortet hätte. Oder die Flaschenpost von Jan aus dem Dorf Holm in Schleswig-Holstein, der drei Fragen hat: *1. Wie findest du Deutschland? 2. Wie heißt du? 3. Bist du ein Junge oder ein Mädchen? Bitte schicke eine Flaschenpost mit deinen Antworten an meine Adresse.* Biruta entdeckte den Brief des damals 14-Jährigen am 8. September 2007. Jan hatte ihn gemeinsam mit einem Freund geschrieben und in den Sommerferien in die Ostsee geworfen.

Verfolgt man den Weg mancher Briefe zurück zu ihren Schreibern, zeigt sich, wie das Meer auf ungewöhnliche Weise Menschen verbinden kann. Wie bei Thomas, der in Sassnitz auf Rügen lebt. In seiner Nachricht schreibt er: *Es ist Sturm aus westlicher Richtung. Das ist die Gelegenheit, mal wieder ein paar Flaschen auf die Reise zu schicken. Ich freue mich schon jetzt auf Antwort.* Jedes Mal notiert er die Koordinaten und die Uhrzeit, wo und wann er diese ins Wasser wirft. Weit über 150 Botschaften hat er schon verschickt. Es fasziniert ihn, wer die Meerespost wann und wo findet. Und fast 30 Menschen aus sieben Ländern haben ihm bereits eine Antwort geschrieben, darunter Arne aus Schweden, Magda aus Polen, Darius aus Litauen, Lasse aus Dänemark oder Natalja aus Russland. Am 1. Januar 2007 bringt Thomas ein weiteres Stück Papier auf den Weg. Am 4. Februar wird es von Biruta rund 300 Seemeilen – fast 550 Kilometer – weiter östlich gefunden.

Und auch Muriel aus den Niederlanden startete mit ihrer Schulklasse ein Flaschenpostprojekt in der friesischen Kleinstadt Stiens. Die Kinder schrieben auf, wie sie sich eine bessere Welt vorstellen würden. Hielke notierte: *Ich möchte, dass es weniger Umweltverschmutzung gibt. Und dass nie wieder Bomben und Terroristen kommen.* Erik schrieb: *Ich finde die Welt gut, aber sie könnte noch besser sein.* Ein anderer Zettel liest sich wie eine Nachricht an den Weihnachtsmann: *Ich wünsche mir Star Wars und Weltfrieden.*

Und schnell stellt man sich vor, wie die Flasche aus Holland ihren Weg durch die Nordsee, durch Skagerrak und Kattegat, vielleicht an Kopenhagen oder Fehmarn vorbei, und weiter durch die halbe Ostsee bis an den Strand von Nida gefunden haben muss. Erst sehr viel später, in einigen Monaten, wird sich durch eine E-Mail der holländischen Lehrerin aufklären, dass sie im Hafen von Rotterdam einen russischen Kapitän gebeten hatte, die Nachrichten mitzunehmen und in die Ostsee zu werfen. Am 10. Dezember 2004 hatte Kapitän Denisenko Wort gehalten und die Flasche über Bord geschmissen. Zwei Wochen später fand Biruta sie bei ihrem Spaziergang an Heiligabend – Weihnachtspost mit den Wünschen und Träumen von Kindern.

Längst ist es wieder ruhig im Garten hinter der Düne. Keine Touristen mehr, die kichern. Keine Fotoapparate, die klicken. Was bleibt, sind die Einträge im Gästebuch. In eine der Bojen hat Biruta ein Loch gebohrt und *Kasse* daraufgeschrieben. Und nun schüttelt sie die Spenden der Besucher aus dem Plastikball und setzt sich vor ihr Haus auf eine Holzbank an einen Holztisch. Unter dem Tisch liegt ihr Hund und schläft. Er heißt Ekars, was so viel wie Haufen bedeutet. Hinter ihr an der Wand hängt ein Rettungsring mit dem Namen des Schiffes, von dem er geworfen wurde. Die Frachtfähre *MS Petersburg* lief 1985 in Wismar vom Stapel und kreuzte lange im Ostseeraum. Heute fährt sie im Schwarzen Meer. Ob der leuchtend orangefarbene Ring jemals ein Leben gerettet hat, wird nie jemand erfahren. Wo das Schild mit dem deutschen Hinweis *Badestrand nur für Frauen* gestanden hat, auch nicht. «Würde ich die Gegenstände nicht aufsammeln, würde es keiner tun und der Strand wäre in nur wenigen Tagen total verdreckt», sagt Biruta. «Mein Strand wird sauber bleiben!» Ihre Goldzähne blitzen in der Abendsonne. Die aus halben Bojen zusammengebauten Windräder quietschen. Bunte Plastikflaschen, die an Sträuchern blühen, klappern. Nur der Wind, eine Frau und das Meer – ein stilles Leben in Farbe.

In den Wind geschrieben

Warum kommen so viele Briefe an der lettischen Küste an? Gibt es Dauerwellen oder Ströme, die wie gewaltige Fließbänder funktionieren? Ein Besuch bei Frank Janssen, Ozeanograph und Experte für Meeresströmungen, der den Kräften der Ostsee auf der Spur ist.

Die Bernhard-Nocht-Straße in St. Pauli zählte schon immer zu den wirklich wichtigen Adressen der Hansestadt. Hier wird das Wetter gemacht, hier hat der Deutsche Wetterdienst seinen Sitz. Das Bernhard-Nocht-Institut für Tropenmedizin ist gleich nebenan. Gegenüber hat es auch mal die Astra-Brauerei gegeben, bis das Bier Pleite machte und der Name verkauft werden musste. Und auch das Bundesamt für Seeschifffahrt und Hydrographie, kurz BSH, ist in der Parallelstraße der Reeperbahn zu finden und kaum zu übersehen. Der wuchtige Behördenbau aus rotbraunem Backstein hat Hunderte Fenster. Genauso viele Menschen arbeiten dort. Es werden Sturmfluten und Gezeiten vorhergesagt. Es werden Meere vermessen.

Wenn Frank Janssen aus dem Fenster seines Büros blickt, sieht er den Hafen und den Fluss. Das ist wichtig für diese Geschichte, in der es um das Fließen und Strömen geht. Die Aussicht ist schiffig. Doktor Janssen kann die voll beladenen Containerfrachter und Schlepper beobachten. Er kann sehen, wie die Elbe Dinge transportiert und Menschen in Bewegung setzt. Das Wasser will nicht stillhalten – und das ist sehr entscheidend für die Arbeit des schlanken Bart- und Brillenträgers mit den kurzen schwarzgrauen Haaren. Er ist Experte, wenn es um Meeresströmungen in der Nord- und Ostsee geht. Seit 2006 ist er beim BSH. Er trifft Vorhersagen, wie sich die Wassermassen bewegen werden. Er berechnet Driftwege von Gegenständen. Und nun soll er mir erklären, warum die Ostsee so beharrlich viel Flaschenpost an die lettische Küste trägt. Gibt es dort Ströme, die wie Förderbänder funktionieren? Er sagt: «So einfach ist es natürlich nicht. Es ist viel einfacher: Der Wind ist die treibende Kraft.»

Frank Janssen, geboren 1968, hält jetzt einen kleinen Vortrag über den Wind. Er spricht von «Windfaktor» und «Driftkörper». Er sagt: «Der Wind hat dreifachen Einfluss: Er macht die Wellen, er erzeugt die Oberflächenströmungen und dirigiert ganz wesentlich die Drift einer Flaschenpost, da sie mindestens zur Hälfte aus dem Wasser guckt. Natürlich gibt es auch in der Ostsee Strömungen und Wirbel, die sind aber lange nicht so gewaltig wie im Atlantischen oder Pazifischen Ozean.»

Im Jahresmittel, erklärt er, herrschen über der Ostsee West- oder Südwestwindlagen. Gerade im Herbst und im Winter brauen sich über dem Nordatlantik mächtige Winde zusammen, die über die Nordsee und weiter nach Osten ziehen. Deshalb ist der Schriftverkehr auch eher einseitig: Briefe aus Deutschland oder Dänemark haben viel größere Chancen, östlich gefunden zu werden als umgekehrt. Post aus Lettland oder Litauen wird meist an der eigenen Küste wieder angeschwemmt. Polen schreiben fast immer ins Baltikum oder an Menschen im Golf von Finnland. Finnen wiederum finden viele Wurfsendungen von Schweden. Und Schreiber aus Sankt Petersburg haben generell eher schlechte Karten, da es ihre Flaschen kaum aus dem Finnischen Meerbusen schaffen. «Unmöglich ist gar nichts», betont Frank Janssen, «die Wahrscheinlichkeit ist aber gering, dass etwas viele Jahre in der eher kleinen Ostsee treibt. Alles wird früher oder später wieder ans Ufer kommen.» Auch eine erst nach Jahren gefundene Flaschenpost wird vorher gestrandet, durch die Wellen eingegraben und mit der nächsten Sturmflut wieder ausgegraben worden sein, vermutet er. Doch kein Mensch weiß das so genau. Auch ein Experte für Meeresströmungen nicht. «Und genau das macht ja den Reiz und das Geheimnis aus. Der Weg einer Flaschenpost lässt sich nicht erklären.» Auch wenn er das als Wissenschaftler natürlich nicht so gerne sagt.

Seine Kollegen, die Meteorologen, sind die Sammler. Datensammler. Sie erforschen das Wetter und tragen eine Flut an Informationen zusammen. Frank Janssen ist der Detektiv. In seinem Computer wird die Ostsee zu einem Meer aus Zahlen, die es zu filtern und zu verdichten gilt. Er sucht das Wasser mit Wetterdaten und Windprognosen ab, spürt herrenlos treibende Container auf, die zu einer Gefahr für andere Schiffe werden könnten. Er braucht nur die Koordinaten, wo etwas ins Wasser gefallen ist, dann beginnt er zu ermitteln. Er kann den Seenotrettern sagen, wo sie suchen müssen, wenn ein Mensch vermisst wird, wenn nur noch wenig Zeit bleibt. Und mit seinen Strömungsmodellen kann er auch zurückverfolgen, wo und wann etwas ins Meer gelangt sein könnte. Das kann ein Ölteppich sein. Das können Chemikalien aus den Tanks von Schiffen sein. Das können auch Wasserleichen sein. Vor einigen Jahren wurden mal zwei tote Frauen angeschwemmt, eine an der Nordspitze Sylts, die andere an der Südküste der dänischen Nachbarinsel Rømø. Es waren zwei Schwestern aus Baden-Württemberg, 70 und 75 Jahre alt. Die Kleidung und das Gewicht hatten sie unterschiedlich treiben lassen. Frank Janssen hatte herausfinden können, dass beide am selben Ort auf Sylt zu exakt derselben Zeit ins Wasser gekommen sein mussten. Vermutlich hatten sie sich gemeinsam das Leben genommen.

Wer mehr über Frank Janssen erfahren möchte, könnte bei seiner Kaffeetasse beginnen. Die kann einen entscheidenden Hinweis geben: Darauf ist die Luftaufnahme einer sehr schmalen, lang gezogenen Insel zu sehen. Ein breiter Sandstrand, ein großer See in der

Mitte, das Wattenmeer. Der Becher ist schon etwas abgegriffen, das Bild an manchen Stellen etwas verblasst. Entweder hat er die Tasse schon sehr lange, oder er trinkt besonders gerne daraus. Doch wer ein bisschen Ahnung von den deutschen Nordseeinseln hat, wird das aalförmige Eiland sofort erkennen. Es ist Juist.

Frank Janssen schenkt jetzt nach und nimmt einen Schluck. Dann dreht er die weiße Tasse, um zeigen zu können, wo er aufgewachsen ist und wo seine Eltern heute noch leben. In einem Dörfchen in der Inselmitte. Als Kind hat er häufiger mal Flaschenpost am Nordstrand gefunden. Eine war von einem britischen Seemann, das weiß er noch. Und Frank Janssen könnte noch viel mehr Postgeschichten von seiner Heimatinsel erzählen. Wie die DHL vor einiger Zeit mal Tests mit einer Drohne machte zum Beispiel. Medikamente sollten mit dem Flugroboter vom Festland zur Inselapotheke transportiert werden. Es gab auch mal einen deutschen Raketenpionier, der in den dreißiger Jahren Postsäcke auf die Friesischen Inseln schießen wollte, wenn Schiffe bei rauer See nicht auslaufen konnten. Flugzeit der Raketenpost bis Juist: knapp zwei Minuten. Es sollte aber alles ganz anders kommen. Der Mann kam bei der Herstellung neuer Treibsätze ums Leben – aber das ist eine andere Geschichte.

«Eine Flaschenpost», sagt Frank Janssen, «für die man Start- und Endzeitpunkt kennt, ist eher selten und aus ozeanographischer Sicht sehr interessant. Sie hat einen wissenschaftlichen Nutzen, wie ein Experiment. So können wir unsere computergesteuerten Modelle auf ihre Genauigkeit testen.» Dafür sollte auch das Material der Flasche bekannt sein – Glas taucht viel tiefer ein als Plastik. «Plastikflaschen sind mindestens doppelt so schnell. Der Windfaktor ist viel größer. Sie sind ein neues Zeitalter der Flaschenpost.»

Wie präzise seine Prognosen sein können, zeigt er nun anhand eines von Biruta gefundenen Briefes (siehe Karte auf Seite 36/37): Thomas aus Sassnitz hatte die PET-Flasche mit dem Schraubverschluss gegen Mittag des 1. Januar 2007 in die Ostsee geworfen. Der Neujahrstag war ungewöhnlich warm auf Rügen, milde acht Grad. Dicker Regen. Und für zweieinhalb Tage sollte der Wind mit Wucht aus Westen kommen. Ein perfekter Start. Das Sturmtief «Lotte» tobte mit Stärken von zehn bis elf.

Am frühen Abend des 3. Januar wäre die Flasche beinahe in der Nähe des polnischen Dorfes Mielno angespült worden. Gegen 21 Uhr aber drehte der Wind auf Südsüdwest. Es ging weiter die Küste hinauf, die ganze Nacht und den nächsten Tag, ehe es am späten Abend des 4. Januar wieder stramm aus Westen zu wüten begann.

Zwei Tage lang muss die Plastikflasche regelrecht über das Meer geflogen sein. Immer dicht an der hinterpommernschen Küste entlang. Bei den Wanderdünen von Leba strandete sie wieder fast, driftete knapp an der Halbinsel Hel vorbei und nahm Kurs auf das Kliff von Donskoje in der russischen Exklave Kaliningrad.

Doch gegen 21:30 Uhr des 7. Januar drehte der Wind erneut: Drei Tage lang herrschten teils orkanartige Böen aus Südsüdwest. Und am 10. oder 11. Januar endete die Reise am einsamen Sandstrand von Nida in Südlettland. In elf Tagen hatte die Flasche knapp 300 Seemeilen zurückgelegt.

Als Biruta den Brief am 4. Februar entdeckte, muss er schon über drei Wochen in den Dünen gelegen haben. «Es ist nicht ungewöhnlich, dass eine Flasche eine so große Entfernung in relativ kurzer Zeit zurücklegt», weiß Frank Janssen. Auf offener See stellt sich Stürmen nichts in den Weg. Ungebremst brechen sie über die baltische Küste herein, wo die längsten Strände der Ostsee liegen. «Die sandigen Ufer Lettlands und Litauens sind wie geschaffen dafür, dass dort viel antreiben kann. Sie sind sehr flach und gut zugänglich.» Ein weiterer Grund für die massenhaft angeschwemmten Gegenstände ist der Schiffsverkehr. «Auf der Ostsee gibt es die meistbefahrenen Wasserstraßen der Welt. Fracht- und Fährschiffe folgen festen Wegen, wie auf einer Autobahn. Und da schmeißen Passagiere oder Seeleute auch häufiger was rein – nicht bloß Flaschenpost.»

Natürlich kennt auch Frank Janssen die Geschichte der gelben Badeenten, die eigentlich für die lauwarmen Gewässer amerikanischer Whirlpools gedacht waren. Im Januar 1992 gingen sie im stürmischen Nordostpazifik zwischen Hongkong und Tacoma an der Westküste der USA in einem Container über Bord. *Ever Laurel* hieß das Schiff, das Teile seiner Ladung verlor. Es waren auch grüne Frösche, rote Biber und blaue Schildkröten dabei. Fast 30 000 Gummitierchen. Viele schwimmen heute noch. Manchmal gehen sie an Land. In Alaska oder in Chile. In Australien, auf Hawaii oder in Indonesien. Eine Ente kam in Maine an, ein Frosch in Schottland. Sie sehen aber nicht mehr schön aus. Verblichen von der Sonne. Vom Salzwasser zerfressen. Zerkratzt und zerhackt von den Angriffen der Seevögel. Mutierte Quietschezombies, made in China. Längst sagen Ozeanforscher voraus, wo die Tiere als Nächstes gesichtet werden. Der Plastikmüll gibt ihnen Hinweise auf die Kräfte der Meere. Genauso wie die drei Millionen schwimmenden Lego-Figuren, die vor Großbritannien ins Wasser kippten. Oder die 60 000 Turnschuhe vor der Küste Alaskas. Hier sind es Hunderttausende Bierdosen, an anderer Stelle ein paar Millionen Kondome.

Gleich ist Feierabend, doch Frank Janssen möchte mir noch etwas zeigen. Im Erdgeschoss des BSH hüten die Bibliothekare einen Schatz: die wohl älteste Flaschenpostsammlung. Mitte des 19. Jahrhunderts hatten die Hamburger Meeresforscher mit einem Experiment begonnen. Sie wollten die Strömungen der Ozeane untersuchen. 6000 leere Rumflaschen aus extra dickem Glas wurden an die Kapitäne deutscher Handelsschiffe verteilt, dazu ein mit Schreibmaschine vorbereitetes Formular, auf dem Datum und Längengrad eingetragen werden sollten. Weltweit wurden sie ausgesetzt. Bis heute kamen 662 zurück. Per Post. Von den Findern mit Ort und

Zeit versehen. Die erste Antwort im Jahr 1867, die letzte 1933. Und manchmal kommen Besucher in die Bibliothek in der Bernhard-Nocht-Straße und wollen das «Flaschenpostmuseum» sehen, von dem sie gehört haben. Und dann sind sie enttäuscht, wenn sie die vielen Vordrucke in den vier dicken Büchern mit den schwarzen Einbänden sehen. Alle Blätter sehen gleich aus, unterscheiden sich bloß durch Datum und Fundort. «Denn nur die Daten sind wichtig für uns», sagt Frank Janssen. Und er schiebt noch einen Satz nach: «Eine Flaschenpost im Dienste der Wissenschaft hatte noch nie mit Romantik zu tun.»

Zu den Seekarten in diesem Buch: Die eingezeichneten Driftwege der Flaschenpostbriefe konnten mit Hilfe der Strömungsmodelle des BSH berechnet werden.

2 «Schjene liebe Gruesse aus Russland»

2

»Schjene liebe Gruesse aus Russland»

Thomas Masloboy hat ein seltenes Hobby. Er verschickt Flaschenpost und wartet auf Antwort. Es fasziniert ihn, wer seine Briefe findet. Das kann Jahre dauern, aber auch nur wenige Tage. Doch der Mann von der Insel Rügen sagt: «Ich habe Zeit.»

«Das klingt jetzt vielleicht albern, aber ich habe diesen Traum.» Es ist ein Traum, der Thomas Masloboy schon etwas länger begleitet. Und eigentlich ist es gar kein Traum, er schläft ja nicht, sondern ein Bild, das er vor Augen hat – immer dann, wenn er am Meer ist. «Ich stelle mir vor, wie die Ostsee ohne Wasser ist.» Thomas malt sich aus, wie er eine ganz besondere Fähigkeit besitzt: Er steht da, blickt auf die See, schnipst mit den Fingern, und das Wasser verschwindet. «Von jetzt auf gleich, alles trocken.» Er kann den Meeresboden sehen. Er kann sehen, was da unten alles so liegt, was die Ostsee an Geheimnissen bereithält. Thomas ist ein neugieriger Mensch. Er sagt: «Das macht für mich die Faszination des Meeres aus – das Verborgene.»

Thomas kann viele Geschichten vom Meer erzählen. Er lebt in Sassnitz auf Rügen. Direkt an der Ostsee. 1961 ist er hier geboren. Er hat seine Kindheit, seine Jugend, sein gesamtes Leben auf der Insel verbracht. Die offene See gleich vor der Tür. Und an manchen Tagen, wenn er alleine am Strand ist und ihm der Sturm mit unsichtbarem Griff die Kapuze vom Kopf und beinahe die Brille von der Nase reißt, probiert er es aus: Er schnipst. Und im nächsten Moment, wenn nichts passiert und das Wasser bleibt, ist es ihm auch ganz recht so.

«Vielleicht», sagt er, «ist es besser, nicht zu wissen, was sich im Meer alles so angesammelt hat. Man kann sich ja auch gar nicht vorstellen, was die Menschen da alles so reinwerfen.» Unzählige Bomben und Flugzeuge aus dem Zweiten Weltkrieg hat man schon herausgeholt. Spuren aus alter Zeit, die die Ostsee festhält und irgendwann wieder preisgibt. Sie gilt als größter Schiffsfriedhof der Welt, Zehntausende Wracks sollen noch auf ihrem Grund liegen. «Vor allem aber», sagt Thomas, «schwimmt dort Müll. Müll, Müll, Müll. Wobei», er macht eine kurze Pause, «ich bin ja auch einer von denen, die das Meer verschmutzen.» Und dann grinst er mit einem Blick, wie Kinder ihn haben, wenn sie fest an etwas glauben und in ihre eigene Welt eintauchen.

Thomas ist Flaschenpostspezialist. Wenn sich einer so nennen darf, dann er. Er verschickt Briefe übers Meer, das ist sein Hobby. Weit über 150 sind es bereits. Meist Serien von drei, vier oder fünf Flaschen auf einmal. Manchmal mehr. Jedes Mal notiert er die Koordinaten und die Uhrzeit, wo und wann er diese ins Wasser wirft. Er will wissen, wo seine Meerespost an Land treibt und wer sie findet. Und rund 30 Antworten aus sieben Ländern hat er schon bekommen. Von Asa aus Schweden, Adam aus Polen, Darius aus Litauen oder Lasse aus Dänemark. Thomas sagt: «Meine Briefe verbinden mich mit Menschen, die ich gar nicht kenne. Zufallsbekanntschaften.» Meist schreibt er:

> *Hallo!*
> *Es ist Sturm aus westlicher Richtung. Das ist die Gelegenheit, mal wieder ein paar Flaschen auf die Reise zu schicken. Ausgangspunkt ist Sassnitz auf Rügen. Wenn der Finder denn Lust hat, kann er mir ja den Fundort und das Datum mailen. Auf eine Antwort freue ich mich schon jetzt!*
> *Alles Gute, THOMAS*

Dazu notiert er seine E-Mail-Adresse. Und dann wartet er. Thomas sagt: «Ich habe Zeit.» Doch auch die Flaschenpost hat Zeit. Manchmal sehr viel Zeit. Dann und wann dümpeln die Flaschen viele Jahre im Meer. «Das weiß man vorher nie. Das Meer und der Wind entscheiden, wann sie etwas zurückgeben, wann sie eine Post wieder an Land bringen.» Thomas weiß auch nicht, wie viele seiner Nachrichten längst irgendwo angeschwemmt, aber noch nicht entdeckt worden sind. Er weiß nur: «Es sind noch viele unterwegs.» Mehr als hundert müssen es wohl sein. Sie bleiben verschollen. «Vielleicht geht nur keiner vorbei, der sie findet. Vielleicht haben die Finder aber auch nicht geantwortet. Vielleicht sind manche Flaschen aber auch auf dem Weg nach Amerika.» Vielleicht, vielleicht. Wer Flaschenpostbriefe verschickt, muss mit den Vielleichts leben. «Man kann aber auch träumen», sagt Thomas. «Vielleicht bin ich schon etwas verrückt.» Das sagt er häufiger mal. Und manchmal tippt er sich begleitend mit dem Zeigefinger sachte an den Hinterkopf oder gegen die Stirn, wenn er von seiner Leidenschaft und der Verbundenheit mit dem Meer erzählt.

In der Küche der Masloboys gurgelt die Kaffeemaschine. Es gibt Kuchen dazu. Thomas sitzt am Tisch und streicht mit der Hand durch die kurzen grauschwarzen Haare. Er ist ein kleiner, drahtiger Mann mit kräftigen Händen, die viel gearbeitet haben im Leben. Der Bart ist heute auf Dreitageslänge getrimmt. Thomas ist Mitte fünfzig und hat noch immer ein Jungengesicht. Und wenn er lacht, gehört er zu den Menschen, deren Augen leise mitlachen können.

Aus dem Aktenschrank im Arbeitszimmer holt er eine Mappe mit Zeitungsartikeln, die er ausgeschnitten hat. *Küstenabbruch auf Rügen. Mädchen verschollen.* Oder: *Angelkutter vor Rügen mit 13 Menschen gerettet.* Oder auch: *Flaschenpost von verstorbener Tochter.* Eine kleine Meldung, die von einem Brief erzählt, der in den USA an Land getrieben war. Eine junge Frau hatte ihn geschrieben. In der

Zwischenzeit war sie bei einem Unfall gestorben. Und nun erreichte die Mutter zwei Jahre danach eine Nachricht der Tochter. Ein letzter Gruß aus dem Meer.

Es gibt Menschen, die ungefragt alles zur Schau tragen, nur von sich erzählen und gar nicht mehr aufhören können, so sehr sind sie sich wichtig. Thomas ist ein angenehm zurückhaltender Mann, der nicht viel Aufhebens um sein ungewöhnliches Hobby macht. Man muss ihn fragen, ob er erzählen und die vielen Antworten, die er auf seine Briefe erhalten hat, auch mal zeigen möchte. Denn Thomas ist wie seine Briefe, die er ins Meer wirft – entweder sie werden gefunden oder nicht. Dazwischen gibt es nichts. Doch um die Geschichte einer Flaschenpost zu Ende erzählen zu können, braucht es immer zwei Menschen. «Einen, der sie verschickt. Und einen, der sie findet», sagt Thomas, «und dafür braucht man vor allem ganz großes Glück.»

Irgendwann hat er einen dieser flachen Ordner mit *Flaschenpost* beschriftet. Dort bewahrt er alles auf. Und nun zeigt er die erste Antwort, die er damals bekam, im Winter 2006/2007 war das. Anfangs hatte er die E-Mail gar nicht für voll genommen und auch nicht öffnen wollen, da er digitalen Müll oder gar einen Virus befürchtete. In der Betreffzeile stand: *Schjene liebe Gruesse aus Russland!* Und Thomas fragte sich: «Wer, bitte schön, schreibt mir aus Russland?»

Seine Neugier war dann aber doch größer. Und er konnte zunächst nicht glauben, was er da las. Eine junge Russin hatte ihm geschrieben, auf Deutsch:

> *Hi, Thomas!*
> *Heute ist schon 26. 01. 07 aber der Bekannte von mir hat die Flasche mit Deinem Brief am 23. 01 ungefaer um 10 : 00 auf der Kurische Naerung in der Naehe vom Dorf Sarkau gefunden! Unglaublich! 10 Tage und Flasche ist schon in Russland! Auf*

*jeden Fall es war eine ganz tolle Idee das zu machen! Ich
wuerde mich freuen, wenn Du mir noch mal schreibst …
Liebe Gruesse aus Russland!
Natalja*

Thomas ist heute noch erstaunt, dass es gleich eine seiner ersten Flaschen so weit geschafft hatte. «In nur zehn Tagen nach Kaliningrad. Das war Eilpost!» Und nur kurze Zeit später kommt eine zweite Antwort aus Polen:

*Hallo Thomas!!
Ich habe deine Flasche gefunden um 6 Uhr in Grzybowo neben
Kolberg. Komm nach Kolberg und wir kann Bier trinken.
Viele Grusse
Justyna*

Felder, die bis zum Horizont reichen. Viel Wald. Rügen ist so groß, dass man nicht unbedingt merken muss, dass man auf einer Insel ist. Wäre da nicht der Wind, der ständig von irgendwo stürmt oder säuselt. Und der Wind sei wichtig, sagt Thomas, «er ist mein Assistent. Er hilft mir, den Flaschen einen guten Start zu geben.» In alle Richtungen. Treibt die Post nach Südost, könnte sie an die polnische Küste gespült werden. Weht es kräftig aus West, könnten die Wellen sie mit ins Baltikum, nach Russland, sogar bis nach Finnland oder Mittelschweden nehmen. Und schwimmt sie nach Westen, könnte sie in Deutschland, Südschweden, Dänemark oder sonst wo an Land gehen. «Außerdem», sagt Thomas, «ist die Ostsee klein, viel kleiner als der Atlantik, wo Nachrichten schneller verloren gehen können.» Doch nicht immer schaffen es seine Briefe so weit. Oft werden sie gleich wieder angeschwemmt, aber immerhin gefunden. Viktoria aus Hamburg entdeckt eine nahe der Selliner Seebrücke, etwa acht

Seemeilen südlich. Eva aus Leipzig bekommt Post am Strand von Trassenheide bei Zinnowitz, rund 30 Seemeilen entfernt.

Dass überhaupt so viele seiner Flaschen gefunden werden, ist kein Zufall. Thomas hat Tests gemacht. Und gäbe es ein Flaschenpostabitur, er hätte es mit Bravour bestanden. «Papier und Sonne», sagt er, «ist sehr kompliziert. Papier und Wasser aber, das geht gar nicht.» Er musste die schwimmenden Briefkästen absolut dicht bekommen. Mit Glasflaschen und Korken hat er damals angefangen, im Herbst 2006. Aus Weißglas waren sie, damit man den Brief besser sieht. Manchmal kamen sie aber gleich wieder zurück, weil der Wind drehte. Sie zerschellten an der Steinmole. Thomas hat es klirren gehört und mit der Zeit dazugelernt. Heute nimmt er kleinere Flaschen aus Plastik. 0,3 Liter. Apfelsaftschorle. Die sind zwar nicht schön, die Öffnung ist aber etwas größer, sodass die Nachricht auch leichter wieder herausgeholt werden kann. Und sie haben einen festen Drehverschluss mit gelbem Deckel – der ist auffälliger. Thomas überlässt nichts dem Zufall. Bevor er den Zettel zusammenrollt und hineinsteckt, füllt er immer etwas Sand oder kleine Steine hinein. In jede Flasche etwas mehr. Das unterschiedliche Gewicht lässt sie anders treiben. Einmal, erzählt er, hat er die Post an einen Luftballon gebunden, als Starthilfe. Das hat wunderbar geklappt. Der Wind hat die Flasche sehr viel schneller mit hinausgenommen.

An diesem Oktobertag stürmt es mit neun Windstärken. Das Meer brüllt. Der Sturm faucht. Aus Osten. «Falsche Richtung», sagt Thomas, «wir müssen morgen noch einmal wiederkommen.» Heute aber sei ein guter Tag, um zu gucken, was die Wellen alles mitbringen und vorne auf den schmalen Streifen Sand unterhalb der Kreidefelsen werfen. Oben stehen Häuser, die nicht mehr bewohnt werden können, da die Abbruchkante längst an den Gartenzaun reicht. Unten, am Strand, stapfen Schatzsucher schon in der Dämmerung mit Taschenlampen herum, um den Spülsaum abzusuchen.

Auch die vielen Fußspuren verraten, dass wir wohl zu spät sind, dass andere vor uns da gewesen sind und so manches vielleicht schon mitgenommen haben. Auch Thomas hat Spaß daran, mit kommissarischem Spürsinn die Gegenstände zu begutachten, die das Meer ständig anspült. Meist geht er gebückt durchs Leben. Er muss die Dinge aufheben, mit seinen Fingern berühren. Und nichts ist ihm zu unwichtig. Grünes, blaues oder weißes Seeglas etwa, vom rhythmischen Wellenschlag geschliffene Scherben, die nun wie Edelsteine aussehen. Oder Reste von Vögeln, Knochen und Federn. Heute aber sind nur Grüße aus dem Osten dabei: drei leere Wodkaflaschen mit russischem Etikett.

Thomas sagt: «Der Müll schert sich nicht um Grenzen, genau wie eine Flaschenpost. Sie ist staatenlos.» Es ist ihm wichtig, dies zu sagen. Er kommt aus der DDR. Seine Briefe erreichen Orte, an denen er nie gewesen ist. Mit den Angaben, wann und wo die Flaschen gefunden wurden, kann er erahnen, welchen Weg sie genommen haben. Und jede Antwort ist für ihn wie eine kleine Reise – von Sassnitz durch die Ostsee an eine fremde Küste. Im Internet klickt er sich an den Strand und guckt sich Bilder vom nächstgelegenen Dorf an. Dort, wo vielleicht die Finderin oder der Finder lebt.

Ein Leben am Meer hat immer auch mit Sehnsucht zu tun. Und wer so viele Flaschenpostbriefe verschickt wie Thomas, bekommt zwar eine gewisse Routine, doch auch für ihn bleibt die Ostsee eine Verbindung in alle Welt. Von Rügen aus könnten seine Briefe überall hintreiben, auch wenn die Wahrscheinlichkeit gering ist, dass sie es durch die Meerengen von Kattegat und Skagerrak bis in die Nordsee und weiter bis in den Atlantik schaffen. «Doch möglich ist es», sagt Thomas. Und er glaubt daran. Auch daran, dass aus einer kleinen Nachricht etwas Großes werden kann. Denn Briefe, die in Flaschen ein Meer durchqueren, können wie Schätze sein.

Thomas sagt: «Heute bedeutet es viel für mich, wo und wann ich will am Strand spazieren zu können. Früher war das nicht immer möglich. Früher», sagt er und winkt ab, «was haben die uns verarscht!» Es ist das einzige Mal in den Tagen mit Thomas, dass sich so etwas wie sanfte Wut in seine Stimme schleicht. Denn waren früher Badende mit Luftmatratzen unterwegs, wurden die bewaffneten Wachhabenden der «Grenzbrigade Küste» sofort unruhig, weil sie befürchteten, da könne einer abhauen. Abends wurde das Ufer geräumt. Freies Sicht- und Schussfeld. Ein Zaun aus Stacheldraht und Streckmetall im Sand. Urlaub als Grenzerfahrung. Todesstreifen Strand. Grenzsoldaten mit Maschinengewehren in den Dünen. Patrouillenboote vor der Küste. Die Menschlichkeit gestrandet.

Und dennoch war Rügen schon damals Wallfahrtsort für alle, die ein Stückchen Freiheit in den Ferien suchten und lange auf diesen ersehnten Platz an der Sonne hatten warten müssen. Damals, als die Ostsee noch deutsch-deutsche Staatsgrenze war und sie zu überschreiten einen das Leben kosten konnte. Thomas selbst hat nie ernsthaft mit dem Gedanken gespielt, die Seiten zu wechseln. Wohin hätte er auch flüchten sollen? Die Insel war immer seine Heimat gewesen. Er sagt: «Rügen gibt es kein zweites Mal.» Einfache Sätze sind oft die besten: Rügen gibt es kein zweites Mal. Und manchmal lange schon das Gefühl von Weitblick, um zufrieden zu sein, sagt Thomas.

Dennoch kann er sich gut vorstellen, dass auch Menschen zu DDR-Zeiten abenteuerliche Briefe geschrieben und in Flaschen gesteckt haben. «Vielleicht sogar aus Protest. Ganz sicher aber anonym und nicht mit Adresse für die Rückantwort. Das hätte man ihnen sofort als Vorbereitung zur Republikflucht ausgelegt. Jeder wusste ja, dass private Postsendungen überwacht wurden.» Das Regime im Osten hatte seine Bürger schon wegen ganz anderer Nichtigkeiten zu Staatsfeinden und Verrätern erklärt. Und eine Flaschenpost wäre nicht zu kontrollieren gewesen, «das hätte denen zu viel

Freiheit bedeutet», sagt Thomas, «und das Motto der DDR-Post lautete damals ja auch nicht ohne Grund: *Fasse dich kurz.*»

Am Kap Arkona, der Steilküste im Norden, dort, wo sich das Meer Stück für Stück die Insel holt und immer größere Löcher in die weißen Kreidewände gräbt, hat für Thomas alles angefangen mit der Flaschenpost. Er weiß nicht mehr, wann es genau war. Ende der Achtziger, schätzt er, vor der Wende auf jeden Fall. Damals hat er selber eine Flasche gefunden. Darin war ein Brief aus dem Westen. Doch er hat ihn nicht mehr. Und er weiß auch nicht mehr, von wem er war und was drinstand. Wer aber so viel am Meer ist wie Thomas, der findet häufiger etwas. Und gar nicht so selten Flaschenpost. Acht sind es mittlerweile. Zum Beispiel von Bernadette. Sie schreibt:

> *SOS. Ich liege mit meinem Kutter, der Santa Maria, vor der Insel Usedom auf einer Sandbank. Falls mir nicht bald eine von euch Landratten zu Hilfe kommt, holt mich der Klabautermann. Dies ist kein Seemannsgarn! Falls ihr mich nicht rettet, so schickt wenigstens einen Brief.*

Ein anderes Mal entdeckte Thomas die Luftpost eines türkischen Hochzeitspaares. Der Ballon mit der Karte war in der Nähe seines Hauses in ein Wäldchen geweht. Er antwortete. Sie bedankten sich mit einem Brief und schickten ihm Bilder von der Feier. Und Thomas fragte sich, ob es nicht vielleicht doch etwas zu bedeuten hat, dass ausgerechnet er so viele Botschaften von fremden Menschen bekam. Also wollte er es selber auch mal ausprobieren und einen Brief mit dem Meer verschicken.

Früher nahm man die Autofähre von Stralsund. Wer heute nach Rügen kommt, fährt über eine große, mehr als vier Kilometer lange Brücke, die helfen soll, die Anreise der Urlaubermassen reibungsloser zu gestalten. Die größte deutsche Insel ist komplett auf Tourismus ausgelegt. Der Königstuhl, der markanteste Kreidefelsen Rügens. Der Nationalpark Jasmund. Die Strände. Die Luft. Das Meer. Die Insel hat viel zu bieten. In Sassnitz aber leben nur noch etwas mehr als 10 000 Menschen. In den letzten Jahren wurden es immer weniger. Sassnitz ist weit draußen. Hier endet Deutschland. Keine Stadt liegt so weit in der Ostsee. Im Winter, wenn nur wenige Touristen kommen, kann es sehr einsam sein. Ein großes Kino hat dichtgemacht. Auch ein Freizeitzentrum ist seit Jahren geschlossen. Das Schlimmste für eine Stadt am Meer ist aber, wenn die Fischerei verschwindet. Es gibt nur noch eine Handvoll historischer Kutter, die längst zur Kulisse geworden sind, die im Hafen liegen, aus denen Fischbrötchen verkauft werden, die rausfahren, um mit den Urlaubern zu angeln. Mit Fischfang hat das nichts mehr zu tun. Und Fischer an Land sehen immer verloren aus.

Auf Rügen gibt es auf Hochglanz gestylte Seebäder mit Sternerestaurants und schicken Strandpromenaden. Es gibt Sassnitz mit seiner schönen Altstadt. Eine Stadt, die viel an ihre Touristen denkt, darüber aber die Menschen vergisst, die immer da sind. Auch im Winter. Eine Million Badegäste bringen viel Geld auf die Insel. Doch die Menschen, die nicht vom Tourismus leben, haben es schwer mit dem Leben hier. Viele mussten aufs Festland flüchten. Kurz nach der Wende sollte mal eine große Werft gebaut werden. Politiker, Umweltschützer und Bürger befürchteten aber eine Verschandelung des Meerblicks und vor allem einen Rückgang der Besucherzahlen. Dann wurde die Werft woanders gebaut. Thomas sagt: «Vielleicht wäre es besser gewesen, wir hätten sie bekommen.»

Die Masloboys haben nie vom Tourismus gelebt. Dort, wo sich die Familie ihr Haus gebaut hat, am Stadtrand, oben am Berg, kommen keine Feriengäste hin. Dort sind die Insulaner unter sich. Die Straße trägt den schönen Namen Windberg. Und nachdem man sie dort oben besucht hat, kann man verstehen, warum sie sich gerade diesen Ort zum Leben ausgesucht haben, wo es ruhig zu sein scheint, aber wo nie etwas zur Ruhe kommt. Denn der Wind ist fast immer zu spüren. Manchmal raunt er nur. Meistens heult er. Und Thomas steht am Küchenfenster und beobachtet die Wolken. Er sagt: «Wenn es besonders windig ist, sammelt sich das Herbstlaub immer in derselben Ecke am Haus. Ähnlich muss es mit den Strömungen des Meeres sein. Der Golfstrom hat ja auch seinen Weg.»

Thomas war Schlosser. 1978 machte er seine Ausbildung im alten Fischwerk von Sassnitz. Dort traf er auch seine heutige Frau. Dann schulte er um, wurde Schweißer am Hafen, fuhr auch auf Montage nach Hamburg. Montag früh hin, Donnerstagabend zurück. Es waren anstrengende Jahre. Bis 2008 lief das so. Bis sich schlagartig alles änderte – doch dazu später. Heute ist Thomas vor allem eines: Sammler. Er selber kann gar nicht erklären, warum er so leidenschaftlich gerne Dinge zusammenträgt. «Ist doch schön», sagt er und tippt sich mit dem Zeigefinger gegen den Hinterkopf. Die meiste Zeit verbringt er in seiner Werkstatt, die gefüllt ist mit Gegenständen. Werkzeug und Spielzeug. Ein mittelalterlicher verrosteter Dolch. Münzen. Zündschnüre aus dem Zweiten Weltkrieg. Große Regale mit viel Kleinzeug. Tierschädel, die er im Wald gefunden hat: ein Hase, ein Hund, ein Fuchs.

Thomas zeigt gerne seine kleine Garage. Hier kann er schleifen, schweißen und basteln. Hier kann er die Gegenstände, die er gefunden hat, betrachten und ihren Geschichten nachfühlen. Hier hat er seine Ruhe. Und die Geschichten seiner gesammelten Dinge kennt er alle. Er bringt die Gegenstände zum Sprechen. Bernsteine, Muscheln und Hühnergötter, wie man Steine nennt, in die das Meer ein Loch geschliffen hat. Oder Donnerkeile: die versteinerten, pfeilförmigen Hinterteile prähistorischer Kalmare, die auch Teufelsfinger genannt werden. Überall lassen sich bei Thomas Hühnergötter und

Donnerkeile, Rollholz und Fossilien, Seesterne und Strandschnecken finden.

Er hat einen Blick fürs Detail, kann die kleinen Dinge sehen und ihre Größe begreifen. Er hat sich Mühe gegeben, das Meer in seine Garage zu tragen. Und er sammelt auch Sand. Er hat Fläschchen in einem Regal stehen, die mit Sand unterschiedlicher Körnung und Farbe gefüllt sind. Mancher ist einfarbig, andere sind gesprenkelt oder ganz bunt. Er trocknet ihn, streicht ihn fein durch ein Teesieb. Dann schreibt er mit schwarzem Filzstift die Herkunft auf die Plastikflaschen. *Euro-Baltic Mukran* etwa, das ist dort, wo er seine Briefe auf die Reise schickt, der Name der Fischverarbeitungsfabrik im Hafen von Sassnitz. Sand von der Straße gegenüber, dort, wo die Maulwürfe buddeln. Erde aus dem Wäldchen hinterm Haus. Sand vom Spielplatz nebenan. «Einen tieferen Sinn hat das nicht», sagt Thomas, «Spielkram, sonst nichts.»

Thomas hat viele Ideen, die sonst nur Kinder haben. Es sind Einfälle, die an die Streiche der eigenen Jugend erinnern. Manchmal bindet er zwei Brötchen mit einer Schnur zusammen, um am Strand die Möwen zu ärgern. Einmal kopierte er den Strichcode von Pfandflaschen, klebte ihn auf leere Joghurtbecher und schob sie im Supermarkt in die Leergutautomaten. Es funktionierte. Vor vielen Jahren war das, als die Maschinen noch nicht so ausgetüftelt waren. Ein anderes Mal bohrte er ein Loch in eine 20-Cent-Münze und schraubte sie vor seinem Haus in einen der Pflastersteine der Auffahrt. Regelmäßig fallen die Menschen, die die Masloboys besuchen, noch heute auf seinen Scherz herein und bücken sich, um das vermeintlich verlorene Geldstück aufzuheben. Das erste Mal hatte Thomas die Münze nur festgeklebt, das hielt nicht lange. Er hat den Postboten in Verdacht. «Jetzt», sagt Thomas triumphierend, «müsste der schon einen Schraubenzieher in der Tasche haben.»

Dass Thomas wieder Kraft für Scherze hat, ist ein kleines Wunder.

Die letzten Jahre sind nicht einfach gewesen. Thomas ist krank. Seine Probleme kommen im Oktober 2008. Damals beginnt eine Zeit, die alles verändert, alles auf den Kopf stellt – als hätte jemand mit den Fingern geschnipst. Plötzlich ist der sonst so agile Handwerker ständig müde. Sein Kopf ist schwer. Er fühlt sich schlapp, kann sich nicht mehr konzentrieren und hat ständig Kopfschmerzen. Auch Geräusche stören ihn. Er will sich immer die Ohren zuhalten. Lasst mich doch alle in Ruhe.

Selbst Kleinigkeiten sind ihm zu viel. Stundenlang tüftelt er an alltäglichen Dingen wie dem platten Reifen einer Schubkarre, um dann genervt aufzugeben. Er läuft ziellos im Haus umher, starrt vor sich hin, reagiert kaum noch, wenn seine Frau ihn etwas fragt. Wenn Thomas heute von dieser Zeit erzählt, sagt er Sätze wie: «Man hätte einen Eimer Sand in mich reinschütten können, ich wäre immer noch nicht voll gewesen. Ich war total leer.» Dann kommt ein Brief seines Arbeitgebers: die Kündigung.

Es gibt erste vage Diagnosen: Burn-out, Depression. Bis er mit seinem Sohn nach Litzow zum Feuerwehrfest fährt: Schon das erste Bier schmeckt ihm nicht, er trinkt gerade mal den Flaschenhals aus. Auf dem Heimweg fährt er viel zu schnell an eine Kreuzung heran und fast auf ein anderes Auto auf. Wenige Tage später setzt er beim Herausfahren aus seiner Ausfahrt gegen einen großen Fels am Nachbarzaun. Wieder wenige Tage danach rammt er ein an einer Ampel wartendes Auto. Und nun ist auch ihm klar: Da stimmt was nicht. Das ist kein Burn-out.

Der erste Besuch beim Arzt: gravierende Gleichgewichtsprobleme, Störung des zentralen Nervensystems. Thomas ist linksseitig gelähmt. Überweisung nach Stralsund in eine größere Klinik. Die nächste Theorie: Schlaganfall. Ab in die Röhre. Und dann kommt die Ärztin mit den Aufnahmen und sagt, sie glaube nun zu wissen, warum er ständig Kopfschmerzen habe. «Herr Masloboy, Sie haben etwas im Kopf, was da nicht reingehört.» Thomas denkt: «Na ja, wird in meinem Fall schon nicht so schlimm sein.» Bei der nächsten Visite aber hat die Ärztin einen Kollegen dabei, der sich als Onkologe vorstellt. Da weiß er es schon: «Sie haben mir behutsam erklärt, dass es ein Tumor ist und dass es nicht gut ausschaut.» Bösartig. Aggressiv. Überlebenschancen? Überweisung nach Greifswald, Universitätsklinik.

Thomas holt jetzt ein Modell, das er gebastelt hat. Er hat vier unterschiedlich große Stücke Styropor an eine dünne Schnur gehängt. Die Größe des Geschwürs im Maßstab 1:1 und wie es sich verändert hat. «Von damals bis heute», erklärt er. «Ich musste das basteln. Ich wollte sehen und verstehen, wie groß das ist, was da in meinem Kopf steckt.» Er nimmt nun zusätzlich eine Mandarine aus der Schale auf dem Tisch und hält sie zwischen Daumen und Zeigefinger. Dann führt er das Stück Obst, das plötzlich riesig wirkt, an seine Stirn und sagt: «Und das war da oben drin.» Und das Ding brauchte Platz, es wollte wachsen.

Acht Stunden dauert die erste Operation. Es wird nicht alles entfernt, da die Ärzte befürchten, zu viel kaputt zu machen. Thomas kommt wieder nach Hause, es geht ihm etwas besser. Doch dann geht es wieder los. Und ein Vierteljahr später ist das Karzinom sogar größer als vor der ersten OP. Und es wuchert weiter. Jetzt schneiden die Ärzte noch etwas mehr weg. Es wird aber nicht besser. Es wird schlimmer. Thomas liegt nur noch im Bett, schläft 20 Stunden am Tag. Was zwischen der zweiten und dritten Operation passiert ist, weiß er nicht mehr. «Es ist alles weg. Ich habe alles vergessen.» Doch wem Tage, Wochen oder gar Monate fehlen, der ist abgeschnitten von der eigenen Identität. Sein Sohn Daniel muss gelegentlich helfen und erzählen, wenn es um damals geht. Er sitzt mit am Tisch und springt ein, wenn ein Wort oder eine Erinnerung, ein Teil der Vergangenheit fehlt.

Der Krebs wächst damals nicht weiter. Es bildet sich aber Wasser im Kopf. Es folgt Bestrahlung. Täglich. Insgesamt 32 Mal. «Es brachte gar nichts.» Und nun beginnt die schlimmste Zeit. An manchen Tagen zittert Thomas so sehr, dass er nicht mehr alleine auf Toilette gehen kann. Er stolpert ständig. «Am liebsten möchte ich sterben.» Das sagt er damals – eher beiläufig – im Beisein eines Psychologen.

«Vielleicht war das ein Fehler, vielleicht war das auch ganz gut so», überlegt er heute. Im Herbst 2011 wird er in die geschlossene Psychiatrie in Bergen eingewiesen. Selbstmordgefahr. Drei Wochen Anstalt. «Spezialüberwachung habe ich bekommen. Mit einer Nachtwache nur für mich, die guckt, ob ich auch wirklich schlafe.» Was gut ist: In diesen Tagen kann er sich vieles von der Seele reden. Und das wirkt wie eine Befreiung.

Die Chemotherapie begann, und von Woche zu Woche wurde es besser. Doch der Krebs ist auch heute noch da. Der Tumor ist so groß wie ein Stecknadelkopf. «Damit kann man leben», sagt Thomas. Es sind Fortschritte zu erkennen. Ob man die Krankheit bloß aufhalten oder gar besiegen kann, weiß man nicht. Thomas sagt: «So ist das mit dem Krebs.»

Wer so eine Odyssee hinter sich hat, der denkt schon mal an den Tod. Und wenn er mal sterben wird, sagt Thomas, dann will er keine Seebestattung. Das überrascht ein wenig. Für seine Asche hat er sich längst einen Baum in einem Friedwald im Nordwesten seiner Insel ausgesucht. Aber noch ist es nicht so weit. «Es sieht ganz gut aus.» Die nächste «ärztlich überwachte Vergiftung», wie er es gerne nennt, hat wieder angeschlagen. Ein bisschen übel war ihm. Und müde war er. Er konnte gut schlafen. «Wie lange die Tablettenkur noch weitergehen wird, weiß keiner. Es wurde schon so viel Gift in mich reingeschüttet, ich müsste längst an der Decke laufen können.»

Früher ist Thomas ganze Tage und Abende am Meer gelaufen.

Heute schafft er das nicht mehr. Er ist etwas wacklig auf den Beinen. Er braucht einen Gehstock. Doch Thomas bastelt wieder. Er sagt: «Es macht wieder Spaß. Ich sammle Kraft. Auch die Flaschenpost treibt mich raus.» Und er hat Ideen. Einmal ließen sein Sohn und er mit Helium gefüllte Ballons steigen, an die sie Nachrichten hängten. Luftpost. 20 Stück waren es. Ein besonders großer gelber war auch dabei. Eine Antwort haben sie nie bekommen. Gemeinsam verstecken sie auch kleine Schätze und teilen die Koordinaten mit anderen im Internet. Geocaching nennt man dieses Suchen und Finden mit modernster Technik. Manchmal würde Thomas auch gerne den Weg der Münze, die er beim Bäcker oder im Supermarkt als Wechselgeld bekommt, zurückverfolgen können. Eine Flasche mit einer kleinen Kamera wäre auch mal eine Idee. Oder mit einem GPS-Sender, so könnte man das Signal verfolgen.

«So ist er halt», sagt seine Frau Karin. Die Erleichterung, dass es ihrem Mann besser geht, ist deutlich zu spüren. Die Ungewissheit, wie es weitergehen wird, auch. Seit kurzem hat Thomas ein Mobiltelefon. Er mag das Ding nicht. Aber er hat Karin versprochen, es immer bei sich zu haben, wenn er unterwegs ist, da sie sich sonst Sorgen macht, wenn er mal länger wegbleibt.

Thomas holt jetzt einen Jutebeutel, darin Flaschen und Briefe. Er hat alles schon vorbereitet. Drei Nachrichten sollen es an diesem Tag sein. Er hat seinen Text von Hand geschrieben. Sonst druckt er immer alles aus, das macht es einfacher. Doch der Drucker ist gerade kaputt. Kurz geht er in den Garten und beobachtet, wie die Wolken ziehen, von wo der Wind kommt, der die Büsche vor dem Haus zerzaust. Dann setzt er sich auf sein Fahrrad, das einen Motor und drei Räder hat, eins vorne und zwei hinten. Er fährt den Windberg hinunter, kreuzt die Inselhauptstraße und radelt dann noch einige Kilometer bis nach Mukran, einem Vorort der Stadt. Dort wurde vor einigen Jahren ein modernes Fährterminal gebaut. Hier legen die Passagierfähren nach Trelleborg, Bornholm und Sankt Petersburg ab. Und dort, wo die Rohre für die Pipelines gelagert wurden, die heute das Gas aus Sibirien nach Greifswald und weiter bringen, steigt er ab und klettert mit Stock und Beutel auf die riesenhaften Felsblöcke, die das Land vor den Wassermassen schützen sollen. «Das ist mein Revier», sagt Thomas, «hier gehen meine Flaschen auf die Reise.»

Gleich neben dem neuen Fischwerk, wo Dorsch und Hering verarbeitet werden, die aus Schleswig-Holstein und Skandinavien geliefert werden, ist ein besonders guter Platz. Auf der Mole kommt man weit hinaus. Die Strömung kann dort günstig sein. Thomas holt aus und wirft die erste der drei Flaschen ins Wasser. Es folgen Nummer zwei und drei. Er bleibt noch etwas stehen und beobachtet, wie sie schwimmen, ob sie zurück zum Strand treiben. Dann sagt er: «Die eigenen Probleme kommen einem am Meer belanglos vor. Der Blick auf das Wasser macht den Kopf frei.» Es bekommt eine besondere Bedeutung, wenn jemand wie Thomas so etwas sagt.

Vier Monate später wird er die ersten Antworten auf zwei seiner gerade verschickten Nachrichten bekommen. Ken aus Skurup an der südschwedischen Küste hat eine Flasche in der Nähe seines Campingplatzes entdeckt. Freja und Jens, die nur 16 Kilometer weiter östlich von Skurup in Svarte leben, schreiben: *Hallo Thomas, wir haben deine Flaschenpost zwischen Eisschollen, Treibholz und Felsen gefunden.* Und nur drei Monate später kommt «der Knüller», wie Thomas sagt. Es ist die E-Mail einer Frau namens Dace: *Hallo! Ihr Post in die Flasche ist nach Lettland gekommen und am 18. April 2014 gefunden! Photo in Beilage!* Das Bild zeigt einen seiner allerersten Briefe. Er ist an einigen Stellen eingerissen. Die Schrift ist etwas verlaufen. Das Papier muss nass geworden sein. Thomas notierte damals: *Es ist gerade ein schöner Sturm. Mal sehen, ob er die Post weit trägt.* Auch das Datum ist noch gut zu lesen: Die Flaschenpost ist vom 31. Dezember 2006.

Der Flaschenpostautomat

Wann verschickt man Flaschenpost? Wenn man am Meer ist. Im Urlaub. Wenn man Zeit hat. Doch oft fehlen Flasche, Stift oder Zettel. Die Idee: ein Automat, der alles ausspuckt, was man braucht. Für 2 × 1 Euro. Ein Strandversuch an der Ostsee.

Saurach ist weit weg von der Ostsee, es sind fast 550 Kilometer Luftlinie. Dennoch muss das kleine Dorf im Hohenloher Land hier den Anfang machen. In Saurach nämlich, wo mehr Pferde als Menschen leben, gibt es noch einen dieser alten Kaugummiautomaten. Er hängt an der weiß gekalkten Wand eines Gasthauses, des Rössle. Seit dem Jahr 1919 hat es keinen Tag gegeben, an dem die Wirtschaft nicht geöffnet hatte. 365 Tage. Jahr für Jahr. Elsbeth Fundis, die Wirtin, sagt: «Wir sind immer da.» Das ist ihr Satz. Es ist ein Versprechen. Seit drei Generationen.

Und der Kaugummiautomat ist der Auslöser für diese Geschichte gewesen, die in Baden-Württemberg beginnt und an den Stränden der Ostsee enden wird. In den Neunzigern hingen sie noch an jeder Ecke. An Bushaltestellen, auf dem Weg zur Schule, in der Nähe von Spielplätzen. Für zehn Pfennig bekam man steinharte Kaumasse und hoffte, dass niemand in die Ausgabeklappe gespuckt hatte. Und in Saurach kann man neben den bunten Kugeln auch kleine Spielzeuge bekommen. Seit Jahren aber ist die rote Kiste nicht mehr neu befüllt worden. Der Automatenmann soll krank geworden sein, erzählt man sich. Es soll Krebs gewesen sein. Niemand weiß Genaues. Irgendwann kam er nicht mehr. Nur der Automat, der blieb. Seit mehr als einem halben Jahrhundert hängt er schon da. Und manchmal, wenn heute Kinder 50 Cent in den Münzschlitz werfen, gehen sie auf eine Reise in die Vergangenheit: Die Plastikkugeln sind verstaubte Zeitkapseln, die Schlüsselanhänger und Ohrringe darin sind Relikte aus einer Zeit, als man noch Groschen auf Bahngleise legte und mit den plattgewalzten, leicht verbogenen Münzen so viele Kaukugeln aus dem Automaten drehen konnte, wie man wollte. Ein Kaugummiautomat ist etwas von damals, das sich ins Heute gerettet hat – so wie eine Flaschenpost auch. Da wäre ein Flaschenpostautomat doch sicher auch keine schlechte Idee, dachte ich, während ich im Rössle saß.

Schließlich gibt es heute Automaten für alles. Für Eiswürfel. Für Eier. Für Grablichter und Krawatten. Für Fahrradschläuche und Regenschirme. In Bibliotheken kann man sich Ohrstöpsel ziehen. In Paris Obst und Gemüse. In jedem belgischen Dorf frisches Brot. In einer katholischen Kirche in Hamburg gibt es die *Bet-Box*, einen Automaten für Rosenkränze. Und ein Berliner Künstler hat einen Passbildautomaten zu einem *Gebetomaten* umgebaut. Fünf Minuten Gebet vom Band für 50 Cent. Es kann zwischen vielen Religionen und 65 Sprachen gewählt werden.

Auf dem Automaten, der in der Tegeler Straße im Berliner Stadtteil Wedding hängt, steht dagegen nur ein einziges Wort in großen schwarzen Buchstaben geschrieben: *MADEN*. Eine Schachtel mit 100 Tierchen kostet einen Euro. Was vor allem die Angler freut, die ihre Ruten in den nahe gelegenen Seitenkanal der Spree auswerfen. Und in Zeil am Main, einem idyllischen Weinstädtchen in Unterfranken, überrascht ein gutbürgerlicher Gasthof mit seinen vollautomatischen Angeboten auf dem Herrenklo: Neben den handelsüblichen *Tutti Frutti Kondomen* in allen Farben und Geschmacksrichtungen sind auch *Sex Gags* für 1 × 2 Euro zu bekommen. Oder: *Travel Pussy. Die künstliche Vagina für unterwegs. Für nur 2 × 2 Euro.*

So ein Automat kann ein gutes Geschäftsmodell sein, wenn man ihn an dem richtigen Ort aufstellt. Ein Flaschenpostautomat sollte nicht in einer Fußgängerzone oder auf dem Gipfel eines Berges stehen. Er muss ans Meer. Möglichst dann, wenn die Strände voll sind. Im Sommer. In den Ferien. An einem Wochenende.

Also besorgte ich mir einen gebrauchten Kaltgetränkeautomaten im Internet. Einen Sielaff FK 260. Baujahr 1974. Das war das Jahr, in dem Willy Brandt zurücktrat und Helmut Schmidt Bundeskanzler wurde. Die Ramones spielten ihre ersten Konzerte. Erich Kästner starb. Barbara Schöneberger wurde geboren. Und der FK 260 war das Nonplusultra in der Automatenwelt. Ein Gerät, das die Herzen aller Automatenliebhaber höher schlagen ließ. Mit sechs Ausgabeklappen für Flaschen. Mit Doppelgeldkanal und einer elektrischen Kühlung, die ich allerdings ausgebaut habe, um Gewicht zu sparen. Wer will schon gekühlte Flaschenpost?

Jetzt wiegt der Automat nur noch schlappe 80 Kilo – ohne Flaschen. Ich habe ihn in einem maritimen Blau lackiert. Ich habe ein weißes Schild mit blauer Schrift drucken lassen und an die Front geschraubt: *FLASCHENPOST*. Alles ganz einfach, aber schön. Ich habe 100 elegant geschwungene Flaschen aus etwas dickerem Klarglas besorgt. Sie tragen den Namen «Aladin». Dazu 100 Korken, 100 Briefbögen und 100 Bleistifte. Alles, was man für Flaschenpost so braucht. Eine Art Starterpaket. Und dann habe ich den Automaten während der Sommerferien an einen Ostseestrand gestellt und gewartet, was passiert. Es sollten interessante Tage werden.

Es gab Menschen, die zum ersten Mal eine Flaschenpost verfassten, aber nicht wussten, was sie schreiben sollten. Es gab Leute, die den Automaten anstarrten, als wäre er eine aus einer anderen Welt vom Himmel gefallene, gespenstische Kiste. Sie fragten: «Ist der echt? Funktioniert der auch wirklich?» Andere ließen sich mit dem Automaten fotografieren, zogen aber keine Flasche. Und manche regten sich gar über den Preis von 2 × 1 Euro auf. Man sollte vielleicht wissen, dass mich jede Flasche mit Korken 1,09 Euro gekostet hat. Der Bleistift 52 Cent. Der Briefbogen 25 Cent. Macht zusammen: einen Euro und 86 Cent. Macht einen Gewinn von: 14 Cent. Abzüglich der Benzinkosten und der stundenlangen Vorbereitung wird ein eher zweifelhaftes Minusgeschäft daraus. Durch die Unternehmerbrille betrachtet, würde ich sogar sagen, dass der Flaschenpostautomat vielleicht doch keine so gute Idee war. Wobei, einmal hatte sich am Strand von Sierksdorf in Schleswig-Holstein tatsächlich eine Schlange gebildet, weil sich eine Münze irgendwo in den Tiefen des Schachtes verklemmt hatte. Ein kleiner Mann mit dickem Bauch und Sonnenhut wurde sogar richtig wütend und trat einmal heftig, aber entschlossen gegen den Automaten und scheuchte dabei ein paar Möwen auf. Maschinen können Menschen zu Tieren machen. Und jeder, der ein paar Münzen in einen Automaten schmeißt, kauft das Recht auf Wut gleich mit. So sind die Regeln. Ich konnte ihm seinen Ausbruch schon deshalb nicht wirklich übel nehmen. Schließlich wollte er doch vor allem eines, was ihn sehr sympathisch machte: Er wollte eine Flaschenpost schreiben und war sogar bereit, etwas Kleingeld dafür auszugeben.

Ein anderer Mann schickte eine Nachricht an seine Schwester. Zwei Jahre zuvor war sie gestorben. Sie war Fotografin. Sie hätte den Gedanken, alles für eine Flaschenpost am Strand kaufen zu können, sicher gut gefunden, glaubte er. Er wollte weit hinausschwimmen an diesem Tag, bis weit hinter die Brandung, damit der Brief einen guten Start haben und viele Jahre unterwegs sein würde. Mit Taucherflossen an den Füßen schlappte er ins Wasser. Die Flasche hatte er in seine Badehose geklemmt. Und er verabschiedete sich mit dem schönen Satz: «Ich bring mal schnell die Post weg!»

www.flaschenpostautomat.de

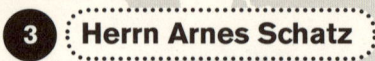

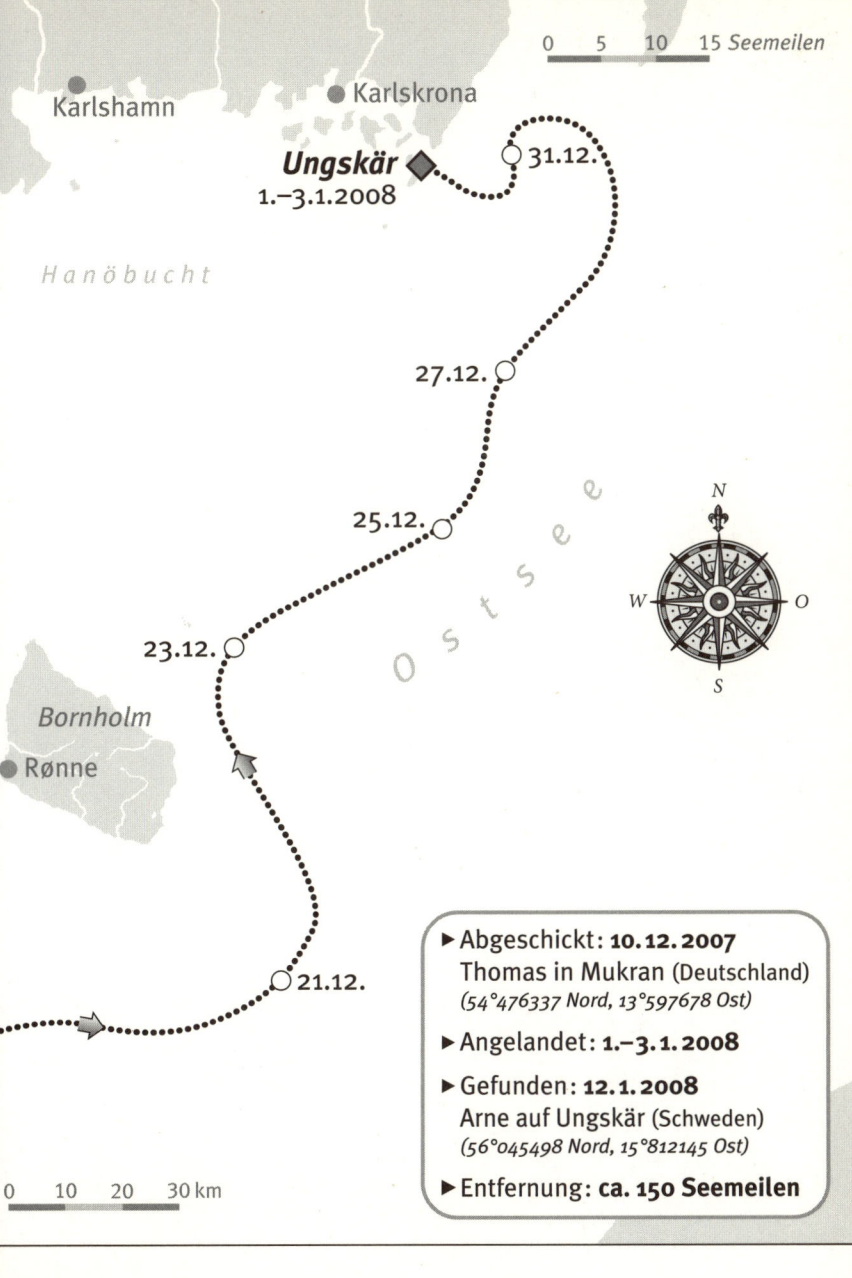

3

Herrn Arnes Schatz

Er ist der letzte Fischer von Ungskär, einer entlegenen Insel im Schärengarten Südschwedens. Selten hat er seine Heimat verlassen. Doch Arne Nordström weiß mehr über die große weite Welt als viele andere. Und er kennt den Unterschied zwischen Einsamkeit und Alleinsein.

Wer nach Ungskär kommt, wird an Arne Nordström kaum vorbeikommen. Das mag vor allem an seiner Statur liegen. Eins neunzig ist er, eher mehr. Seine Gummistiefel haben Größe 47. Und wenn Arne in seinem Fischerboot steht, wirkt es sehr klein, weil er so ein stämmiger Kerl ist. Alles ist gewaltig an diesem Mann. Seine Hände, sein Bauch, der Appetit, die buschigen Augenbrauen, der lange, wild und in alle Richtungen wachsende Vollbart, der mal pechschwarz gewesen und bald vollständig ergraut ist. Arne muss schon bärtig auf die Welt gekommen sein. Und es wäre untertrieben, zu behaupten, dass er nur eine leichte Ähnlichkeit mit Bud Spencer hätte, dem wuchtigen Italiener und Hau-drauf-Schauspieler der siebziger und achtziger Jahre, dem Faustpfand einer ganzen Generation. Und so wie es Bud Spencer noch heute kann, kann auch Arne seine Augen zu schmalen Schlitzen zusammenkneifen. Dann sieht er nicht bloß so aus wie der Meister der senkrechten Faustschläge und Doppelbackpfeifen. Dann ist er ihm wie aus dem Gesicht geschnitten. Er könnte sein Sohn sein. Oder sein Double. Oder beides. Noch viel besser aber passt zu Arne, dass er sein eigenes Original ist. Denn jeder Bart ist natürlich nur so eindrucksvoll wie der Mann, der ihn trägt.

Arne sagt, er kenne Bud Spencer nicht. Er habe noch nie von ihm gehört. Doch wer nach Ungskär kommt, so viel steht fest, wird an Arne nicht vorbeikommen. Was aber auch an seiner roten Wollmütze liegt, die schon weithin sichtbar ist, bevor die kleine Fähre in das mit Granitblöcken eingefasste Hafenbecken einläuft. Von der See aus wirkt die Insel, als ob sie auf dem Wasser schwimmt. So flach ist sie. So wenig verstellt den Blick. Man sieht die Welt in Blau, dazu die dicht nebeneinander stehenden Holzhäuser, die in Schwedenrot gestrichen sind und alle weiße Fensterrahmen haben. Hier mal ein gelbes Haus, da mal eine grüne Hütte. Und davor steht Arne am Hafen. Seine Mütze leuchtet als roter Punkt in der Landschaft, wie eine feste Wegmarke für Seeleute. Unübersehbar. Eigentlich müsste man einen Rahmen um diesen Mann bauen, denn das wird eines der Bilder sein, die ich in meinem Kopf mitnehmen werde von dieser winzigen Insel im Schärengarten vor Karlskrona. Es ist ein Bild, das sich auch so schnell nicht ändern wird. Arne ist immer da. Und die Mütze so eine Art Markenzeichen. Er setzt sie nie ab. Auch im Hochsommer nicht. Arne sagt: «Ich mag Rot.»

45 Minuten, so lange braucht das weiß-blaue Fährschiff vom Festland durch den steinernen Irrgarten aus Inseln und Halbinseln bis nach Ungskär. Es ist eine kurze Reise, die einen weit wegbringt. An Ytterön, Hästholmen und Öppenskär vorbei, dann Inlängan, Stenshamn und Utlängan. Es gibt Tausende dieser Schären an der zerklüfteten Südküste. Wie viele es genau sind, weiß niemand. Die wenigsten sind bewohnt, manche nicht größer als Verkehrsinseln. Jede eine kleine Einsamkeit. Es ist eine windgepeitschte Landschaft hier draußen. Der Grund aus Granit. Vom Meer poliert. Schroff und schön. Mit grünen Moosen und gelben Flechten. Nur vereinzelt ein paar Bäume und Büsche. Und alle Wege enden am Wasser.

Ungskär ist eine der letzten Inseln Schwedens. Oder eine der ers-

«Mein Strand wird sauber bleiben.»
Biruta Kerve, Nida, Lettland

«Zeit darf bei uns noch Zeit sein.»
Biruta Kerve, 2008 in Nida, Lettland

«Ich mache mir das Leben bunt.»
Biruta Kerve, Nida, Lettland

«Der Blick auf das Wasser macht den Kopf frei.»
Thomas Masloboy, Sassnitz, Deutschland

«Ist der echt?»
Flaschenpostautomat, Ostsee, Deutschland

«Langweilig wird mir hier nicht.»
Arne Nordström, Ungskär, Schweden

«Ich mag Rot.»
Arne Nordström, Ungskär, Schweden

«Ein Mensch, der auf einer kleinen Insel lebt,
blickt anders auf die Welt.»
Lasse Rosén, Ungskär, Schweden

«Ja, ja.»
Arne Nordström, Ungskär, Schweden

«Eine Flaschenpost kann verschiedene Dimensionen haben.»
Peter Scharstein, Kiel, Deutschland

«Ich nehme mir Zeit für meine Post.»
Peter Scharstein, Kiel, Deutschland

«Wir fahren nicht mehr an den Stadtstrand. Der ist zu voll.»
Natalja Baklazhanova, Selenogradsk, Russland

«Nirgends ist Russland weiter im Westen als hier.»
Natalja Baklazhanova, Selenogradsk, Russland

«Mit dem einfachen Leben hat Politik nichts zu tun.»
Vladimir Starovoitov, Lesnoi, Russland

ten. Zwischen Schärengarten und offener See im Osten. Vom einen zum anderen Ende ist es vielleicht ein Kilometer, maximal 500 Meter geht es in die Breite. Meterhohe Wacholderbüsche wachsen in der Mitte. Knorrig. Dicht verzweigt und stachlig. Dazu wenige Birken im Norden. Vierzig Holzhäuser stehen auf dem schmalen Südzipfel. Dazwischen verläuft ein sandiger Fußweg. Das ist alles. Das ist Ungskär, wo mehr Katzen als Menschen leben. Dazu ein Fuchs, der vor einigen Wintern über das Eis gekommen ist und sich manchmal im Dorf blicken lässt. Rund fünfzig Saisonkühe von Mai bis Oktober. Und Zehntausende Vögel, mindestens. Eiderenten, Graugänse und Kormorane. Austernfischer, Rotschenkel und Seeadler. Irgendwann hört man auf, die Vogelarten zu zählen. Wer aber einmal den tausendfachen Flügelschlag von Wildgänsen gehört hat, wenn sie aufgeschreckt abheben, wird das nie mehr vergessen.

Auf Ungskär fällt einem schnell auf, was es dort nicht gibt: Straßen und Autos. Einen Laden für das Nötigste. Schlechte Luft. Aufdringlichkeiten und Eile. Was es auf Ungskär gibt, ist: Zeit. Es passiert regelmäßig, dass man sich fragt, welcher Wochentag eigentlich ist. Die Tage machen Pause. Jeder Tag. Selbst der Wind hält in manchen Momenten den Atem an. Doch nicht viele Menschen ertragen so viel Zeit heute noch. Auch die Ruhe ist anderswo knapp geworden oder ganz abhandengekommen. Und so kann die große Stille, die eine kleine Insel wie Ungskär umgibt, für viele Besucher nach einer Weile schwer und anstrengend wie Getöse werden.

Die Fähre, die Vögel, die Menschen – auch wenn diese Schäre ein Ort ist, wo das Leben noch klar umrissen ist, wo alles seine Zeit zu haben scheint, soll dies keine Das-Ende-der-Welt-Geschichte werden. So etwas gibt es nämlich gar nicht. Und auch die heile Bullerbü-Bilderbuch-Welt oder das sorglose Lönneberga-Leben, das Journalisten gerne bemühen, wenn es um idyllisch gelegene schwedische Dörfer mit dunkelroten Holzhäusern geht, wo alles fast schwerelos wie in der Kindheit sein soll, passen schon gar nicht hierher. Jeder hat mindestens ein Handy und auch Empfang auf Ungskär. Und Internet. Probleme gibt es auch genug. Es ist auch keine Rettungsinsel für Sonderlinge, die sich vor der Welt verstecken. Es gibt hier Menschen, die vielleicht eigen, aber keine Außenseiter sind, die auf dem Festland zurechtkommen und von der Gesellschaft nicht aussortiert würden, weil sie gedanklich irgendwo anders sind.

Es gab Zeiten, Ende des 19. Jahrhunderts, da lebten fast 500 Menschen auf der Insel. Viele Fischerfamilien. Bauern und Jäger. Im Zweiten Weltkrieg kamen einige hundert Soldaten, um die Heimat vor den Nazis und den Russen gleichermaßen zu schützen. Es gab ein kleines Café und ein Kino im Dorf. Es muss eine – verglichen mit heute – wilde Zeit gewesen sein. Und es gab auch Jahre danach, in denen Ungskär militärisches Sperrgebiet war. Bis 1980 hatten Ausländer keinen Zutritt. Es wurden unterirdische Gänge gegraben, vollgestopft mit geheimen Anlagen. Kriegsschiffe fuhren in getarnte Felsgaragen, unter Netzen und Büschen versteckt. Arne erinnert sich noch gut an diese Zeit. Er erzählt von Scheinwerfern, die kilometerweit die Ostsee erleuchteten. Und feuerten bei Übungen die riesigen Geschütze, gingen regelmäßig Fensterscheiben zu Bruch.

1955 war die Bevölkerung auf weit unter 100 geschrumpft. 1977 waren es noch 30. 1995 dann 17. Bis 2011 waren es noch acht. Dann gingen Ulla und Allan. Sie starben. Dann May, die Witwe eines Fischers. Sie war zu alt für das Leben alleine geworden und starb zwei Jahre später in einem Altersheim. Jeder Mensch, der ein kleines Dorf verlässt, reißt ein Loch, weil er nichts mehr erzählt, weil in seinem Haus kein Licht mehr brennt. Und wenn auf Ungskär wieder jemand für immer geht, ist das so, als ob die Insel stirbt. Manchmal wurde, wenn ein Grundstück verkauft war, das ganze Haus abgeholt. Es wurde auf Baumstämmen über das Eis ans Festland gerollt. Oder man hievte das Eigenheim zwischen zwei Schiffe und fuhr es rüber, ans andere Ufer. Das war billiger, als neu zu bauen. Dafür kamen Menschen aus der Stadt und stellten sich neue Ferienhäuser hin. Ungskär wurde immer mehr zur Wochenendflucht.

Heute sind das ganze Jahr über noch fünf Menschen da. Da ist Bernt, 1944 hier geboren. Er wird auch hier sterben, wie er sagt. Da ist Johan, Jahrgang 1953. Und Kristina, Jahrgang 1948. Ihr Mann arbeitet als Tischler auf dem Festland. Er kommt nur am Wochenende. Und Lars natürlich, Jahrgang 1934, den alle Lasse nennen. Er ist der einzige Zugezogene und Arnes bester Freund. «Morgen», sagt er, «werden wir vielleicht noch vier sein. Nächstes Jahr zwei. Die Perspektive ist schlecht. Es gibt keine Arbeit. Es gibt nur Zeit. Das, was sich viele wünschen, aber nicht bekommen, weil Zeit ja Geld ist. Andere haben Geld und keine Zeit. Wir haben Zeit und kaum Geld.» Das ist der Unterschied.

Arne spricht kein Englisch. Also hilft Lasse beim Übersetzen. Und dann beginnt der Mann mit dem Bart und der Mütze zu erzählen: Er ist 1955 geboren. Auf Ungskär. Seinen Vater hat er nie kennengelernt. Schon sein Stiefvater, sein Großvater, sein Urgroßvater und sein Ururgroßvater waren Fischer auf der Insel. Arne wird der Letzte sein. Er hat keine Kinder. Er hatte nie eine Frau. Verwandte hat er auch keine mehr. Seine Eltern sind tot. Seine jüngere Schwester Britt-Marie starb mit 16 an Krebs. Wenn es etwas gibt, was nicht ganz so schön ist auf Ungskär, dann das, zu den Letzten einer Generation zu gehören. Da ist niemand mehr außer Arne. Doch wer alleine ist, muss nicht einsam sein. Da gibt es Unterschiede. Wer Arnes Geschichte kennt, könnte sich schnell ausmalen, wie furchtbar einsam das Leben auf einer entlegenen Insel sein kann. Dass sich dort ständig Einsamkeit ins Alleinsein schleicht. Dass Alleinsein irgendwann nicht mehr nur bedeutet, dass gerade kein Zweiter da ist. Sondern dass keiner zum Reden, zum Verstehen und zum Nahsein da ist.

Arne hat sechs Katzen. «Und zwei Häuser, aber kein Geld», sagt er, und er lacht dabei. Zumindest glaubt man zu hören, dass er lacht. Man sieht seine Lippen ja nicht, da sie vollständig unter seinem Bart verschwinden. Es klingt wie ein etwas heiseres Husten. Ein Haus vermietet er das gesamte Jahr über an eine Frau aus Stockholm, die nur manchmal da ist. Verkaufen will er nicht. Vielleicht würde er eine Million Kronen dafür bekommen, knapp hunderttausend Euro. Vielleicht sogar mehr. «Ist nur Geld», sagt Arne, «und das wäre irgendwann weg. Man braucht nicht so viel hier draußen. Und ja, es kann auch sehr einsam bei uns werden, aber schlecht fühle ich mich deshalb nicht.»

Arne ist noch nie bei Ikea gewesen. Noch nie ist er geflogen. Er hat auch nie Stockholm besucht. Einmal Göteborg. Einmal Kalmar. Einmal Kopenhagen. Alle fünf Jahre findet ein Lehrgang für Küstenfischer statt. Dort fährt er hin. Er war 18, als er seine Insel das erste Mal länger verließ. Weil er musste: Militärzeit in Karlskrona. Für neun Monate aufs Festland. Er war froh, wieder zu Hause zu sein. Zu seinem 60. Geburtstag luden ihn Freunde auf die große Passagierfähre ein, die von Karlskrona nach Gdingen in Polen fährt und sich zweimal am Tag in Sichtweite an Ungskär vorbeischiebt. Einen Tag hin, einen zurück. Wie das war? «Schön», sagt Arne, «aber zu Hause gefällt es mir besser.» Manchmal nimmt er sein Boot und besucht Bekannte auf Långören, einer der Nachbarinseln. Doch fragt man ihn, ob er auch mal nach Hamburg kommen wolle, wo es ja auch Wasser und einen schönen Hafen gebe, schüttelt er dankend den Kopf. «Wer kümmert sich dann um meine Katzen?»

Und dann ist der Moment gekommen, wo man Arne die Frage stellen muss, die nicht mehr zu umgehen ist: Warum sucht ein Mensch die Einsamkeit – nicht bloß kurz, sondern für das ganze Leben? Arne weiß gute Antworten. «Langweilig wird mir hier nicht. Langeweile ist ein Luxusproblem» ist eine davon. Und auf die Frage, was er sich im Leben am meisten wünsche, sagt er: «Noch so lange es geht auf Ungskär zu sein.» Mindestens bis er 80 ist, gerne bis 90. «Hier sterben wäre auch schön.» Lasse sagt über Arne: «Diese Schäre ist sein größter Schatz.»

Sein Name ist wie geschaffen für einen Fischer: Nordström. Das braucht man nicht übersetzen. Auch seine Hände verraten viel mehr über ihn und seinen Alltag als viele Worte. Die Arbeit hat Spuren hinterlassen, hat Furchen hineingegraben und Schwielen entstehen lassen. Netze sortieren. Netze flicken. Rausfahren und Netze setzen. Rausfahren und Netze bergen. Den Fisch ausnehmen. Räuchern. Barsch, Aal und Dorsch. Lachs, Hering und Hecht. Hundert Meter Netz per Hand zu entwirren, in dem sich Seetang und Holz verheddert haben, kann zu einer Geduldsprobe werden. So vergehen die Tage auf Ungskär.

«Früher war mehr Fisch», sagt Arne. Das Meer leert sich, und der Kampf um das, was übrig bleibt, hat längst begonnen. Eines seiner größten Probleme sind die Kegelrobben. Sie haben sich stark vermehrt und bedienen sich an seinen Fangnetzen. Eine Kolonie von fast 700 Tieren lebt mittlerweile auf den Sandbänken von Utklippan, dem allerletzten Fetzen Schwedens, rund acht Seemeilen von Ungskär entfernt. Dort sind sie völlig ungestört. Arne zeigt ein großes Loch, das eine Robbe in die Nylonmaschen gebissen hat. Moderne Netze, robust wie Käfige, könnten helfen, da kommen die Robben nicht so leicht ran. Doch die kosten viel Geld. Auch der Motor seines Bootes macht schon seit Monaten seltsame Geräusche. Er läuft zu heiß und müsste dringend repariert werden. Aber selbst dafür ist gerade nichts übrig.

Das nächste Problem: Er kann seinen Fang kaum noch verkaufen. Früher lieferte er an die Geschäfte in der Stadt. Die Fische in den Plastikkisten wurden mit Eis bedeckt und auf der Fähre transportiert. Heute geht das nicht mehr. Die EU-Normen und Gesetze aus

Brüssel sind für Arnes Ein-Mann-Fischerei nicht realistisch. Alles ist peinlichst genau geregelt. Was auch nur im Kleinsten nicht den Richtlinien entspricht, darf gar nicht erst angeboten werden. Wenn von Kühlketten, die keine Millisekunde unterbrochen werden dürfen, die Rede ist. Wenn EU-Kommissare an ihrem Schreibtisch kluge Pläne schmieden und Satellitenüberwachungssysteme oder elektronische Logbücher an Bord jedes noch so kleinen Fischerbootes fordern.

Die Fischerei, wie Arne sie seit mehr als 40 Jahren macht, ist Handwerk. Die Fischerei, wie sie Konzerne mit riesigen Flotten machen, ist Industrie. «Was für die Großen gilt, soll auch für die Kleinen gelten. Das kann nicht funktionieren», sagt Arne. «Brüssel liegt nicht am Meer. Selbst schwedische Politiker haben keine Ahnung, wie das Leben hier draußen aussieht.» Die Handwerksfischer sterben aus. Längst fängt auch Arne nur noch für sich, für die wenigen Inselbewohner und für die Sommergäste und Segeltouristen. «Alles andere ist vorbei.»

Arne sagt aber auch: «Die Gesetze enden irgendwo zwischen hier und dem Festland. Hier draußen gibt es andere Regeln. Wir müssen die Dinge für uns klären.» Wenn es denn mal etwas zu klären gibt. Niemand kann sich erinnern, dass auf Ungskär jemals etwas geklaut wurde. Arne zuckt mit den Achseln. Lasse zuckt mit den Achseln. «Nicht seit ich hier bin.» Nur einmal mussten sie die Polizei rufen. Das ist noch gar nicht so lange her. Bernt ballerte mit seinem Jagdgewehr in der Gegend herum. Ganz nüchtern war er nicht. Das Schrot riss einige Löcher in die Holzwand eines Hauses. Die Polizisten holten ihn für einen Tag ab. Und alle seine Waffen nahmen sie gleich mit. Seither ist wieder Ruhe. Und der zu extremer Grummeligkeit neigende Bernt ist seitdem besonders freundlich zu allen.

Arne war schon vieles in seinem Leben. Bis 2001 war er der Postbote von Ungskär und den umliegenden Inseln. Zwölf Jahre holte er die

Briefe und Pakete vom Festland. Bis die Post die Stelle strich. Zehn Jahre lang war er, immer in den Sommermonaten, auch der Kapitän einer kleinen Fähre, die zwischen Karlskrona und der Touristeninsel Mjölnareholmen hin- und herfuhr. Und immer wieder erzählt er von seiner Zeit als Leuchtturmwärter auf Utklippan, weit draußen ins Meer geworfen. Wer Ungskär einsam nennt, wird für Utklippan keine Beschreibung mehr finden. Dort war er ganz alleine. Ein Jahr lang. Dann wurde der Leuchtturm automatisiert. Eine Maschine übernahm seine Arbeit.

Heute ist Arne der Hafenmeister. Und das auch schon seit ein paar Jahren. Er kassiert die Liegegebühren der Sommersegler. Er repariert alles, was kaputt ist. Er sorgt dafür, dass alles sauber ist, schöpft das Regenwasser aus den Booten. Er ist keiner der Hafenmeister, wie man sie aus vielen deutschen Häfen kennt, wo Menschen, die eine kleine Macht bekommen, zu ganz großen Bestimmern werden. Arne ist so ganz anders: Er ist entspannt. Er räuchert Fisch für die Touristen. Er redet mit jedem. Er mag diese Momente und Begegnungen, von denen er im Sommer so viele hat. Er sagt: «Ich lerne Menschen kennen und muss meine Insel nicht verlassen.» Und den Seglern prägt sich das Bild von Arne ein. Vielleicht machen sie sogar ein Foto von ihm und zeigen es Freunden, wenn sie zu Hause von ihrem Schweden-Urlaub und dem Doppelgänger von Bud Spencer erzählen. Arne muss einen besonderen Eindruck bei ihnen hinterlassen: Einmal bekam er zu Weihnachten mehr als 100 Grußkarten. Jetzt sind es jedes Jahr noch um die 40.

Am Hafen hängen die Briefkästen nebeneinander wie gute Nachbarn. Der Anleger ist der Treffpunkt, das Zentrum der Insel, wenn es so etwas gibt. Menschen kommen an und fahren ab. Menschen sind neugierig, wer ankommt und abfährt. Die Fähre ist der Höhepunkt des Tages. Sie hält nur wenige Minuten. Dann wird es kurz wuselig. Taschen und Baumaterial werden ausgeladen. Katzenfutter. Ein Wellensittich im Käfig. Briefe wechseln die Hände. Smalltalk mit Janne, dem Kapitän. Lebensmittel. Blumen für den Garten. Alles wird in Schubkarren zu den Häusern gefahren. *Lev livet lik grönare* steht auf der Einkaufstüte einer Frau: Lebe das Leben ein wenig grüner.

Das Leben auf Ungskär muss vor allem geplant sein. Der Gefrierschrank muss voll sein. Wer ohne Einkaufszettel losfährt und etwas vergisst, hat ein Problem. Früher kam einmal in der Woche ein Schiff und brachte Trinkwasser. Seit ein paar Jahren gibt es eine Leitung vom Festland und immerhin fünf Hähne, wo man sich sein Wasser in Eimern holen kann. Doch wenn die Ostsee zufriert und unter meterhohen Schneewehen verschwindet, kann es sein, dass es Janne mit seiner Fähre nicht mehr bis in den Hafen schafft. Dann laufen sie entweder noch einige hundert Meter über das Eis und gehen dort an Bord. «Oder es geht gar nichts mehr», sagt Arne, «dann sind wir isoliert.» Zweimal im Monat fährt auch er rüber. Wenn er zum Arzt muss. Wenn etwas fehlt. Den Rest erledigt die Fähre für ihn. Die erste am Morgen bringt die beiden Tageszeitungen. Das Mittagsschiff liefert die Post. Die letzte am Nachmittag die Einkäufe, die beim Supermarkt in Torhamn telefonisch bestellt werden können. Arne war auch mal für ein paar Jahre Mitglied in einem Buchclub. Monat für Monat kam neue Lektüre. In einem seiner Zimmer stapeln sich heute noch die Romane und Sachbücher. Wo alles gesagt ist, bleibt noch das Lesen.

Gäste heißen auf Ungskär immer Sommergäste, weil sie nur im Sommer kommen. Wer das Jahr über hier lebt, hat zwei Leben. Eines im Sommer, wenn für drei Monate fast 100 Menschen plus Segeltouristen auf der Insel sind. Und eines für den Rest des Jahres. Lars Rosén, den alle Lasse nennen, sieht die Menschen lieber gehen als kommen. Manchmal muss er Bierdosen aus seinem Vorgarten sammeln, die Jugendliche dort hingeschmissen haben. «Es ist schön, wenn es wieder ruhiger wird.» Früher, in seinem ersten Leben, wie er sagt, war es selten ruhig. Er arbeitete als Polizeireporter, später für eine große schwedische Nachrichtenagentur. 24 Stunden im Einsatz. Nachts, wenn das Telefon klingelte, raus auf die Straße. Schreiben. Schlafen am Tag. «Es war großartig», sagt er heute noch, «immer unter Strom.» Doch irgendwann, nach 42 Jahren als ständig Rasender, war er menschenmüde geworden. «Das hat Kraft gekostet», weiß er heute. Und er wollte etwas anderes. Er und seine Frau brauchten Ruhe. Es wurde Zeit, in Rente zu gehen, sich einen Platz am Meer zu suchen. Das war der Plan. Dann lasen sie eine Zeitungsannonce: *Haus auf Schäreninsel zu verkaufen.*

So zogen sie 1994 von Stockholm, wo sie immer gelebt hatten, nach Ungskär. Das erste Mal in den letzten 100 Jahren stieg die Zahl der Einwohner wieder. Von 15 auf 17. In den Anfangsjahren arbeitete Lasse noch als Journalist. Auf dem ersten Computer der Insel schrieb er Agenturmeldungen. «Ich glaube, die meisten meiner Kollegen wussten damals nicht, dass ich auf einer einsamen Insel saß und Weltnachrichten übersetzte und kürzte.» Er muss heute noch grinsen.

Als seine Frau im Dezember 2003 starb, ließ er sie einige hundert Meter hinter ihrem Haus bestatten. In der Ostsee. So, wie es die Insulaner schon immer machten. Auf Ungskär gibt es keinen Friedhof. Und Lasse überlegte, ob er nun noch einmal etwas ganz anderes machen sollte. Teneriffa? New York? Da wollte er doch schon immer mal hin. Aber dort leben? Von Ungskär nach New York? Er blieb. Er sagt: «Ein Mensch, der auf einer kleinen Insel lebt, blickt anders auf die Welt als einer, der in einer großen Stadt lebt.»

Im September 2009 hatte Lasse einen Herzinfarkt. Mitten in der Nacht wachte er auf und glaubte, seine Katze wäre auf seine Brust gesprungen. Doch die schlief fest in ihrem Korb. Dann fühlte er ein Kribbeln in seinem linken Arm. Kurz darauf begannen seine Zähne zu schmerzen, als würde jemand mit einem Hammer dagegenschlagen. Er rief den Notarzt. «Sollen wir mit dem Helikopter kommen, oder langt ein Schnellboot?» Sie brauchten 40 Minuten mit dem Boot. Auf dem Teppich seines Wohnzimmers machten sie die Erstversorgung. Dann brachten sie ihn durch die nächtliche See ins Krankenhaus von Karlskrona. «Das war gerade noch mal gut gegangen», sagt Lasse heute, «also gab ich mir und der Insel ein weiteres Jahr. Dann noch eines. Und noch zwei weitere. Jetzt ist der Infarkt viele Jahre her, und es geht mir gut. Aber vielleicht wird es mein letztes Jahr auf Ungskär sein. Man wird sehen.»

Lasse und Arne sind Freunde. Zweimal am Tag trinken die beiden gemeinsam Kaffee. Einmal am Morgen. Einmal am Abend. Seit mehr als 20 Jahren. Sie sitzen zusammen und reden. Sie sitzen zusammen und schweigen. Das geht nur mit guten Freunden. Und mit Arne lässt es sich sehr gut schweigen, ohne dass die Stille peinlich wird. Wenn Lasse mal nicht auf der Insel ist, kommt Arne und füttert die Katze. Auf einem kleinen gelben Zettel schreibt er dann auf, wie das Wetter an diesem Tag gewesen ist. Dann legt er das Papier auf den Küchentisch. Jeden Tag. Für Lasses Tagebuch. Lasse sagt über Arne, er sei ein Meister des Filetierens. In all den Jahren – es ist ihm wichtig, dies zu betonen, er hebt den Zeigefinger dazu – habe er nur eine einzige Gräte gehabt. In einem Aal.

Einmal im Jahr gehen Lasse und Arne gemeinsam in die Oper. *Der Troubadour* von Giuseppe Verdi. Oder *Rusalka* von Antonín Dvořák. Sie müssen die Insel nicht verlassen. Die Oper kommt zu ihnen. Immer im Hochsommer treffen sich im Missionshaus Tenöre, Sopranistinnen und Baritone aus ganz Schweden. Auch Sänger aus anderen Ländern sind dabei. Eine Woche wird geprobt. Zum ausverkauften Abschlusskonzert kommen 200 Besucher. Die Fähre fährt außerplanmäßig. Das gibt es nicht mal an Weihnachten. Lasse sagt: «Ungskär und Oper – das klingt schon komisch, oder?» Der

Grund ist Helena Janzén, eine über die Grenzen Schwedens hinaus bekannte Sopranistin aus Karlskrona. Sie war schon als Kind regelmäßig auf die Insel gekommen. Seit 2001 organisiert sie die Schärenoper. Und die Insulaner haben freien Eintritt.

Arne gibt mir nun eine kleine Führung über die Insel. Er zeigt das Haus, in dem er geboren ist. Er zeigt den ehemaligen Laden, der 1975 dichtmachte, das Jahr, in dem auch die Schule schließen musste. Und er zeigt, wo diese Flaschenpostgeschichte ihren Anfang nahm: wo er den Brief von Thomas Masloboy aus Rügen entdeckte, damals, im Januar 2008. Arne suchte nach Treibholz für den Ofen. An der Ostküste, nicht weit entfernt vom alten Schulhaus. Das ist die blank gewetzte Seeseite der Insel mit rund geschliffenen Granitbuckeln, rot schimmernden Quarzbändern und kleinen Teichen in Steinnischen mit allerlei Getier darin.

An diesem Tag rasten und fressen Hunderte Kanadagänse hier. Dicke Schiffstaue und Baumstämme liegen herum, die komplette Flaschenauswahl eines Supermarktregales. Und auch auf Ungskär lassen sich angeschwemmte Dinge finden, die man nicht unbedingt erwarten würde. Eine volle Tüte Pommes. Ajax-Reiniger für die Küche. Eine aufblasbare Puppe, die wohl ein einsamer Seemann verloren hat und nun vermisst. Und Flaschenpost auch. Arne hat sie nie gezählt und weiß auch nicht, wo sie alle geblieben sind. Aber er schätzt, dass es über 100 Briefe gewesen sein müssen, die er in all den Jahren aufgelesen oder in seinen Netzen herausgezogen hat. Von Frischverliebten. Von Seglern. Von Kindern. Er hat allen geantwortet. Oder Lasse gefragt, der einen Computer hat. Arne hat ein gutes Gedächtnis. Er kann sich an Details und an Namen erinnern, die schon viele Jahre zurückliegen. Er sagt, seit die Fähre von Karlskrona nach Polen häufiger fährt, sind es mehr Briefe geworden. Er hat auch festgestellt, dass Nachrichten in Plastikflaschen oft feucht und unlesbar werden. Vielleicht liegt es daran, dass der Deckel nicht ganz dicht ist. Vielleicht bildet sich auch Kondenswasser. Arne weiß es nicht. Er rätselt noch.

Im Jahr 1987 hatte sich der Steuermann einer deutschen Ostseefähre einen Spaß gemacht. Auf der Route von Travemünde nach Helsinki warf er alle zehn Minuten eine Flaschenpost ins Wasser. So stand es in den drei Botschaften, die Arne aufsammelte. Der Seemann hatte sie nummeriert. Auf der 22-stündigen Überfahrt müssen es mehr als 130 Stück gewesen sein. Ein anderes Mal steckte in einer Flasche keine Nachricht, aber ein Rubbellos. Arne rubbelte und gewann 50 Kronen. Dann fand er den Brief einer Sechsjährigen aus Südschweden. Sie hatte einen Wunschzettel an den Weihnachtsmann geschrieben und von einem Segelboot geworfen. Sie wollte eine neue Barbie. Gleich am nächsten Tag fuhr Arne los, kaufte eine Puppe und schickte sie dem Mädchen. Ausgerechnet Arne, der große Mann mit dem langen Bart und dem Bauch. Und manchmal bekommt er tatsächlich Post, die *An den Weihnachtsmann von Ungskär* adressiert ist. Mehr steht nicht drauf. Jeder weiß, wer gemeint ist.

Arnes Mutter brachte mal eine kleine Kiste, die an 20 Ballons gebunden war, vom Strand mit. Darin Briefe und gemalte Bilder einer Schulklasse aus Roskilde in Dänemark, vielleicht 250 Kilometer Luftlinie entfernt. Sie antwortete mit einem langen Brief, erzählte vom Leben auf Ungskär. Zwei Wochen später, es war kurz vor Weihnachten, bekam sie ein großes Paket mit selbst gebackenen Keksen von 30 Kindern. Das freute auch Arne damals. Seine erste Flaschenpost fand er, da war er vier oder fünf. Ann-Margret hatte sie geschrieben. Seine Spielfreundin und Nachbarin. Stolz lief er zu ihrem Haus und brachte ihr den Zettel. Sie war enttäuscht, dass es die Flasche nicht weitergeschafft hatte. Aber einen Kuss auf die Wange bekam er trotzdem dafür. Nur einen Sommer später entdeckte er eine angetriebene Wassermine aus dem Zweiten Weltkrieg. Er hatte schon Bilder solcher Bomben gesehen. Also berührte er sie nicht. Das war sein Glück. Sie war noch scharf.

Auf Ungskär kann es passieren, dass ein Notizbuch nach zwei Tagen voll ist. Das mag an den Gedanken liegen, die plötzlich Zeit haben. Das mag an den vielen Geschichten liegen, die hier erzählt werden. Das mag an Menschen wie Arne liegen, der nun in Lasses Küche bei Kaffee und Keksen sitzt und beiläufig erzählt, wie er zu Beginn der achtziger Jahre nichts ahnend zwischen die Fronten des Kalten Krieges geriet: wie ihn beinahe ein sowjetisches Atom-U-Boot rammte.

Es war der 27. Oktober 1981. Arne war 26 damals und gerade beim Lachsfischen. Eine Woche zuvor hatte er bereits zwei U-Boote einen Kilometer vor der Küste gesehen. Sie lagen eng beieinander, kaum 200 Meter von seinem Kutter entfernt. Und auch dieses Mal gaben sich die Sowjets keine große Mühe, unentdeckt zu bleiben. Auf Sehrohrtiefe fuhren sie dicht an ihm vorbei. Arne konnte das Periskop sehen, wie es die Hauptleine seines Netzes zerschnitt. «Der gesamte Fang war dahin.» Das 1000 Tonnen schwere U-Boot muss noch in derselben Nacht auf Grund gelaufen sein. Denn am folgenden Tag meldete ein verwunderter Fischer, dass ein russisches Unterseeboot in der Meerenge vor seiner Haustür liegt. Zwischen Malkvarn und Torumskär, den Nachbarinseln, keine sechs Kilometer von Ungskär. Mitten im militärischen Sperrgebiet. Und bloß 30 Kilometer vor Karlskrona, einem der wichtigsten Militärhäfen des Landes. Das U-Boot musste bei einem Wendemanöver gegen einen Felsen gefahren sein. Spionageverdacht. Doch die Russen wollten sich mit einem Navigationsfehler herausreden. «Sind wir hier nicht in Polen?» Der Kommandant sprach von groben Schnitzern seines Navigationskapitäns, der U137 zuvor zweimal durch Fischernetze gesteuert haben soll, die den Empfänger des Echolots und einige Antennen zerstört hätten. Das mussten Arnes Netze gewesen sein.

Der Kalte Krieg wurde eisig. Die Welt war in Schieflage geraten und schaute gespannt auf den Schärengarten in Südschweden. Und die Menschen von Ungskär lebten ihr Leben. Arne ging fischen. Und hin und wieder machten er und die anderen Scherze, wo die Sowjets wohl als Nächstes auftauchen würden, ob man ernsthaft Angst haben müsse, entführt zu werden.

Einmal hat er Freunden von seinen Begegnungen mit den U-Booten erzählt. Der Polizei oder der Marine bis heute nicht. «Wir sind hier nicht so», sagt Arne, «wir müssen nicht immer alles einer Behörde melden.» Ein anderes Mal, Arne fischte wieder, tauchte ein polnisches Schiff auf und nahm Kurs auf sein Boot. «Zuerst dachte ich, die wollten mich rammen.» Doch sie gaben ihm zehn Schachteln Zigaretten, sagten, er solle verschwinden. Arne nahm die Päckchen und startete den Motor. Er sah aber noch, wie drei Schnellboote von Utlängan kamen und das Schiff ansteuerten. Das Betreten der Insel war damals strengstens verboten. Dort stand eine geheime Radarstation, eine Abhöranlage. «Waren wohl Spione aus dem Osten», vermutet Arne noch heute und zieht die Augenbrauen hoch. Die Zigaretten schenkte er damals einem Bekannten.

Es gibt Tage, da gerät selbst Arne ins Wanken. Wenn Winde mit manchmal mehr als dreißig Metern pro Sekunde über die Insel fegen und das meterhohe Schilf und Zäune flach am Boden liegen, sammelt sich eine weiße Kruste auf den Fenstern. Sie werden salzblind. Wenn im Spätsommer die kaltfeuchte Luft vom Nordpolarmeer über der Ostsee zur Ruhe kommt und das noch warme Meerwasser verdunstet, zieht satter Nebel als grauweiße Wand auf. Binnen Minuten kommt er näher. Meist von der See. Und dann sieht man gar nichts mehr. Kein Land, keine Felsen im Wasser, manchmal nicht mal mehr das Ende des eigenen Bootes.

Noch heute erzählt man sich die traurige Geschichte, wie im April

1955 drei Fischkutter aufbrachen, um in der Danziger Bucht Lachs zu fangen. Eine Routinefahrt, die in einer Katastrophe endete. Ein Orkan kam auf. Schneefall. 36 Stunden erlebten die Männer ein Inferno. Eines der Netze geriet in die Schraube eines der Schiffe, das nicht mehr manövrieren konnte. Die *Emanuel* und ihre vier Mann Besatzung verschwanden an diesem Tag spurlos. Auch Wrackteile wurden nie gefunden.

Niemand wusste, was damals passiert war. Die meisten glaubten, dass die Fischer kenterten und ertranken. Andere wollten glauben, dass sie es irgendwie an die polnische Küste geschafft hatten und dort von den Russen verhaftet und in Arbeitslager verschleppt wurden. Ein Gedanke, der den Angehörigen in den Jahren danach die Hoffnung gab, dass die Väter und Söhne eines Tages zurückkehren würden. Ein Gedanke, der den Hinterbliebenen half, selber am Leben zu bleiben. Anna – Arnes Nachbarin, Jahrgang 1965, die vier Tage die Woche auf Ungskär lebt und drei Tage in der Nähe von Karlskrona arbeitet – sagt: «Die Fangnetze hatten sich um die Masten gewickelt. Die Wellen, die über die Boote hereinbrachen, müssen so groß wie Häuser gewesen sein.» Ihr Vater war damals auf einem der Schiffe, die zurückkamen. Er sprach fast nie über das Unglück. Seine Erinnerungen waren mit untergegangen. Und die Tragödie veränderte das Leben auf der Insel: Viele der Männer wollten nie wieder fischen. Sie verkauften ihre Kutter. Ganze Familien gingen an Land. Oder sie wanderten aus, manche in die USA. Für immer.

Es ist halb acht am Morgen, und alles ist wie immer. Der Geruch von totem Seetang weht über den Kai. Am Pier zerren die Boote an ihren Tauen. Die erste Fähre des Tages nähert sich und zieht eine weiße Furche ins Blau. Arne wartet am Anleger. Seine Mütze ist tief ins Gesicht und etwas über die Augen gerutscht, die er zu schmalen Schlitzen zusammenkneift. «Ja, ja», brummt er und mehr nicht, als er die Morgenzeitung in Empfang nimmt. Es klingt wie eine kleine Melodie: Joho-o. Und dann entfernen sich Schiff und Schäre auch schon wieder voneinander. Arne winkt nicht zum Abschied. Und man muss auch nicht viele Worte machen an diesem Ort, der seine eigene Wirkung hat. Arne ist einfach da. Er ist immer da. Er sieht zufrieden aus.

«Arne ist Arne», sagt Janne, der Fährkapitän, «ich kenne niemanden sonst, der so ist, der so konsequent sein eigenes Leben, seinen eigenen Stil lebt. Da helfen auch keine Vergleiche.» Auch Janne hat noch nie von Bud Spencer gehört. Dann reicht er mir das Wechselgeld. Und wer sich die Rückseite des violetten Geldscheins anschaut, der 20-Kronen-Note, sieht Nils Holgersson, der hoch oben in der Luft auf dem Rücken einer weißen Gans sitzt. Jeder Schwede kennt die Geschichte des blonden Jungen, der durch einen Zauber zum Däumling wird, mit den Wildgänsen reist und seine Heimat entdeckt. Die große Selma Lagerlöf hat das Buch zu Beginn des 20. Jahrhunderts geschrieben. Es ist eine magische Erzählung über die Einheit von Mensch und Natur. «Das ist ein merkwürdiges Land, das wir haben», sagt Nils an einer Stelle. «Wohin ich auch komme, überall gibt es etwas, wovon die Menschen leben können.» Von Selma Lagerlöf ist übrigens auch ein Buch, das «Herrn Arnes Schatz» heißt. Und wer sich den Geldschein nun noch etwas genauer anguckt, wird sehen, dass Nils Holgersson, der fast nicht zu erkennen ist, weil er so winzig klein ist, eine Mütze trägt. Sie ist nur ein Punkt am Himmel, aber sie ist nicht zu übersehen. Und sie ist rot.

Dass der 20-Kronen-Schein im Herbst 2015 ausgetauscht wurde und nun Astrid Lindgren anstelle von Selma Lagerlöf das Stück Papier ziert, kann man schön oder schade finden, ist für diese Geschichte aber nicht wichtig.

«Eine Flaschenpost ist völlig unzeitgemäß»

Peter Scharstein, Jahrgang 1960, ist studierter Archäologe und lebt in Kiel. Seit Dezember 2012 trägt er auf seiner Webseite alles über Buddelbriefe zusammen. Und er gibt eine Zeitung heraus, die man nirgends kaufen, aber finden kann. Ein Gespräch in einem Café an der Kieler Förde.

Herr Scharstein, was bedeutet eine Flaschenpost für Sie?

Eigentlich ist sie nicht mehr als Altglas und Papier. Und es ist ganz einfach: Flasche her, Zettel rein, Deckel drauf und ab ins Wasser. Das kann jeder. Dafür braucht man keine Anleitung. Aber aus diesen banalen Zutaten wird etwas ganz Faszinierendes. Es ist wie Zauberei. Eine Flaschenpost ist ein Spiel mit der Natur, dem Meer. Und mit dem Geheimnis.

Macht das den Wert der Meerespost aus: das Geheimnisvolle?

Alles ist verborgen: Welchen Weg sie nimmt. Ob sie gefunden wird. Ob der Finder sich auch verzaubern lässt. Ob er antwortet. Da muss viel zusammenkommen. Ein kleines Abenteuer. Eine Flaschenpost kann Kunst und Theater sein. Es steckt eine gewisse Dramaturgie dahinter.

Wann wird etwas Besonderes daraus?

In dem Moment, wo ich beginne, mir Gedanken zu machen. Die Gedanken, die in dieser Flasche stecken, machen sie wertvoll. Und es steckt ja auch immer eine Hoffnung dahinter, dass man jemandem eine Freude macht. Genauso würde es auch mich freuen, wenn ich so eine Nachricht finden würde. Ein Strand ohne Flaschenpost ist wie ein Briefkasten, in dem nur Werbung, Rechnungen und Vorladungen stecken. Auch ein handgeschriebener Brief, der per Post kommt, ist ja etwas Wunderschönes.

Wer schickt Ihnen heute noch Handgeschriebenes?

Meine Tochter. Sie lernt Chemielaborantin beim Bundesamt für Seeschifffahrt und Hydrographie, und sie fährt auch zur See. An Bord schreibt sie mir regelmäßig Briefe, manchmal auf zerschnittenen Seekarten. Sie schreibt über die Wellen, die Farbe des Wassers. Über Stürme, die sie erlebt. Über die Launen des Wetters.

In Zeiten von E-Mail und WhatsApp ist so etwas selten geworden.

Bei jüngeren Menschen auf jeden Fall. Da ist es harte Arbeit, sich mit einem Stück Papier und einem Stift hinzusetzen. Das kostet zu viel Zeit und Überwindung. Und nach fünf Sätzen gibt es bei manchen schon einen Krampf in der Hand. Ich glaube aber, dass auch junge Menschen es noch immer zu schätzen wissen, wenn sie etwas Handgeschriebenes bekommen. So wie meine Tochter: Wenn Verwandte früher fragten, was sie sich zu Weihnachten oder zum Geburtstag wünsche, sagte sie oft: «Schreib mir einen Brief.» Das war ihr viel wichtiger als ein Umschlag mit einem dicken Schein.

Weil man sieht, dass sich da jemand Gedanken gemacht und sich die Zeit für etwas ganz Persönliches genommen hat?

Ja, wenn man sich die Ruhe für einen Brief nimmt, wird man aufmerksamer, sowohl beim Schreiben wie auch beim Lesen. In einer Zeit, wo alles schnell und effektiv gehen muss, ist das völlig unzeitgemäß. Und so ein Buddelbrief ist geradezu extrem unmodern. Eine Flaschenpost treibt mit der Strömung der Flüsse und Meere, aber gegen den Strom der Zeit – so steht es manchmal auch in Briefen von mir.

Herr Lück, wir machen jetzt mal etwas, was eigentlich tabu ist: Ich gebe Ihnen eine Flaschenpost, bevor ich sie verschicke. Lesen Sie doch mal:

Liebe Finderin, lieber Finder!
Zunächst herzlichen Glückwunsch zu Ihrer Aufmerksamkeit und Beobachtungsgabe! Da viele Menschen die Welt zu ihren Füßen kaum wahrnehmen, ist Ihr Fund heute keineswegs selbstverständlich. Sie scheinen also der richtige Adressat für diese Flasche zu sein!
Vielleicht sind Sie überrascht, in der Zeit der technisierten Kommunikation so etwas Altmodisches wie eine Flaschenpost hier am Ufer zu finden. Ich hoffe zumindest, Ihnen eine Überraschung bereitet zu haben!
Elektronische Medien machen Menschen überall erreichbar und oft auch verfügbar, Internet-Konzerne analysieren jedes dort geschriebene Wort, Geheimdienste lesen mit. Wer aber eine Flaschenpost den Fluten übergibt, der lässt das Planbare hinter sich. Zumindest für diesen Augenblick lässt er sich auf die nicht zu beherrschenden Kräfte der Natur ein. Jede in diesem Sinne gemachte Flaschenpost ist deshalb ein Lob der Achtsamkeit. Und sie ist ein leiser Hinweis auf die Unverfügbarkeit von Mensch und Natur.
Mit herzlichen Grüßen von Küste zu Küste
James Ismael Kuck

Ein Protestbrief.

Es ist ein Hinweis. Dabei verachte ich die Möglichkeiten der modernen Technik ja nicht. Ich habe selber ein kleines Weblog, surfe im Internet und schreibe E-Mails.

Wer ist James Ismael Kuck?

Eine Erfindung. Mein Flaschenpostpseudonym.

Was für Flaschen nehmen Sie für Ihre Post?

Plastik geht gar nicht. Es gibt wunderschöne Flaschen, die etwas ausdrücken, die viel zu schade für den Altglascontainer sind. Sie dürfen aber nicht zu dünnwandig sein, damit es bei einem harten Landfall keinen Flaschenbruch gibt. Manchmal stehe ich im Supermarkt, schaue die Regale entlang und achte viel mehr auf die Form der Flaschen. Der Inhalt ist dann nicht so wichtig. Ein Hersteller von Speiseessig zum Beispiel hat eine längliche, dickwandige Weißglasflasche im Angebot. Die könnte man auch als Vase nehmen. Kürzlich ist man leider von Korken auf Schraubverschluss umgestiegen. Das geht natürlich auch, ist aber ein Stilbruch. Man sollte das Gewinde dann aber mit etwas Vaseline fetten, damit der Deckel wirklich dicht hält.

Was haben Sie noch für Tipps für angehende Flaschenpostler?

Den Brief eng aufrollen und unbedingt mit einer Schnur zusammenbinden. Er darf sich in der Flasche nicht wieder abrollen, sonst bekommt ihn der Finder nicht heil heraus. Und es gibt noch eine wichtige Faustregel: Eine fertige Flaschenpost darf nur so viel wiegen wie ihr Fassungsvermögen in Milliliter – sonst sinkt sie.

Wie gestalten Sie Ihre Post?

Es gibt da so eine Macke von mir: Ich nehme die Randstreifen von Briefmarkenblöcken, die mit den Zacken, und umklebe damit den Brief. So bleibt er eingerollt. Dann stemple ich die Post. Als Kind hatte ich einen Spielpostschalter mit Marken und allem, was dazugehört. Den kleinen Stempel habe ich wiedergefunden: *Kinderpost* steht darauf. Manchmal versiegle ich die Flaschen auch mit rotem Lack, den ich über einer Kerze schmelze. Ein alter Knopf mit einem Ankermotiv ist mein Siegelstempel. Es steckt auch ein bisschen Dramaturgie dahinter. Der Finder braucht dann länger, bis er den Korken aus der Flasche hat – da steigt die Spannung.

Jedes Detail ist Ihnen wichtig.

Ich habe sogar mal Schriftproben mit verschiedenen Stiften und Farben gemacht, einen Ausbleichtest. Mit Bleistift, Kugelschreibern, Füllertinte und CD-Stift habe ich auf einen Zettel geschrieben. Den habe ich zur Hälfte mit einer Pappe abgedeckt und für ein halbes Jahr an die Fensterscheibe geklebt. Ich wollte wissen, welcher Stift sich unter starker UV-Strahlung am besten eignet, welcher nicht so schnell ausbleicht und auch nach monatelanger Reise noch gut lesbar ist.

Zu welchem würden Sie raten?

Zum Bleistift, der hatte sich überhaupt nicht verändert. Vom Kugelschreiber würde ich abraten, der war gar nicht mehr zu lesen. Aber bei aller Wissenschaft – von mir aus kann es auch eine in Rotwein getunkte Möwenfeder sein. Die Hauptsache ist, dass man überhaupt schreibt.

Gehen Ihre Briefe immer über das klassische «Hallo, schreib mal zurück» hinaus?

Ja, ich gebe so etwas wie eine kleine Zeitung heraus: *The Baltic Sea Scrolls*. Die kann man nicht kaufen. Die kann man nur in meinen Flaschen finden. Es sind Geschichten rund um Buddelbriefe und das Meer. Es waren auch schon mal Gedichte oder einfache Zungenbrecher dabei.

Sie sind ein Flaschenpostredakteur.

Ein bisschen schon. Ich schreibe, um mit kleinen Texten Menschen zu überraschen. Das ist nichts Spektakuläres, aber etwas Exklusives für den Finder. Es geht mir ja nicht um große Aufmerksamkeit. Vielleicht freut sich jemand darüber und erzählt anderen davon. Auch so verbindet eine Flaschenpost Menschen.

Wie viele Briefe haben Sie schon verschickt?

In zehn Jahren etwas mehr als 60. Also nicht die Massen. Ich nehme mir Zeit für meine Post. In Dänemark gibt es jemanden, der bis heute über 7500 Plastikflaschen in die See geschmissen hat. Mit einheitlichen Vordrucken. Er hat über 1000 Antworten bekommen. Das finde ich bedenklich. Das ist Flaschenpostspam.

Wie viele Antworten haben Sie erhalten?

Nicht eine.

Keine einzige? Enttäuscht Sie das?

Ich habe meine Nachrichten ja lange ohne Absender verschickt. Damit habe ich mich selbst zum Geheimnis gemacht. Ich kann natürlich nicht wissen, ob jemals Flaschen von mir gefunden wurden. Erst seit kurzem lege ich einen Begleitbrief dazu – ein Bekennerschreiben mit Mailadresse. Oder eine Antwortpostkarte. Ich bin gespannt, ob sich jetzt mal jemand meldet.

Weil eine nicht gefundene Flaschenpost etwas Unvollendetes ist?

Vielleicht. Vielleicht ist aber auch gar nicht wichtig, dass man sie findet. Manchmal reicht mir schon der Gedanke, dass da eine unterwegs ist.

Auf Ihrer Internetseite schreiben Sie ausschließlich über Flaschenpost. Wie fing das an?

Ich hatte mal geguckt, was man zum Thema so finden kann. Doch da war kaum was. Das Online-Magazin der Piratenpartei heißt so. Ein Getränkelieferservice auch. Das hatte aber alles nichts mit echter Flaschenpost zu tun. Da hatte ich eine Marktlücke entdeckt. Ich gebe Bastelanleitungen und überlege, wie lange ein Korken wohl dicht hält. Inzwischen bin ich auch ganz gut vernetzt und habe viele Kollegen kennengelernt.

Kollegen?

Menschen, die sich leidenschaftlich mit Flaschenpost beschäftigen, eine deutsche Künstlerin etwa, die jetzt in England lebt. Sie gestaltet ihre wunderbaren Nachrichten mit großer Liebe zum Detail und verschickt sie in kleinen Gläsern, wo vorher Babynahrung drin war.

Haben Sie eine Geschichte, die Ihnen besonders am Herzen liegt?

Ich weiß von einer jungen Frau, die Flaschenposten an eine verstorbene Freundin geschrieben hat. Das war ihre Form der Trauer. Es war ihr wichtig, ihre Gedanken aufzuschreiben, also etwas mit den Händen, mit den Sinnen zu machen. Und zu sehen, wie ihre Worte von den Wellen fortgetragen wurden. Die Texte dieser Abschiedsbriefe hatte sie ins Internet gestellt, so war ich darauf gestoßen und konnte dort auch antworten. Sie war dankbar, dieses Echo zu bekommen, zu merken, dass irgendjemand das liest und sie von ganz weit weg begleitet. Nach einem Jahr war sie dann so weit, dass sie diese Form der Trauer abschließen und den Blog löschen konnte.

Sie machen sich tiefe Gedanken.

Auch eine Flaschenpost kann verschiedene Dimensionen haben. Sie kann ein bisschen Spaß am Strand sein. Sie kann aber auch eine tiefe, menschliche Perspektive bekommen. Wissen Sie, was ich mal machen möchte: Ich werde eine Flasche mit einer Naturfaserleine an einen schweren Stein binden und an der tiefsten Stelle der Kieler Förde versenken. Sodass die Flasche erst auftaucht, wenn die Leine verrottet ist. Und vielleicht wird sie erst nach 50 Jahren oder mehr gefunden. Ein Brief an die Generation nach mir.

Was möchten Sie schreiben?

Mal anders gefragt: Was würde ich die Generationen vor mir gerne fragen? Wahrscheinlich, warum sie Hitler haben machen lassen. Ich würde fragen: Warum wart ihr so willenlos, so ohnmächtig? Warum habt ihr euch nicht gewehrt? Warum habt ihr das Gräuel gesehen und trotzdem nichts getan?

Haben Sie Ihre Großeltern nie gefragt?

Ein Satz von meiner Oma ist mir besonders in Erinnerung geblieben: «Man zündet keine Häuser an.» Das hat sie, als in Deutschland die Synagogen brannten, zu meiner Mutter gesagt, die damals ein kleines Mädchen war. Sie versuchte auch immer, ihre Kinder von den Nazi-Kundgebungen und den Gruppenstunden der Hitlerjugend fernzuhalten. Rein zufällig mussten sie immer genau dann Gemüse und Kaninchenfutter aus dem Garten besorgen, der am Stadtrand lag. Oder wenn ihnen erzählt wurde, dass sie nicht mit den Kindern von gegenüber spielen durften, weil das Juden waren, sagte meine Oma immer: «Natürlich dürft ihr auch mit diesen Kindern spielen.»

Ihre Oma hat nicht mitgemacht.

Sie war eine ganz einfache Frau mit einem gesunden Menschenverstand. Sie hat zwar keinen aktiven Widerstand geleistet, sich aber doch verweigert.

Was werden unsere Kinder uns später mal fragen wollen?

Warum wir das mit der Umwelt nicht kapiert haben. Warum wir viel zu spät begonnen haben, die Energiewirtschaft umzubauen. Das hätte man schon vor 30 Jahren machen müssen. Meine Gedanken dazu würde ich in diese Flasche stecken. Ich würde schreiben, dass unsere Generation die Sache mit dem Verzichten nicht begriffen hat. Dass es nicht reicht, ein paar Maschinen effektiver zu machen und Müll zu recyceln, sondern dass man den Konsum einschränken muss. Das will ja aber keiner hören, kein Wirtschaftsboss, kein Politiker, kein Konsument. Deshalb kauft man weiter dicke Autos und macht Urlaub mit dem Billigflieger. Und am Äquator fängt man Victoriabarsche, um sie in Kühlcontainern und Flugzeugen nach Europa zu bringen. Der totale Irrsinn.

Die Wirtin des kleinen Cafés am Bülker Leuchtturm, wo Peter Scharstein meist seine Flaschenpost in die Kieler Förde wirft, hat unser Gespräch die ganze Zeit aufmerksam verfolgt. Und nun schaltet Petra Amelow sich kurz ein:

Entschuldigen Sie, ich habe Sie belauscht, es geht um Flaschenpost. Da muss ich Ihnen eine Geschichte erzählen: An meinem allerersten Tag hier am Leuchtturm, 1993 war das, habe ich nämlich selber eine gefunden. Ich bin an den Strand gegangen, und da lag sie. Aus Dänemark. Ich finde häufiger mal eine. So richtig schöne Post kommt hier bei uns an. Da muss es jemanden geben, der sich so richtig Mühe mit seinen Flaschen macht.

Peter Scharstein (er zwinkert und grinst): Einen Kassenzettel aus diesem Café am Leuchtturm habe ich auch mal verschickt.

Was stand drauf?

Vielen Dank für Ihren Besuch. Zwei Becher Filterkaffee, zwei Stück Torte und der Betrag. Und das Datum und die Adresse des Cafés. Alles, was man für eine Antwort braucht.

Was der Finder wohl denken mag?

Dass es ein sehr schöner Nachmittag gewesen sein muss.

www.flaschenposten.wordpress.com

4

Tief im Westen

Ein Brief aus Deutschland. Zwei Familien in Russland. Eine Frau, die aus ihrer Heimat vertrieben wurde. Und ein Meeresbiologe, der Flaschenpost mit Seriennummern versieht und in alle Welt verschickt. Begegnungen in Kaliningrad.

Es sind Sommerferien in Russland. Ein Sonntagnachmittag im Juli. 33 Grad. Es ist Strandtag. Es ist Ausnahmezustand. Kein anderes Wort beschreibt den Anblick besser. Alle sind wegen der frischen Brise in den Badeort Selenogradsk gekommen. Zu Tausenden. Aus Moskau und aus Sankt Petersburg. Aus dem 30 Kilometer nahen Kaliningrad. Doch da ist nichts. Kein Lufthauch. Keine Welle. Nicht mal ein leises Schwappen. Die Ostsee liegt regungslos da, wie erstickt unter glatter dunkelblauer Frischhaltefolie. Menschen liegen im Sand, wie auf Handtüchern gestrandet, wie verglüht in der flimmernden Hitze. Krebsrote Familien sitzen neben Badelatschen und freizeitbunten Taschen. Und verbrennen. Unter den Badegästen scheint es ein ungeschriebenes Gesetz zu geben: Niemand geht früher als nötig, jede Minute Sonne wird genutzt. Der Sommer ist kurz. Der Winter war lang. Der Frühling war verhindert. Sie sind ausgehungert. Und die Städte sind grau.

Vor einem Jahrhundert soll der «Goldstrand» von Selenogradsk noch 100 Meter breit gewesen sein. Heute ist der Badesaum zu einer schmalen Sandbank geschrumpft. Ein Reststreifen. Zehn Meter Urlaub. Wer heute «wie Sand am Meer» sagt, um möglichst bildlich den Überfluss zu beschreiben, der wird sich für Selenogradsk einen anderen Vergleich ausdenken müssen. Jedes Jahr fressen die Stürme ein Stückchen mehr. Doch gleichzeitig werden auch die Menschen immer mehr. Menschen im Wasser. Menschen im Sand. Menschen an Land. Die Russen haben die längsten Ferien der Welt – vom 1. Juni bis zum 31. August. Dann fahren alle ans Meer. Eine ganze Nation geht baden. Sommer für Sommer. Stoßstange an Stoßstange. Und das Städtchen, wo sonst 13 000 Menschen leben, kommt kaum mehr zum Atmen. Selenogradsk steht still.

Gerade haben sie eine breite Promenade fertig gebaut. Mit viel Stahl und Beton. Der Strand ist jetzt noch schmaler. Vor den mobilen Ständen, an denen aus gelb angemalten Metallfässern mit schwarzer Schrift Kwas in Plastikbecher gezapft wird, bilden sich lange Schlangen von Urlaubern mit ausgedörrten Kehlen. Die aus gegorenem Schwarzbrot, Wasser, Hefe und Zucker gebraute Volksbrause schmeckt süßsäuerlich und gleichzeitig herb und erfrischend nach Malzbier. Kwas gibt es zu jeder Gelegenheit. Es ist so alt wie Russland selbst. Der Dichter Alexander Puschkin hat einmal geschrieben: «Das russische Volk braucht Kwas wie die Luft zum Atmen.» Das ist Gesetz – auch heute noch.

Vom Geländer der hölzernen Seebrücke, die sich 100 Meter hinaus ins Meer streckt, stürzen sich einige Halbstarke ins Wasser. Sie feuern sich gegenseitig an. Fünf Meter freier Fall. Es gibt viele Zuschauer. Mit jedem Sprung werden sie waghalsiger. Auch der Himmel kennt kein Maß. Wolkenlos und ewig blau zieht er sich in Richtung Westen. Wer sich umdreht, sieht grauen Beton und satte Körper. Dicke Männer. Dicke Frauen. Dicke Kinder mit aufblasbaren Delfinen oder Walfischen. Auch in russischen Seebädern ist es nicht anders als anderswo auf dieser Welt. Je dicker die Menschen, umso dicker die Schwimmreifen. Und auch hier hat man die Wahl: Pizza oder Schaschlik? Und noch immer geht kein Wind.

Natalja Baklazhanova hat viele schöne Erinnerungen an diesen Strand. Schon als Zweijährige tappte sie hier am Wasser entlang. Sie buddelte Löcher und manchmal ihren Vater ein. Es wurden Schätze vergraben. Vielleicht sogar mal Flaschenpost verschickt, das weiß sie nicht mehr so genau. Doch im Meer ihrer Kindheit spiegelten sich Fremde, Freiheit und Ferne. Und Phantasie. Es waren endlos lange Ferien, in denen immer die Sonne schien. Weicher warmer Sand. Augenblicke, die wieder lebendig werden, sobald sie hier ist. Auch wenn sie heute sagt: «Wenn wir uns erholen wollen, fahren wir entweder in unsere Datscha oder auf die Kurische Nehrung, aber nicht mehr an den Stadtstrand. Der ist zu voll.» An manchen Tagen sollen es 100 000 Menschen sein, die an die Küste des Samlandes strömen.

Sie trägt ihre langen braunen Haare offen, dazu lackierte Fingernägel. Sie hat ein rundes Gesicht mit braunen Augen. Sie spricht gut Deutsch. Fast akzentfrei. Natalja ist in der DDR geboren, 1987. Im Ostseebad Kühlungsborn. Kühlungsborn und Selenogradsk haben heute eine Städtepartnerschaft – aber das ist reiner Zufall. Die ersten zwei Jahre lebte sie mit ihren Eltern und ihrem 13 Jahre älteren Bruder auf der Halbinsel Wustrow in der Nähe von Rostock. Ihr Vater war Dreisterneoffizier der Baltischen Rotbannerflotte. 1984 bekam er ein Angebot: fünf Jahre Dienst auf dem einzigen sowjetischen Marinestützpunkt in Ost-Deutschland. Sie gingen in den Westen. Erinnerungen an diese Zeit hat Natalja keine, aber ein Gefühl für die Sprache ist geblieben. Ihre Eltern schauten viel deutsches Fernsehen damals. Bis 1989 blieben die Baklazhanovas in der DDR. Bis zum Ende. Bis der Ostblock zusammenbrach. Aber davon später.

Natalja hat Wirtschaftswissenschaften studiert, in Kaliningrad, München und New York. Sie hat auch mal ein Praktikum bei Joey's Pizza in Ingolstadt gemacht. Und für ein Austauschjahr war sie in der Nähe von Hamburg, in Elmshorn. Tatjana, ihre Mutter, ist heute Direktorin einer Schule für gehörgeschädigte Kinder. Ihr Vater Slawa ist mittlerweile pensioniert. Alexej, ihr Bruder, lebt in einem anderen Russland, viele tausend Kilometer entfernt, in einer Stadt, die Komsomolsk am Amur heißt, die fast am Pazifik und kurz vor China liegt. Wenn dort die Nacht anbricht, beginnt hier der Tag. 20 Stunden sind es mit dem Flugzeug. Einmal im Jahr sieht sich die Familie. Wer im größten Land der Erde lebt, kann schnell mal den Überblick verlieren.

Auch die Oblast Kaliningrad scheint wie ein eigenes Land zu sein. Eine Million Menschen leben in der Exklave im Baltikum, die so groß wie Schleswig-Holstein ist und auf den russischen Karten wie eine Insel, wie ein einsamer Vorposten tief im Westen, am äußeren linken Rand liegt. Moskau ist doppelt so weit entfernt wie Berlin. Doch wo Russland anfängt und wo es endet, ist hier – im Windschatten des Weltgeschehens – nicht jedem klar. Auch in Selenogradsk wissen manche nicht so recht, zu wem sie eigentlich gehören. Sie nennen sich lieber Preußen oder Kaliningrader, nicht Russen. Denn würde man fragen, wo Europa liegt, könnten sie in alle Himmelsrichtungen zeigen. «Nirgends ist Russland weiter im Westen als hier», sagt Natalja. «Zum Einkaufen fahren wir nach Polen. Ein Urlaub am Mittelmeer ist viel günstiger als am Schwarzen Meer. Wir fühlen uns als Europäer.» Ob das eine gute Perspektive ist, weiß sie nicht. Ihr Sohn Alexander ist 2011 geboren. Sie möchte mal einen Blumenladen eröffnen. Gemeinsam mit ihrem Mann Igor lässt sie am Stadtrand gerade ein Haus bauen. Die Mieten sind hoch. Das Leben ist teuer. Der Rubel fällt, die Sorgen steigen – man könnte es sich leicht machen und alles auf die wirtschaftlichen Probleme reduzieren. Doch so einfach ist es nicht.

Kaliningrad ist vor allem ein Gebiet, wo alles im Dazwischen zu sein scheint. Zwischen Russland und Europa. Zwischen Ost und West. Zwischen Haff und Ostsee. Zwischen wechselvoller Vergangenheit und Gegenwart. Das fängt schon mit den Namen der Städte und Dörfer an, die klingen, als hätten auch Orte eine Kindheit, eine Jugend und ein Leben als Erwachsener. Als Kind hieß die Stadt Cranz. Heute Selenogradsk. Vom Deutschen ins Russische. Ein großes Gestern liegt noch immer über dem ersten Kurbad des damaligen Ostpreußens. In den Hinterhöfen hört man die Hühner gackern. In den Vorgärten wächst Kohl. Die Schilder der Geschäfte sind auf Kyrillisch, die Straßen nach russischen Dichtern und Kosmonauten benannt. Die Hydranten aber verraten noch ihre Herkunft: *Düsseldorf, Mannheim, Hannover*. Ein Wechselbad der Geschichte. Noch bis weit in die neunziger Jahre war es verboten, zwischen 23 und sieben Uhr am Strand zu sein. Es standen auch Schilder im Sand: *Schwimm nicht zu weit hinaus! Bis nach Schweden kommst du eh nicht.* Das war nicht lustig gemeint.

Natalja weiß noch gut, wie das war, wenn die anderen im Kindergarten und in der Schule erzählten: «Meine Oma wohnt in Moskau.» – «Meine Großeltern sind in Kaliningrad.» – «Mein Opa ist in Sankt Petersburg.» Dann sagte Natalja, ihre Großeltern waren schon früh gestorben: «Meine Oma lebt in Deutschland.» Im Sommer 1990 stand eine 70-jährige Dame aus Hannover vor der Tür des Einfamilienhauses der Baklazhanovas. Sie stellte sich höflich vor und sagte: «Ich habe mal hier gewohnt.»

1920 wurde Elfriede Broda in Cranz geboren. 45 Jahre war sie nicht da gewesen. Im Januar 1945, vier Monate vor dem Ende des für die Nazis längst verlorenen Krieges, hatte sie – wie so viele – Ostpreußen von jetzt auf gleich verlassen müssen. Auf der Flucht vor der Roten Armee in Richtung Westen. Alles, was sie besaß, ließ sie zurück. Das Haus unverschlossen. Und das bisschen, was sie mitnehmen konnte, verlor sie unterwegs. Doch der damals 25-Jährigen und ihrer fünf Monate alten Tochter gelang, was viel zu wenigen gelingen sollte: Sie schafften es zu Fuß über das zugefrorene Frische Haff bis nach Danzig. Und weiter. Sie überlebten. Zurück blieb, wonach sie sich ihr

Leben lang sehnen sollten: vertraute Gerüche. Der Goldstrand. Der Klang der Sprache. Ihre Heimat.

Oma Elfriede besuchte die Baklazhanovas von nun an regelmäßig, jedes Jahr. Manchmal holte sie Natalja vom Kindergarten ab. Einmal kamen die anderen Kinder angelaufen und riefen: «Natalja, Natalja, deine Oma aus Deutschland ist da!» Baba Elfriede – Baba für Babuschka, Großmütterchen – hat viel erzählt, nicht so gerne von der Flucht, aber umso mehr von den Zeiten, als Selenogradsk noch Cranz hieß. Damals lebten rund 6000 Menschen dort. Das Seebad war aber schon für 30 000 Besucher ausgelegt. Sonderzüge kamen aus Berlin ohne Zwischenstopp. Und in den Geschichten von Oma Elfriede standen in Cranz die schönsten Gebäude Ostpreußens. Es gab die teuersten Hotels. Die Menschen flanierten in ihren besten Anzügen und Abendkleidern die beleuchtete Promenade entlang. Und Natalja saß auf ihrem Schoß und lauschte den Erzählungen aus deutscher Zeit. Oma Elfriede ist mittlerweile gestorben. Sie ist fast 90 geworden.

Im Wohnzimmer der Baklazhanovas holt Tatjana, geboren 1955 in Selenogradsk, Fotoalben aus dem Schrank. Es ist ein Blick zurück in die Achtziger. In eine Zeit, als Tatjana und Slawa mit ihrem damals elf Jahre alten Sohn auf die Halbinsel Wustrow gingen. Slawa hatte sich für fünf Jahre verpflichtet. Von einer Exklave in die andere. Aber besser bezahlt. Seit Ende des Zweiten Weltkrieges war Wustrow von der Roten Armee besetzt und militärische Sperrzone. Abgeschirmt vom Festland. Hinter Rerik, dem Küstenstädtchen, ging es über den Wustrower Hals in die abgeriegelte Militärsiedlung. Eine quer über die Straße gebaute Mauer trennte die sowjetischen Soldaten von den Deutschen. Oben auf der Mauer war Stacheldraht, der in beide Richtungen weit in die Ostsee und in das Salzhaff reichte. Auch innerhalb des Geländes gab es abgegrenzte Bereiche, die nur von Berechtigten betreten werden durften. Überall war Kontrolle. Es gab ein Kino, eine russische Schule und eine Bäckerei. Mehr als eine halbe Million Rotarmisten und ihre Angehörigen waren zu dieser Zeit in der DDR stationiert, der Pufferzone des Kalten Krieges. Rund 3000 von ihnen auf Wustrow. Darunter 100 Matrosen und eine Handvoll Marineoffiziere. Manche kamen mit ihren Familien. Wie die Baklazhanovas.

Die Fotos, die nun auf dem Tisch liegen, sehen aus, als ob sie 100 Jahre alt wären. Slawa hat sie selbst entwickelt damals. Er holt die mehr als 30 Jahre alte Kamera, mit der er die Aufnahmen gemacht hat. Eine Zenit. Sie liegt griffbereit auf der Kommode. Er drückt den Auslöser. Es macht Klick, und das Geräusch sagt einem sofort, dass sie auch in den nächsten 30 Jahren noch funktionieren wird. Slawa, Jahrgang 1951, lächelt und beginnt zu erzählen. Auf den Bildern sind Militärbaracken zu sehen. Ein Gruppenfoto der Offiziere. Kinder in Uniform am ersten Schultag. Der Sportlehrer im Trainingsanzug. Vater und Sohn beim Angeln mit zwei riesigen Karpfen. Sowjetische Soldaten und Menschen aus Rerik feiern gemeinsam das Neptunfest, die Spaßtaufe, die jedes Jahr für Kinder und Jugendliche veranstaltet wurde. Private Kontakte zu den Einheimischen waren eigentlich untersagt. «Wir haben uns nicht immer daran gehalten.»

Slawa war Oberleutnant. Sein Sold wurde zur Hälfte in Ostmark ausbezahlt. Die andere Hälfte wurde auf ein Konto in der Sowjetunion überwiesen. Er und seine Familie waren privilegierter als die einfachen Soldaten. In ein weiteres Album haben sie Ansichtskarten von Städten geklebt, die sie damals besuchten. Dresden, Schwerin und Leipzig. Ost-Berlin, Weimar und Bitterfeld. Sie sind viel herumgekommen. Das Album ist voll. *Urlaubsgrüße aus der Deutschen Demokratischen Republik.* Die Postkarten sind wie Zeitzeugen. Sie sind wie ein Blick zurück in die DDR. Und so ein Leben ist ja auch wie eine Reise: die Reise einer Familie, die fünf Jahre zu Besuch war und eine eigene deutsche Geschichte mit nach Hause nahm.

Heute verfolgen Tatjana und Slawa von Selenogradsk aus, wie

es mit Wustrow weitergeht. Die Halbinsel ist verwildert und noch immer Sperrgebiet. Es hat Ideen gegeben. Hotels, ein Erholungsheim und Golfplätze sollten gebaut werden. Die Landzunge sollte das zweite Heiligendamm werden. Doch noch stehen auf Wustrow Schilder: *Lebensgefahr. Betreten strengstens verboten. Munitionsbelastetes Gebiet. Explosionsgefahr.* Der Boden ist mit Bomben und Granaten aus dem Kalten Krieg verseucht.

2004 aber durften die Baklazhanovas und andere Militärfamilien die verlassene Kaserne noch einmal kurz besuchen. Auch Natalja war dabei. Vor den Offiziershäusern wuchs meterhoch das Gras. Die Scheiben waren zu Bruch gegangen. Sie standen vor ihrer einstigen Wohnung und schauten durch die kaputten Fenster. Es klebten noch die Tapeten von damals an den Wänden. Auch der Briefkasten, den Slawa gebaut hatte, hing noch immer neben der Eingangstür. Seit die Sowjetarmee 1994 die Halbinsel endgültig verließ, hat niemand mehr dort gelebt. Und bis heute liegt dort ein von den Rotarmisten bemalter Findling zwischen den Unterkünften. Darauf ein Abschiedsgruß auf Russisch: *Lebe wohl, Ostsee.*

Wenn Tatjana und Slawa «1989» hören, sehen auch sie die Mauer fallen. Doch 1989 war für sie nicht nur der 9. November. Es war auch der Frühling, der Sommer und der Herbst. Gemeinsam erinnern sie sich. Die Begriffe reihen sich zu einer Kette. Solidarność in Polen. Revolution in Ungarn. Montagsdemos in der DDR. Es hatte sich längst etwas angebahnt. Das hatten auch sie beobachtet. «Zwei Länder, aber ein Volk», sagt Tatjana. «Ganz Europa schien plötzlich im Umbruch zu sein.» Sie haben sich für die Menschen der DDR aufrichtig gefreut damals. «Ein bisschen war es so wie mit Russland und der Ukraine heute.» Ihr Vater war Ukrainer, ihre Mutter Russin. Sie haben viele Verwandte in der Ukraine. Sie schicken Rubel, um zu helfen. «Man darf ein Volk nicht trennen.»

Im Sommer 1989, kurz vor Schluss, ging Tatjana mit den beiden Kindern zurück nach Selenogradsk. Weil sie geahnt hatten, dass nun alles ganz schnell gehen sollte? Tatjana schüttelt den Kopf. «Weil der Vertrag meines Mannes auslief und Alexej und Natalja im September in die Schule und in den Kindergarten mussten.» Slawa kam wenige Monate später nach. Da war die DDR schon Geschichte.

Die Baklazhanovas waren nur fünf Jahre weg gewesen, doch ihre Heimat war dabei, sich grundlegend zu verändern. Glasnost und Perestroika waren bereits in vollem Gange. Allerdings nicht so, wie die Herren Parteigenossen es sich gedacht hatten. Hatten die Menschen zuvor wenig zu essen gehabt, hatten sie nun fast gar nichts mehr. Die Sowjetunion wankte schon länger. Im Hintergrund war bereits sehr vieles sehr brüchig gewesen. Und nun sollte das Land sich völlig neu erfinden. Die von Michail Gorbatschow angestoßenen Staatsreformen zur Modernisierung und Demokratisierung einer zutiefst gespaltenen Gesellschaft waren aber nicht unter Kontrolle zu kriegen.

Es passierte genau das Gegenteil: Die Menschen wurden noch ärmer. Sie hungerten. Das Volk war auf sich allein gestellt. Mit wasserfestem Kopierstift malten sich die Frauen am Abend, wenn die Lebensmittelgeschäfte schlossen, Nummern auf die Innenflächen ihrer Hände, um am nächsten Morgen ihren Platz in der Schlange verteidigen zu können. Die Wurst, wenn es denn welche gab, wurde mit Sägemehl gestreckt. Tatjanas Atem geht schwerer, wenn sie von den späten Achtzigern und frühen Neunzigern spricht. Ihre Stimme klingt sorgenvoll. «Es war eine schlimme Zeit. Die schlimmste Zeit meines Lebens. Damals», sagt sie, «waren auch wir, die Mittelschicht, plötzlich bettelarm. Zum Glück bekamen wir viel Hilfe aus Deutschland. Ohne die wäre es wohl aussichtslos gewesen. So», ruft sie, «und nun müssen wir nach Datscha!»

Datscha. Es ist ja immer interessant, welche Wörter es von einer

Sprache in die andere schaffen. Das deutsche «Arbeit» gibt es im Japanischen, «Schadenfreude» oder «Schmalz» im Englischen und «Schlagbaum» im Russischen. Eines der wenigen russischen Wörter im Deutschen ist «Datsche» – das Häuschen im Grünen. 600 Quadratmeter waren laut russischem Gesetz die Standardgröße für ein Grundstück, das jede Familie vom Staat bekam, auch um Gurken und Tomaten selber ziehen zu können, die man in den Geschäften nicht kaufen konnte. Oft waren auch Anzahl und Standort der Apfelbäume und Obststräucher reguliert. Ein planerfülltes Leben. Die Baklazhanovas kauften weitere 600 Quadratmeter dazu. Und Slawa baute eine zweigeschossige Datscha aus Stein. Heute der ganze Stolz der Familie. Ein Ort, an dem sie durchatmen und zur Ruhe kommen können. Es gibt einen Brunnen und einen kleinen Teich, in dem Fische schwimmen. Viel Obst und Gemüse wachsen hier. An diesem Tag werden kiloweise Erdbeeren geerntet und in Kisten in den Kofferraum gestellt. Morgen wird Tatjana Marmelade einkochen. «So, und nun müssen wir auch schon weiter!»

Wir fahren nach Lesnoi, zehn Kilometer nördlich von Selenogradsk. Dort wohnen Alla und Vladimir, der im Januar 2007 die Flaschenpost von Thomas Masloboy aus Sassnitz fand. Auch Lesnoi, das früher Sarkau hieß, ist ein Dorf im Dazwischen – zwischen lärmender Ostsee und stillem Haff, zwischen hellen Dünen und dunklem Wald. Hier beginnt die Kurische Nehrung, das sichelförmige und an mancher Stelle nur wenige 100 Meter dünne Überbleibsel, das wie ein Strich in der Landschaft sich fast 100 Kilometer nach Norden streckt. Diesen natürlichen Damm teilen sich Litauen und Russland. Und die Massen an Touristen. Auch Lesnoi quillt im Sommer über. Die Straßen sind verstopft. Die Menschen sind urlaubsreif. Alla und Vladimir sind immer froh, wenn der Herbst kommt.

Sie wissen noch, wie überrascht sie alle waren, dass die Flaschenpost gerade mal zehn Tage gebraucht hatte, als ob ihr Flossen gewachsen wären. Vladimir erinnert sich: Es war ein eisig kalter Januarmorgen nach einer stürmischen Nacht. Er war auf dem Weg zur Arbeit am Strand entlang. «Ich habe den Brief gleich aus der Flasche geholt und gelesen.» Und dann zeigte er den Fund seinen Kollegen. «Guckt mal, ich habe Post aus Deutschland bekommen.» Damals hatte er noch keinen Computer. Es stand aber nur eine E-Mail-Adresse im Brief. Also gab er ihn einer Freundin. Tatjana gab ihn ihrer Tochter. Und Natalja antwortete drei Tage später. Sie freute sich, nach langer Zeit mal wieder einige Sätze auf Deutsch schreiben zu können. In die Betreffzeile tippte sie: *Schjene liebe Gruesse aus Russland*. Und wie die Geschichte auf Rügen und mit Thomas weiterging, das wissen wir ja schon.

Wer das Glück hat, an einem Tag bei zwei russischen Familien zu Gast zu sein, der sollte mächtigen Appetit mitbringen. Am Mittag gab es bereits eine Gemüsesuppe aus Kartoffeln, Weißkohl, Zwiebeln, Dill und saurer Sahne. Dann Würstchen mit Gurken. Dann Blaubeereis mit Erdbeermarmelade. Dann Tee und Kekse. Jetzt tischt Alla Okroschka auf, eine russische kalte Suppe mit Eiern, Lauch, Gurken und Radieschen, angerührt mit saurer Sahne und Kwas. Es folgen mit Hackfleisch gefüllte Paprika. Dann Rosen-Erdbeer-Marmelade zum Tee. Nach einer kurzen Pause geht es weiter mit den am Tag zuvor gefangenen und geräucherten Brassen, dazu Weißwein. Dann Erdbeeren mit Quark und Ziegenkäse. Dann wieder Tee und Kekse. Dann Torte. Unter zwei großen Stücken geht bei Alla keiner raus. «Essen, bitte!»

Alla, geboren 1948, hat wunderschöne blaue Augen und schneeweiße Haare, die sie zu einem lustigen Dutt oben auf dem Kopf zusammengebunden hat. Sie trägt bunte Batikhosen und Schlabbershirts. Und wenn Alla lacht, muss man mitlachen – ob man will oder nicht. Sie hat zwei Töchter und einen Sohn. Vladimir hat zwei

Töchter. Alle sind schon weit über dreißig. Gemeinsam haben sie keine Kinder.

Vladimir Starovoitov ist 1950 geboren. Doch er sieht viel jünger aus. Zehn Jahre mindestens. Er ist ein drahtiger Mann mit wachen Augen. Klar und blau. Seine kurzen schwarzbraunen Haare werden erst ansatzweise grau. Die Jahre haben nur wenige Falten in sein Gesicht gemalt. Er kommt aus Mogiljow, der drittgrößten Stadt Weißrusslands, 200 Kilometer östlich von Minsk. Später gehen seine Eltern nach Odessa. Dort beginnt er mit dem Studium. Dann wechselt er an die Moskauer Universität. Und schließlich soll er die Wahl haben: entweder Kaliningrad. Oder Wladiwostok, die Stadt am Japanischen Meer, weit weg in Fernost, am anderen Ende der damaligen Sowjetunion. Er überlegt nur kurz. Als er 20 ist, fängt er im Forschungsinstitut für Fischindustrie in Lesnoi an. Und schnell weiß er: Hier will ich bleiben. Das ist mein Platz zum Leben. Fünf Jahre später übernimmt er die Leitung der Station. Seine Doktorarbeit hat er über die Parasiten des Zanders geschrieben. Er forscht am Fisch. Er hat sein Leben lang nichts anderes getan. «Ich bin Fischologe», sagt Vladimir selbst, Doktor der Ichthyologie.

Es ist acht am Morgen. Jeden Tag geht Vladimir die Dorfstraße hinunter, die zum Meer führt. Der Strand füllt sich langsam. Er steht jetzt dort, wo damals die Nachricht von Thomas angeschwemmt wurde. Er deutet über die Ostsee in Richtung Westen und spricht über Politik. «Deutsche und Russen waren mal Freunde», sagt er, «ich meine, politische Freunde. Weißt du, Oliver, wir stehen hier am Strand. Du bist Deutscher, und ich bin Russe. Und wir können vernünftig miteinander umgehen. Mit Politik hat das nichts zu tun.» Und Vladimir fragt sich vor allem, warum die Politik meist so entfernt vom Leben der einfachen Leute stattfindet. Er hat selber eine Antwort: «Weil sie mit dem einfachen Leben nichts zu tun hat.»

Doch wenn Vladimir an Deutschland denkt, sagt er, ist da zuerst gar kein Gedanke, sondern ein Gefühl: Angst. Er hätte auch zu einer Notlüge greifen können, um den Gast aus Deutschland nicht in Verlegenheit zu bringen. Doch er sagt es nicht vorwurfsvoll. Er sagt es einfach: «Deutschland macht mir Angst. Noch immer.» Denn die Geschichte seines Geburtslandes Weißrussland hat viel mit den Deutschen zu tun.

Als er geboren wurde, war der Krieg fünf Jahre vorbei. Zurück blieb ein zerstörtes und verstörtes Land. Und ein Trauma. In den Köpfen. In den Seelen. Bis heute. Jeder vierte Weißrusse wurde im Zweiten Weltkrieg von den Nazis ermordet. Etwa drei Millionen Menschen. Vladimirs Eltern überlebten. Doch sie nahmen diese furchtbare Angst mit und gaben das Gefühl an ihren Sohn weiter. Der Krieg in den Köpfen der Kinder. Eingebrannt und weitervererbt. Ortsnamen wie Maly Trostinec oder Chatyn, die für Vernichtungslager und Massenmord stehen, lassen die Weißrussen noch immer zusammenzucken. Es ist wie anderswo, wenn Menschen Worte wie Auschwitz oder Srebrenica hören. Die vererbte Angst muss so groß sein, dass sie in einem weiterlebt, auch wenn man sie selbst nicht unmittelbar empfunden hat.

Wenn Vladimir an Deutschland denkt, kommen nach dem Gefühl die Gedanken: Er denkt an Menschen, die ihm etwas bedeuten, an ein Land, wo er gerne zu Gast ist und sich herzlich aufgenommen fühlt. Er ist oft in Deutschland gewesen. Er hat viele Freunde dort, in Hamburg, in Köln, in Lüneburg. Vladimir spricht gut Deutsch. Er hat es in der Schule und an der Universität gelernt. Er sagt: «Die Deutschen sind wunderbare Menschen.»

Alla und er sind viel unterwegs gewesen in den letzten Jahren. 2013 waren sie in Kambodscha, ein Jahr zuvor in Vietnam. Davor zweimal in Indien und dreimal in Ägypten. In einigen Wochen werden sie in die Türkei fahren. Und an den Wänden ihrer Wohnküche hängen

Erinnerungen an diese Reisen: ein Relief der Tempelanlage von Angkor Wat. Ein Nón lá, der traditionelle Reishut. Bilder der Pyramiden von Giseh. In einem Kerzenständer daneben stecken zwei zusammengerollte Briefe: Flaschenpost, gefunden am Strand von Lesnoi. Eine entdeckte Vladimir im Jahr 2011. Eine junge Frau, die in Selenogradsk ihren Junggesellinnenabend feierte, hatte ihn geschrieben. Sie wünscht dem Finder, dass er auch so glücklich werden sollte wie sie. Am oberen Rand des Zettels steht in goldener, geschwungener Schrift das deutsche Wort *Hochzeit*.

Die zweite Nachricht ist in Englisch. Über dem Text steht eine Nummer: 148.

> *Mein lieber Freund!*
> *Ich bin Yura aus der Ukraine. Ich bin Meeresbiologe und*
> *Matrose. Wenn du die Flasche mit dem Brief findest,*
> *BITTE lass es mich mit einer E-Mail wissen.*

Vladimir hatte damals nicht geantwortet. Das tun wir jetzt gemeinsam. Nur wenige Tage später schreibt Yura zurück und erzählt von sich und seiner «Mission», wie er es nennt: Am 9. Februar 2012 hatte er die Flaschenpost von einem Schiff, der *Marmed*, rund 30 Seemeilen nordöstlich von Bornholm in die Ostsee geworfen. 160 Seemeilen waren es bis nach Lesnoi. Yura war auf Forschungsfahrt entlang der europäischen Küste und weiter nach Afrika und über den Atlantik bis nach Brasilien. Eigentlich lebt er in der Hafenstadt Kertsch am Schwarzen Meer, am östlichen Ende der Krim, der Halbinsel, die eigentlich zur Ukraine gehört und die im März 2014 von Russland annektiert wurde. Dort ist er 1980 auch geboren. Seine erste Flaschenpost warf er 2010 in den Persischen Golf. Über 200 Briefe folgten. Im Indischen Ozean, im Atlantik, im Schwarzen Meer, im Mittelmeer und in der Nord- und Ostsee. Von Beginn an versah er die Briefe nicht nur mit einem Datum, sondern auch mit einer fortlaufenden Nummer. Einer Seriennummer, die ihm hilft, die Antworten besser zuordnen zu können. Er hat sich ein Archiv angelegt und auch die Koordinaten notiert, wo er die Briefe ins Meer warf. Er ist Navigator, er kennt sich aus mit Koordinaten.

21 Flaschen wurden bislang gefunden. In Dänemark und in Frankreich. Auf Teneriffa. Nummer 122 von Hanna, einer Gärtnerin aus Fredrikstad in Norwegen. Nummer 149 von Jolanta, einer Lehrerin aus Klaipėda in Litauen. Nummer 114 von Ralf aus Wenningstedt auf Sylt, der im örtlichen Touristenbüro arbeitet. Nummer 178 von Mladen aus Schabla in Bulgarien, einem Seemann. Ein damals 16-Jähriger aus Liverpool antwortet im August 2011 aus dem Urlaub:

Hallo!
Ich habe deine Flasche beim Schwimmen gefunden, im
Mittelmeer vor Mallorca. Sie war nur ein schwarzer Punkt
im Wasser. Doch ich wollte unbedingt wissen, was das ist. Also
sind ein Freund und ich rausgeschwommen. Danke!
Angus

Yura erzählt in seiner E-Mail nicht nur von Flaschenpost. Das Leben auf der Krim hat sich seit der Übernahme Russlands von Grund auf verändert. «Es herrschen Angst und Korruption», schreibt er, «absolute Degeneration. Diese feindliche Atmosphäre hat viele Menschen vertrieben.» Freunde von ihm sind ausgewandert. Yura ist geblieben. «Noch. Ich liebe die Krim, und ich liebe mein Heimatland, die Ukraine, aber vielleicht werde auch ich eines Tages gehen müssen.» In den Jahren 2000 bis 2008 arbeitete Yura als Journalist für einen großen Moskauer Radiosender. Er erlebte staatliche Kontrolle und Willkür. «Die Präsidentschaft Putins war das Ende der Pressefreiheit. Alles änderte sich von heute auf morgen. Die Meinungsfreiheit wird seitdem mit Füßen getreten. Jegliche Freiheit wird in Russland gerade zerstört.»

Als er auf seiner Webseite sich kritisch über die Annexion äußerte, wurde seine Mailadresse gesperrt. Als er später als gefordert die russische Staatsbürgerschaft annahm, musste er einen Tag ins Gefängnis. «Ich wollte es nicht, ich bin Ukrainer und will es bleiben.» Doch er hatte keine Wahl. Ohne russischen Pass kann man auf der Krim kaum arbeiten oder zum Arzt gehen. Es gibt keine Sozialleistungen und Renten. «Die Ukrainer werden erpresst. Ich wünsche mir nichts so sehr, als dass die Krim wieder ukrainisch wird.»

In Lesnoi ist es spät am Abend. Es ist die schwebende Phase zwischen Licht und Schatten, wenn der Himmel dunkelblau wird, die Grillen zu zirpen beginnen und die Luft weich, harzig und süß nach Kiefern duftet. Vladimir nimmt mich noch einmal mit an den Strand. Noch immer sind viele Menschen da. Sie sitzen auf Decken, essen und reden. Sie singen und lachen. Lagerfeuer brennen. Vladimir läuft dicht am Spülsaum entlang. Der Sand ist so fein, dass er bei jedem Schritt leise quietscht. Der Strand singt. Vladimir sagt: «Über eine neue Flaschenpost aus Deutschland würde ich mich wirklich freuen.»

Dann blickt er über das Meer, als suche er etwas.

Planschen in Plastik

Viele Briefe werden in Plastikflaschen verschickt. Ist das dann Müll? Und wie geht es der Ostsee, dem einst schmutzigsten Meer der Welt? Ein Kieler Meeresbiologe über Plastikpost und blinde Passagiere.

Es ist bitterkalt an diesem Novembertag im Kieler Hafen. Ein oder zwei Grad, tiefblauer Himmel. Doch die *Sonne* hat Tag der offenen Tür. Hunderte sind gekommen. Unten, vor der schmalen Gangway, hat sich eine lange Schlange gebildet, die bis zum Nachmittag in Bewegung bleiben wird. Familien und Schulklassen, Rentner und Journalisten. Sie wollen das modernste Forschungsschiff der Welt besichtigen. Es liegt vertäut am Ostseekai, wo sonst die Kreuzfahrer festmachen. Oben, an Bord, können die Besucher Roboter und Unterwassergleiter bestaunen, die Tausende Meter tief tauchen können. *Abyss*, die 3-D-Lupe für den Meeresboden. Und das *Golden Eye*, eine rotierende Messstation mit Elektromagnetsensor für die Suche nach Rohstoffen.

Die *Sonne* wird im Pazifik und im Indischen Ozean auf Expeditionsfahrt gehen. Die Forscher wollen wissen, was das Meer bewegt: Wie entstehen Tsunamis? Wie beeinflusst der Mensch das Leben unter Wasser? Was für eine Rolle spielen die Ozeane im Klimawandel? «Mehr als die Hälfte der Fläche der Erde liegt unter 3000 Meter Wassertiefe», wird einer der Wissenschaftler an diesem Tag sagen, «wir Meeresforscher wissen vor allem eines: dass wir so gut wie nichts wissen.»

In Kiel, das sagen auch Kieler, blicken die Menschen immer Richtung Förde, da die Stadt selbst keine Schönheit ist. Backstein auf Backstein auf Backstein. Quadratisch, praktisch, gut. Nach dem Krieg war nicht viel übrig geblieben, der Wiederaufbau musste schnell gehen. Manchmal langt aber schon das Gefühl von Ferne, um zufrieden zu sein. Man könnte ja losfahren, wenn man wollte. In Gedanken lässt es sich gut verreisen. Dafür ist Kiel die ideale Stadt: Es gibt viel, was die Phantasie anregt. Mark Lenz ist 1971 in Kiel geboren. Er hat nie woanders gelebt, ist aber viel unterwegs – auch gedanklich. Er hat seinen Doktor in Zoologie gemacht. Seit 2002 ist er Meeresbiologe am GEOMAR Helmholtz-Zentrum für Ozeanforschung. Rund 850 Menschen arbeiten in dem Institut, das direkt an der Förde liegt. Der schlanke, mittelgroße Mann mit den in der Mitte gescheitelten, halblangen braunen Haaren aber hat sein Büro etwas oberhalb in einer alten Stadtvilla. Dort ist es ruhiger.

Auch er würde jetzt aber lieber an Deck der *Sonne* stehen und sich von den Kollegen das neue Vorzeigeschiff der deutschen Meeresforschung erklären lassen. Doch es bleibt keine Zeit. Er war selber gerade einige Tage auf See. Es ist einiges liegen geblieben. Er muss E-Mails beantworten, dieses Interview geben und einen Vortrag vorbereiten, den er diese Woche noch halten wird. Das Thema: «Der Ozean als Müllhalde». Seit 2013 untersucht Mark Lenz, wie sich Kunststoffe auf marine Lebensräume und ihre Bewohner auswirken. «Plastik ist sehr leicht und sehr mobil. Wir haben aber noch keine Erfahrung, wie es sich langfristig auf Meeresorganismen auswirkt. Es könnte ganze Ökosysteme verändern, aber um das abschätzen zu können, fehlen uns noch Daten. Wir stehen da ganz am Anfang.»

Mark Lenz hat eine ruhige Art, Dinge verständlich zu machen. Man kann ihm gut folgen, wenn er erzählt, wie es den Ozeanen und speziell der Ostsee geht. Dabei müsste er sich eigentlich furchtbar aufregen: Zwischen vier und zwölf Millionen Tonnen Plastikmüll landen jedes Jahr in den Weltmeeren. Vermutet man. Wie viel schon drin ist, weiß auch niemand. Jedes zehnte Sandkorn an britischen Stränden soll bereits kleingewaschenes Plastik sein. Zählen kann auch das keiner. Es sind Schätzungen. Mehr als zwei Drittel des Abfalls sinkt auf den Meeresboden, der Rest schwimmt oder wird angespült. Das gilt auch für Flaschenpost.

Gut ist: Der Ostsee geht es besser als noch Mitte der siebziger Jahre, wo sie als das schmutzigste Meer der Welt galt. Schwedische Metallhütten, polnische Stahlwerke, russische Müllkippen, finnische Papierfabriken, lettische Pharmafirmen und deutsche Kläranlagen entsorgten fleißig. Selbst Städte wie Kopenhagen, Lübeck oder Kiel verklappten noch bis weit in die Achtziger ihre ungeklärten Haushaltsabwässer gleich vor der Tür. Im Sommer wurde dann gebadet.

Schlecht ist: «Die Ostsee ist weit davon entfernt, in einem guten ökologischen Zustand zu sein», weiß Mark Lenz, «sie wird noch immer stark durch den Eintrag von Nährstoffen belastet und ist auch vermüllt. Immerhin ist es sehr viel weniger Müll als anderswo, da sie ein geschlossenes Randmeer und durch ihre Lage nahezu abgeschnitten ist. Es gibt so gut wie keinen Müllimport aus anderen Meeren.» Und es liegen nur wenige Studien vor. Eine, um genau zu sein. Sie ist aus dem Jahr 2007. 20 Müllteile auf 100 Meter Küste werden da als Durchschnitt genannt. Geschätzte 22 000 Kilometer Ufer hat die Ostsee mit ihren unzähligen Inseln und Buchten. Für Lettland wurden 111 Stücke Müll gezählt, am Strand von Nida sogar 195. In Finnland gibt es Gebiete mit 227 Fremdkörpern. An manchen Abschnitten der Ostsee sollen es 1000 Teile sein. Wer sich ein Bild davon machen will, was das für einen Strand bedeutet, kann ja mal an der lettischen Küste nach einem Sturm aus West spazieren gehen. Die Phantasie wird nicht reichen, um sich auszumalen, was da alles im Sand steckt: Neonröhren, Duschhauben, Regenschirmgriffe. Klobürsten, Glühbirnen, Zahnprothesen. Lkw-Reifen, Kühlschränke,

Bürostühle. Wäre das Meer ein Mensch, es müsste den ganzen Tag schreien.

Vor allem Plastik findet sich überall und in allen Farben und Größen. Es ist leicht, haltbar und billig. Es ist sauber, abwaschbar und geschmeidig. So hat es uns um den Verstand gebracht. Selbst in Zeiten wachsender Müllberge hat diese Faszination nicht nachgelassen. Nach der Steinzeit kam die Kupferzeit, dann die Bronzezeit, dann die Eisenzeit. Längst ist Plastikzeit. «Plastik hat enorme Vorteile», sagt Mark Lenz, «die Probleme sind Menge und Verwendung.» Ein Leben ohne scheint unvorstellbar geworden, denn Plastik kann alles sein: Verpackung, Werkzeug, Möbelstück und auch Flaschenpost.

Und wer erinnert sich nicht an die rituelle Taufe unseres Zeitalters: das Bällebad. Wer jemals von seinen Eltern in der Spielecke eines Schnellrestaurants oder im Småland eines Möbelhauses geparkt wurde, der kennt das Becken voller bunter Kugeln, der wird das Planschen in Plastik niemals vergessen. Und solange der Mensch ein munterer Müllmacher bleibt, wird es keine Lösung geben, davon ist auch Mark Lenz überzeugt: «Ich glaube nicht, dass man all das Plastik wieder ganz aus dem Meer bekommen wird. Damit werden wir leben müssen. Wir können aber verhindern, dass es noch mehr wird. Plastikmüll ist ein überflüssiges Luxusproblem.»

Oft verschlucken Seevögel rote Flaschenverschlüsse, weil sie einigen Krebsen täuschend ähnlich sehen. Auch Styroporbrocken, Folienfetzen oder Plastikgranulat stehen auf dem Speiseplan, da die milchig weißen Kügelchen wie Fischeier aussehen. «Die Vögel sterben, weil sie keine Nahrung mehr aufnehmen können. Auch die Jungen werden mit Plastik gefüttert. Sie verhungern bei vollem Magen im Nest.» Oder sie machen ihre ersten Flugversuche und erhängen sich an Nylonfäden. Viele vergiften sich: «Plastik zieht Insektizide und Pestizide wie ein Magnet an. Und die Konzentration der ins Wasser gespülten Umweltgifte ist auf den langlebigen Kunststoffen millionenfach erhöht.» Ein gefressenes Feuerzeug kann zum Todesurteil werden. Und Seeleute und Fischer, Segler und achtlose Fährtouristen machen weiter und werfen alles über Bord. Im Meer gehört der Müll dann allen. Hinzu kommen die Strandurlauber: «Oh, die Plastiktüte ist mir weggeweht. Na ja, ist schon zu weit. Die hol ich jetzt nicht mehr.» – «Und die Flaschen? Nimmst du die mit, Schatz?» – «Ach nee, lass mal liegen! Ich hab gerade keine Hand mehr frei.»

Eine Zeitung hat sich im Meerwasser nach etwa sechs Wochen aufgelöst. Eine Zigarettenkippe braucht ein bis fünf Jahre. Eine Bierdose 200 Jahre. Eine Plastikflasche 450 Jahre. Schätzt man. Ein Beispiel des Wandels sind die verlorenen Treib- und Schleppnetze: Früher, als sie noch aus Hanf oder Baumwolle waren, verrotteten sie irgendwann. Seit sie aus Nylon sind, fischen sie einfach weiter. Viele Jahre, vermutlich Jahrzehnte, vielleicht bis in alle Ewigkeit. Und die Kadaver locken noch mehr Fische an – so werden diese Geisternetze niemals leer. «Wie schnell oder wie langsam sich etwas zersetzt, hängt von seiner Zusammensetzung und den Umweltbedingungen ab», erklärt der Meeresbiologe. «Im Meer haben das Salzwasser, die Sonne und die Reibung der Wellen einen Einfluss. Eine PET-Flasche zerbricht irgendwann und wird zerrieben. Das Plastik wird allerdings nicht abgebaut. Es ist nie ganz weg. Es wird nur kleiner.»

Kunststoffstückchen, die so winzig sind, dass Wissenschaftler sie lange übersehen haben. Dafür werden sie nun überall entdeckt. In Flüssen, im Meer, in Fischen. Im Trinkwasser. 6000 Teilchen pro Liter. Ist das viel? Ist das wenig? Man weiß es nicht. «Mikroplastik ist für uns ein völlig neues Thema», sagt Mark Lenz. «Viele Fische schlucken es. Und damit auch der Mensch. Wir wissen aber nicht, wohin es sich im Körper bewegt und was es dort macht – nicht beim Fisch und nicht beim Menschen.» Zurzeit forscht er am Wattwurm.

Wird dieser weniger Nachwuchs zeugen, wenn er einer höheren Plastikbelastung ausgesetzt ist? Hat er weniger Energiereserven? Wird er träger? Ist er stressanfälliger? Das sind die Fragen, mit denen sich ein Meeresbiologe den Tag lang beschäftigt.

Und jetzt fragt man sich natürlich: Kann ich noch guten Gewissens eine Flaschenpost verschicken? «Streng genommen ist eine Flaschenpost Müll», sagt Mark Lenz. Sondermüll sozusagen. Wobei es Unterschiede gibt: «Plastik hat weitreichendere Folgen als Glas. Glas ist Sand, nur in anderer Form. Natürlich gehört auch Glas nicht ins Meer. Es stellt aber keine so große Belastung dar.»

Was Flaschen im Meer auch für Wissenschaftler interessant macht, ist die Tatsache, dass Organismen diese als Transportmittel nutzen. Feste Oberflächen sind bei Algen und Bakterien oder bei Tieren wie Seepocken und Muscheln sehr beliebt. Eine Flaschenpost, die viele Monate oder gar Jahre unterwegs ist, bekommt irgendwann blinde Passagiere, die sich auf ihr niederlassen und wachsen. Die braune Bierflasche zum Beispiel, die vorne auf diesem Buch zu sehen ist, habe ich am Strand von Nida in Lettland gefunden. Ich zeige sie dem Experten. «Das ist Balanus improvisus, die Brackwasser-Seepocke. Eine Krebsart, die vor allem dort vorkommt, wo der Salzgehalt sehr gering ist, wie im Osten der Ostsee», erklärt Mark Lenz, «ob Glas- oder Plastikflasche, ist der Seepocke aber egal.»

5 · Auf Augenhöhe mit dem Meer

- ▶ Abgeschickt: **4.12.2004**
  Muriel und Frank in Rotterdam
  (Niederlande)
  (56°093240 Nord, 21°054992 Ost)

- ▶ Angelandet: **24.12.2004**

- ▶ Gefunden: **24.12.2004**
  Biruta in Nida (Lettland)
  (56°093240 Nord, 21°054992 Ost)

- ▶ Entfernung: **ca. 969 Seemeilen**
  (davon 803 Seemeilen an Bord der
  Conro Trader. Ab dem 10.12.2004
  (55°158959 Nord, 16°400772 Ost)
  ca. 166 Seemeilen in der Ostsee)

Bergen

NORWEGEN

Edinburgh

Nordsee

DÄNEMARK

Immingham
6.12.

Stiens

GROSS-
BRITANNIEN

NIEDERLANDE

London

4.12.2004 ◆ **Rotterdam**

5

Auf Augenhöhe mit dem Meer

Die Flaschenpost einer niederländischen Schulklasse taucht in Lettland auf. Doch wie ist sie dort hingekommen? Von einem Schweizer Tüftler, der kein Erfinder sein will. Von einer holländischen Tänzerin, die Behinderte unterrichtet. Und einem russischen Kapitän, der sein Wort gehalten hat.

Wenn über Friesland die Sonne untergeht, kann der Himmel zum Spektakel werden. Wild verschwimmen die Farben, als wäre ein Tuschkasten umgekippt. Betäubend ist das Licht. Es tanzen Riesen und Zwerge. Atompilze, Raumschiffe und Wolkenmonster. Kondensstreifen sind Laserstrahlen. Alles wie im Kino. Endlos weit ist diese friesische Leinwand. So weit, wie der Himmel sonst nur über dem Meer ist. Und das eingedeichte, baumlose Land, das mal Meer war, duckt sich weg. Es geht in Deckung vor dem Schauspiel da oben, unter dem alles klein wird und winzig wirkt, unter dem alles zu verschwinden scheint.

Alles hängt mit allem zusammen. Auch in Friesland. Der Himmel, das Meer, der Wind. Die Inseln und das vom Wasser freigegebene Land: das Watt. Nur geliehen. Zweimal täglich. Die Deiche und die Schafe, die im Abendlicht wie rosa Zuckerwatte leuchten. Die Vogelschwärme und die Salzwiesen. Die Kanäle und die Brücken. Und irgendwo auch Menschen. Auf Augenhöhe mit dem Meer. So ist das in der nördlichsten Provinz der Niederlande. Es ist das Land der blankgescheuerten Backsteinhäuschen und mächtigen Bauernhöfe. Es ist das Polderland, wo Wege ans Meer immer über drei Deiche führen. Über den ersten, weit im Hinterland, den man hier Träumer nennt. Über den zweiten, der Schläfer heißt. Dann über den dritten, den breiten Abschlussdeich, den Wächter. Es sind die Wälle gegen das Wasser, die hier für klare Verhältnisse sorgen. Sie teilen die Landschaft und das Leben. Die Friesen haben einen Satz dafür, der ein bisschen klingt wie ein Slogan oder der Spruch vom Kalenderblatt November: «Kein Deich, kein Land, kein Leben.» Das ist der friesische Dreiklang.

Schon auf viele Kilometer sind die Dörfer in der leeren Landschaft gut zu sehen. Nichts verstellt den Blick. Windmühlen, Kirchtürme und Windräder sind die Wegmarken, die helfen, sich zu orientieren. Manch einer sagt, die Menschen an der Nordseeküste haben die Deiche gebaut, um einen besseren Überblick zu bekommen. Doch über Westfriesen macht man keine Witze. Das traut sich keiner. Es sollen die größten Menschen Europas sein. Eins neunzig mindestens. Stur und etwas verschlossen, abwartend und von stiller Freundlichkeit. Friesisch herb eben. So erzählt man es sich. Und eine eigene Sprache haben sie auch, die selbst Holländer kaum verstehen. «Man muss etwas lauter reden in Friesland, damit man gehört wird», sagt Frank Bucher, «immer gegen den Wind an.»

Frank ist kein Friese. Er ist ein Zugezogener, bloß eins achtzig groß und kein Leichtgewicht. Der Mann mit dem kurzen dunklen Haar sagt: «Ich bin ein Exot.» Er kommt aus der Höhe. 1962 ist er in Bern geboren. 2003 ist er ausgewandert. Nach Stiens, einem ruhigen Städtchen mit 8000 Menschen, ein Dorf eher, so wie es viele ruhige Dörfer in Friesland gibt. Zwei Meter liegt Stiens über Normalnull. Höher hinauf geht es hier selten irgendwo. Frank sagt, er wollte seinen Horizont verlegen. Von Bergen und Tälern hatte er genug. Er wollte weiter blicken können, auch im Leben.

Wer mit Frank spricht, muss damit rechnen, zuzuhören. Er ist jemand, der gerne redet. Vor allem über Technik. Und Geschichte. Er weiß aber auch viel zu erzählen. Zum Beispiel, wie die Römer nach Friesland kamen, wie die Schweizer Baumstämme aus dem Emmental bis in die Nordsee flößten. Oder wie die Friesen tonnenweise ihre fruchtbare Erde abtrugen und nach Anderlecht oder anderswo verschacherten. Er weiß all diese Sachen. Er könnte auch vieles über die Unterschiede zwischen Holländern und Friesen oder Schweizern und Holländern verraten. Darüber, wie es sich als Ausländer in den Niederlanden lebt. Doch darum soll es nicht gehen – es soll von einer Flaschenpost berichtet werden, die auf Umwegen fast 1000 Seemeilen von Rotterdam nach England, weiter durch Deutschland und bis nach Lettland schwamm. Und um «grünen Beton» soll es auch gehen, einen umweltfreundlichen Baustoff aus Schilfgras, den Frank entwickelt hat. Er will Häuser, Radwege und Deiche damit bauen. Er hat ihn Xiriton genannt.

Zunächst aber, wie die Dinge sich zusammenfügten, wie Frank seinen Weg nach Holland fand: Alles begann mit einer Holzkiste an seinem 40. Geburtstag. Freunde schenkten ihm eine Art Überlebenspaket mit vielen kleinen Gegenständen, die irgendwann mal nützlich sein könnten. Darin eine Parkscheibe und eine Schirmmütze. Eine Streichholzschachtel mit dem Aufdruck des Hilton-Hotels auf Malta war auch dabei. Ein paar Wochen später sah Frank auf dem Weg zur Arbeit ein Last-Minute-Angebot und erinnerte sich an die Zündhölzer. Er ging in das Reisebüro und buchte eine Woche im Hilton auf Malta.

Während einer Jeeptour lernte Frank eine Holländerin kennen. Muriel Jonkman war auf der Insel, um an einem Tanzwettbewerb teilzunehmen. Sie tauschten Telefonnummern. Doch die Acht, die Muriel geschrieben hatte, sah aus wie eine Null mit einem Strich durch, wie eine Computernull, so wie Informatiker sie schreiben. Und Frank war Informatiker. Am nächsten Tag wählte er die Nummer, kam aber nicht durch. Doch er meinte es ernst und wollte die Frau mit den rotblonden langen Haaren und den grünblauen Augen unbedingt wiedersehen. Er fragte an den Rezeptionen der umliegenden Hotels nach einer Holländerin. Nichts. Der Zufall aber wollte es, dass er Muriel am Strand wiedertraf. Und nur ein Jahr später zog er zu ihr nach Stiens. So fing das an mit Frank in Friesland.

Eigentlich passt Muriel nicht in das Endreihenhaus in der akkuraten Siedlung mit den gepflegten Vorgärten, den gestutzten Rasenflächen, den geschnittenen Hecken und den Vordächern über den Haustüren. Eigentlich passt sie auch nicht nach Stiens, dieser aufgeräumten Schlafstadt in Randlage, wo alles etwas steril wirkt, wo die Menschen am Abend von der Arbeit aus Leeuwarden kommen, der Provinzhauptstadt, keine zehn Kilometer entfernt. «Unser Haus», sagt sie, «ist nur gemietet.» Sie sagt das auch, um sich selbst zu beruhigen. Auch wenn sie schon seit 1998 hier wohnt. «Ich könnte weg, wenn ich wollte.»

Muriel ist 1961 in einem Dorf in der Provinz Overijssel geboren, nicht weit von der deutschen Grenze. Sie ist eine athletische Frau, klein und kräftig. Sie hat einen entschlossenen Blick, der keinen Widerspruch zulässt. Die wirft so leicht nichts um – das ist der erste Gedanke. Sie hat auch mal Judo und Karate gemacht. Sie hat vieles ausprobiert im Leben: Sie hat Heilpraktikerin studiert, Gebärdensprache unterrichtet, hatte einen Laden für Vorhänge und Inneneinrichtung, entwarf nebenbei Lampen. Ein Jahr lang war sie Managerin eines Kosmetikshops. Doch auch das war es nicht. Sie ging wieder studieren, dieses Mal Umweltbildung. Nach ihrem Abschluss bekam sie ein Angebot: Sie sollte Natur- und Umweltprojekte in den Schulen der Gegend planen. Jeden Monat ein neues Thema: Das Leben auf dem Bauernhof. Das Meer. Fairer Handel. Und sie sollte die Inhalte frei bestimmen können.

Muriel wurde Projektleiterin. «Keine Lehrerin», wie sie noch einmal deutlich sagt, «das wäre nichts für mich. Das Schulsystem in Holland ist schrecklich.» Sie redet sich jetzt ein bisschen was von der Seele: «Die Kinder werden schon mit vier eingeschult. Viel zu früh! Doch so ist die Schulpflicht. Manche machen noch in die Hose und müssen schon zur Schule gehen. Kinder dürfen keine Kinder mehr sein. Das ist schlimm. Und im Unterricht wird viel mit Minicomputern, diesen Tablets, gearbeitet. Auch die Tafeln sind vollelektronisch. Kreide hat schon lange keiner mehr in der Hand. Selten mal einen Stift und Papier. Alles wird digital. Doch ist das wirklich besser?»

Muriel zeigt mir in der Grundschule von Stiens einen Raum voll mit Regalen, in denen Kisten, Aktenordner und Bücher stehen. Kescher zum Fangen von Wassertieren, Mikroskope, ausgestopfte Seevögel. Unterrichtsmaterial, das sie mit den Jahren zusammengetragen und entwickelt hat. In 42 Schulen in Friesland hat sie Projekte geleitet. 17 Jahre lang. Dann war für Umweltbildung kein Geld mehr da. Und Muriel war ihren Job los. Sie sagt: «Für mich ist das nicht schade. Es ist schade für die Kinder.»

Im November 2004 hatte sie sich ein Projekt zum Thema Fair Trade ausgedacht: die *Mondiale Wandeltocht* – eine Weltwanderung. Die Schüler sollten ein Bewusstsein für Konsum entwickeln. Welche Rolle spielen Rohstoffe und Produkte aus anderen Ländern in ihrem täglichen Leben? Was passiert, wenn man Kleidung aus Bangladesch oder Schokolade mit Kakao aus Ghana oder von der Elfenbeinküste kauft? Wer profitiert davon? Mit Fragebögen machten die rund 300 Schüler damals einen Streifzug durch die Geschäfte und Supermärkte. «Das Ziel war, den elf- bis 13-Jährigen zu zeigen, wie sie durch ihren Einkauf mit dem Rest der Welt direkt oder indirekt verbunden sind, welche sozialen und ökologischen Konsequenzen der Welthandel mit sich bringt.» Mit großem Erfolg: Muriel bekam damals auch Anrufe von Eltern, die sich beschwerten. Man nahm es ihr übel, dass die Kinder nun nicht mehr das billige Obst essen wollten, sondern die teuren, fair gehandelten Bio-Bananen.

Im Rahmen der «Weltwanderung» waren Muriel und Frank auf die Idee mit der Flaschenpost gekommen. Eine Botschaft an die Welt. Mit Zeichnungen und Klassenfotos. Mit Wünschen, wie das Leben besser werden könnte. Eine Flasche für jede Klasse. Sie wissen noch, wie erschrocken sie über viele der Briefe waren. Es ging um Sorgen. Es ging um die Angst vor Terroristen und Bomben, um Mord und die Todesstrafe. Aber auch um Hoffnungen, die einfach und eindringlich zugleich waren. Rik schrieb: *Ich wünsche mir, dass böse Menschen zu freundlichen Menschen werden.* Karin: *Ich wünsche mir, dass jeder eine Familie hat.* Oder: *Wir sind eine siebte Klasse aus Stiens. Wir haben über die Welt gesprochen, und das denken wir: Halte die Welt sauber! Verschmutze die Meere nicht! Sei freundlich zu allen Menschen – wir sind alle gleich! Fahre mit dem Fahrrad, nicht mit dem Auto! Kaufe fair gehandelte Produkte! Bitte antworte uns, was du so denkst!*

Muriel hat einen Artikel aus dem *Friesch Dagblad* aufbewahrt. Auf dem Foto stehen 50 gespannte Kinder mit großen Augen vor einem Reisekoffer, in dem die Flaschen mit den Wünschen liegen. Daneben Muriel, sie trägt eine weiß-blaue Matrosenuniform. Die Flaschen hatte sie bei einem Winzer besorgt. Dort wurden die «Zeitkapseln», wie Frank sie nennt, auch luft- und wasserdicht verkorkt.

Kurz darauf fuhren Muriel und Frank mit 18 Flaschen im Kofferraum nach Rotterdam. Der Plan war ganz einfach: Rotterdam ist der größte Containerhafen Europas. Von dort geht es in alle Welt. Und jeder Hafen hat Kneipen, wo Kapitäne sitzen, die Flaschenpost mitnehmen und ins Meer werfen können. Das wird schon irgendwie klappen, dachten sie. Nicht weit von ihrem Hotel fanden sie das Captain's Cabin, eine schlauchige, sehr schummrige Seemannskneipe mit einem nicht enden wollenden Tresen und massenhaft maritimen Mitbringseln an den Wänden. Dicke Taue. Schiffsmodelle. Ein großes Steuerrad. Die obligatorische Schiffsglocke über der Theke. So wie Pinten für Seeleute überall auf der Welt ausgestattet sind. Frank erinnert sich noch an einen besoffenen Matrosen, der ihn die ganze Zeit überreden wollte, die Glocke zu läuten. Frank traute der Sache nicht. Hätte er es getan, hätte er eine Runde ausgeben müssen. So die Sitte, klärte ihn der Barmann auf.

Sie stellten sich an den Tresen und fragten in die Runde: «Gibt es hier einen Kapitän?» – «Ja, da sitzt einer. Direkt neben euch.» Ein Russe. Mitte fünfzig. Schlechte Zähne. Total betrunken. Sein Name: Yuriy Denisenko. Der Seemann verstand zunächst nicht, was Frank von ihm wollte. Sie zeigten ihm eine Flaschenpost und erklärten. Dann war das Eis gebrochen: «Für Kinder tue ich alles!», rief er und hob sein Glas. Am nächsten Tag sollte sein Schiff auslaufen. Die *Conro Trader*, ein 100 Meter langer Stückgutfrachter mit acht Mann Besatzung. Und zufällig schlief Yuriy sogar im selben Hotel. Sie gaben die Postkisten für ihn an der Rezeption ab. «Und ganz ehrlich», weiß Frank noch, «wir dachten, die landen im nächsten Altglascontainer.»

Doch so kam es nicht. Am 4. Dezember verließ Kapitän Denisenko Rotterdam in Richtung Immingham, einer kleinen Hafenstadt an der englischen Ostküste, südlich von Hull. Er hatte Gips geladen. Frank verfolgte die Position der *Conro Trader* im Internet. Am 6. Dezember war die Fracht gelöscht. Ohne Ladung ging es weiter nach Deutschland und durch den Nord-Ostsee-Kanal, Zielhafen: Kaliningrad. 40 Seemeilen westlich von Bornholm, es war der 10. Dezember, warf Denisenko sechs Flaschen über Bord. 17 Tage später – er hatte längst Kurs auf Algeciras in Südspanien genommen, die Stadt an der Straße von Gibraltar – schmiss er die zwölf übrigen Botschaften in den Atlantik. Das schrieb er dem Paar aus Friesland einige Wochen später in einer E-Mail. Mit Zeitangaben und den genauen Koordinaten. «Ende Dezember», erzählt Frank, «waren aber schon die ersten beiden Antworten aus Lettland und Litauen angekommen. Da wussten wir bereits, dass der Kapitän sein Wort gehalten hatte. Unser Experiment war geglückt, und die Schüler staunten nicht schlecht. Bis heute sind acht Flaschen gefunden worden.» Eine davon an Weihnachten 2004 am Strand von Nida. Von Biruta Kerve.

Manchmal können Namen eine besonders schöne Bedeutung haben, einen Namen hinter dem Namen sozusagen. Muriel kommt aus dem Keltischen und heißt: *Glänzendes Meer*. Und sie hat noch einen zweiten: Eileen. Das lässt sich mit *Licht* oder auch *bittersüß* übersetzen. Beide Namen passen gut zu ihr. Muriel hat zwei Seiten. Die eine erzählt vom Starksein: Sie ist Tanz- und Sportlehrerin. Seit vielen Jahren schon. Sie gibt Kurse für Menschen, die im Rollstuhl sitzen. Für geistig Behinderte. Für Senioren. Für Kinder. Für alle, die tanzen wollen. Sie tanzt durch ganz Friesland und hat eine Stiftung gegründet. Mit den Spenden kann sie neue Rollstühle kaufen und die Miete für die Turnhallen und Tanzsäle bezahlen. Muriel sagt: «Das Tanzen öffnet die Seele.» Und wer die dynamische, selbstbewusste Frau im Unterricht erlebt, wie federnd leicht und witzig sie ihre Schüler motiviert, wie sie ihnen den Spaß und den Mut am Tanzen vermittelt, der kann nicht glauben, dass es Momente gibt, in denen Muriel die Kontrolle über ihren eigenen Körper verliert, der kann nicht glauben, dass sie chronisch krank ist.

Muriels zweite Seite handelt vom Schwachsein, auch wenn sie diese lieber verbergen würde: An manchen Tagen geht sie wie eine alte Frau. Jeder Schritt wird zur Qual und lässt die Gelenke brennen. Sie hat Rheuma, das mit Medikamenten allenfalls zu lindern, aber nicht zu stoppen ist, das weiß sie. Doch Tabletten nimmt sie nicht. «Damit wird es nicht besser.» Wenn Muriel sich nach einem langen Tag auf ihr Sofa setzt, muss sie die Füße hochlegen. Die Dauerentzündungen machen sie müde. Manchmal kann sie die ganze Nacht nicht schlafen. Wasser sammelt sich in den Gelenken. «Wenn ich mich bewege und wenn ich tanze, geht es gut. Wenn ich abends zur Ruhe komme, roste ich ein.» Muriel taumelt zwischen Energie und Erschöpfung. Doch sie spricht nicht darüber. Sie will sich nichts anmerken lassen. Sie beißt auf die Zähne. Und Leute, die überhaupt keine Ahnung haben, sagen: Du jammerst ja gar nicht, also hast du auch kein Rheuma.

«Jeder sitzt auf seiner eigenen Insel im Leben. Mein Leben war lange Zeit», Muriel macht eine kurze Pause, «ein wenig kompliziert.» Ihr Blick wird hart, wenn sie über ihre Kindheit spricht. Von 1966 bis 1974 lebte die Familie in Deutschland. In Stolzenau, einem Ort mit 3000 Einwohnern. Ihr Vater war Soldat bei der Luftwaffe. Das Städtchen an der Weser, nördlich von Minden, war zum Nato-Stützpunkt geworden. Von hier sollten die befürchteten Angriffe aus dem Osten mit Raketen verteidigt werden. Rund 1000 holländische Soldaten wohnten mit ihren Angehörigen in einer Siedlung am Ortsrand. Mit Kontrollhäuschen und Schranke an der Zufahrtsstraße. Muriel wuchs in einem mehrgeschossigen Reihenhaus aus rotem Backstein auf. Es gab eine holländische Schule. Auch die Straßen waren nach Holländern benannt. Rembrandtweg. Rubensweg. Einmal die Woche kamen ein Fisch- und ein Käsewagen aus der Heimat. Täglich der Bäcker mit holländischem Brot. Alles sollte wie zu Hause sein. Doch für Muriel war es ein Gefängnis. «Ich wollte frei sein. Ich war aber eingesperrt. Meine Kindheit war ein großer Kampf. Alles war begrenzt. Diese Jahre in Deutschland haben viel damit zu tun, warum ich heute so frei sein möchte, wie es nur geht.»

Als sie 24 wurde, brach sie den Kontakt zu ihrem Vater endgültig ab. Ihr gesamtes Leben hatte sie mit ihm gestritten. «Ich war wie gefesselt und wurde von ihm in allem behindert.» Die Narbe sitzt tief. Bis heute. Vielleicht ist das ein Grund, warum sie sich so entschlossen und leidenschaftlich für Schwächere einsetzt. «Vielleicht», sagt sie, «ich weiß es nicht.» 1992 schrieb Muriel der niederländischen Königin Beatrix einen Brief: *An Ihre Majestät, die Königin der Niederlande, mit dem Gesuch um Änderung des Familiennamens.* So war der offizielle Weg damals. Sie wollte den Namen ihrer Mutter annehmen. «Man trägt einen Namen, wenn er auch zu einem gehört. Mein Vater war aber nie ein Vater für mich.» Die Einwilligung der Königin kam postwendend. Muriel durfte Jonkman heißen. Es war wie eine Befreiung. Ein Jahr später wurde ihre Tochter Sanne-Marleen Jonkman geboren. Mit dem Vater, einem damaligen Studienfreund, ging es irgendwann auseinander.

Vom Endreihenhaus in der gepflegten Siedlung sind es vielleicht zehn Minuten bis zum Watt. Und wer mehr über Frank erfahren will, muss mit ihm auf den Deich gehen. Das ist sein Lieblingsort. Auch Anfang März. Denn das Wetter spielt an Lieblingsorten keine Rolle. Frank sagt: «Man sieht nicht viel, aber fern. Es ist sehr viel Fläche. Das beeindruckt mich als Schweizer natürlich.» Das ist die Deichperspektive. Und so ein Spaziergang lässt vor allem Gedanken zu, Entwürfe, manchmal auch nur den Beginn einer Idee. Das kann wichtig sein für jemanden wie Frank.

Man glaubt zu sehen, dass er viel nachgedacht hat in seinem Leben. Er hat eine hohe Stirn, die Haare sind etwas licht geworden. Er ist gelernter Schlosser. Nach der Zeit im Militär als Infanterieoffizier wurde er Informatiker. Doch eigentlich ist Frank Entwickler, «kein Erfinder», wie er sagt. «Denn kaum etwas ist wirklich neu, man kann jedoch viel wiederentdecken und weiterentwickeln.»

Als Frank noch in der Schweiz lebte, war er jahrelang Mitglied im nationalen Erfinderverband. Viel mehr noch als die Erfindungen selbst interessierten ihn aber die Menschen, die teils schrägen Typen, unsagbar klugen Köpfe, die sich die tollsten Dinge ausdachten, die aber auch sehr eigen sein konnten, «meist nicht zu ihrem Vorteil». Und auch Frank kennt die kritischen Blicke, wenn er gefragt wird, was er denn so macht, und er zu erzählen beginnt. Er kennt aber auch die Blicke, die sich verändern, die von Skepsis in Interesse umschlagen. Denn Frank spricht viel mit einfachen Worten und in einfachen Bildern. «Man muss Eselsbrücken bauen», sagt er, «um den Leuten die Angst vor dem Neuen zu nehmen.»

Er hält nun einen kleinen Vortrag über sein vielleicht größtes Projekt: Xiriton. «Miscanthus», beginnt er, «auch Chinaschilf oder Elefantengras – diese Pflanze hat viele Namen und viele Möglichkeiten. Sie wird auch in Holland angebaut und wächst sehr schnell, bis zu dreieinhalb Meter in einem Jahr. Sie nimmt dabei große Mengen CO_2 auf. Xiriton ist ein Gemisch aus gehäckseltem Elefantengras, mineralischen Bindemitteln, Wasser und Details, die ich lieber noch für mich behalte. Die Mixtur kann in beliebige Formen gegossen werden und schnell aushärten. Auf Dauer versteinern die Grasfasern, sie verrotten nicht. Das Endprodukt ist vergleichbar mit Tuffstein, nur leichter. Xiritone sind feuerbeständig und isolieren gut. Sie lassen sich einfach bearbeiten und wiederverwenden. Es ist ein absolut nachhaltiger Baustoff.»

Es klingt ganz einfach. Aber es ist ziemlich schwierig. Eine große Aufgabe. Vielleicht eine kleine Revolution. Und natürlich soll der Name nicht nur gut klingen. Es steckt auch eine Bedeutung dahinter – nichts anderes hätte man bei Frank erwartet: Das *X* steht für die Variable, dass vieles möglich ist. *Ri* kommt für Rhizom, den Wurzelstock. Und *ton* ist aus dem Altgermanischen und bedeutet gebrannter Lehm.

2004 erfuhr Frank eher zufällig mehr über das Bauen mit Elefantengras. Und er erkannte die Möglichkeiten für solch ein Material in seiner neuen Heimat. Er suchte geeignete Rohstoffe, mischte und testete. Er verfeinerte seine Rezepte. Dann war er überzeugt, auf dem richtigen Weg zu sein. Doch es ging schleppend voran. Frank wusste, er würde Geduld brauchen. Und Geld. Um Bekanntheit zu gewinnen. Bis heute weiß er das. Er ist noch nicht aufgegangen, der Plan. Er hat noch nicht aufgegeben. Das Entwickeln von neuen Dingen ist ein mühseliges Geschäft. Und Frank ist ein Einzelkämpfer. Ein Stratege. Er muss vorsichtig sein, dass Konzerne seine Idee nicht wegerfinden. Er möchte aber auch mit großen Firmen zusammenarbeiten, um seine Entwürfe zu verwirklichen. Er sagt: «Ich habe ein Ziel, aber die Art und Weise, wie ich es erreiche, muss nicht mit dem Kopf durch die Wand sein. Sanft in der Art, aber stark in der Zielsetzung.»

Gerne würde er schon bald den nächsten Schritt machen. Im Industriegebiet von Stiens hat er sich eine Werkstatt eingerichtet. «Xiriton ist zu meinem Lebensziel geworden.» Und es ist nicht bloß eine Vision. Es funktioniert. Gehwegplatten und die kleine Brücke in seinem Garten oder die Blumentöpfe – alles aus Xiriton. Die Scheune eines Bekannten wurde mit Xiriton renoviert. Kürzlich bekam Frank seinen ersten größeren Auftrag: 100 Tonnen Xiriton für eine 150 Meter lange Aussichtsplattform in einem Park. «Alles beginnt klein», weiß er. Doch nun ist er auf der Suche nach großen Projekten, wie ein Haus auf modernstem Standard oder eine Lärmschutzwand an einer viel befahrenen Straße. Oder, in Holland noch viel naheliegender: einen Radweg.

«Viele holländische Architekten wissen, dass es Xiriton gibt. Einige sind auch überzeugt von der Qualität des Baustoffes», sagt er. Und sogar Innovations- und Umweltpreise hat er schon gewonnen. Das Produkt ist da, aber noch fehlen die Kunden. Die Herstellung von Xiriton ist etwas teurer als die vergleichbarer Baustoffe. Auch wenn es leichter ist und man Transportkosten sparen würde. Doch Holland ist Backsteinland. Seit Jahrhunderten. Es ist nicht so einfach, Menschen aus ihren Traditionen zu bewegen. Frank muss hohe Mauern einreißen, bevor er selber welche bauen kann. Und er sagt auch einen schönen Satz dazu: «Es gibt noch zu viele Betonköpfe.»

Frank steht oben auf der Deichkrone und stampft mit dem Fuß auf das Gras. Er erzählt von einer weiteren Idee: der Xiritombe. Eine Art Sarkophag aus Xiriton. Für eine Bestattung im Deich. «Die Xiritomben sind etwa zwei Meter breit, ebenso tief und vier Meter lang. Die Wände mehr als einen halben Meter dick. Solche tonnenschweren Quader werden auf der Landseite des Deiches dicht nebeneinander eingelassen. Die Stirnseite soll teils sichtbar bleiben, um eine Gedenktafel anbringen zu können. Die nächste Generation kann davor oder darüber bestattet werden. So wachsen die Deiche. Und jeder Block entlastet die Atmosphäre mit rund 1300 Kilo CO_2. Man wäre nach seinem Tod noch nützlich. Und die Deiche würden schnell sicherer werden, auch zum Schutz zukünftiger Generationen gegen die Auswirkungen der Klimaerwärmung.»

Frank hat das mal durchgerechnet. Rund 8000 Euro würde so ein Platz auf dem Deichfriedhof kosten: etwa 2000 Euro für Materialkosten. 5000 Euro für Fabrikation und Logistik. Und eine einmalige Liegenschaftssteuer von vielleicht 1000 Euro für die Gemeinde. «So könnte man den Deichschutz finanzieren. Die Hinterbliebenen müssten nicht jahrzehntelang Unterhalt zahlen. Und die Frage ist ja auch: Was geben wir den Archäologen in 500 Jahren zum Ausgraben? Eine Xiritombe wäre eine individuelle Zeitkapsel.» Etwa 1200 Liter Stauraum würde diese bieten. Das sind etwa zehn Standardbadewannen voll. Und Frank weiß auch schon, was er selbst der Nachwelt einmal hinterlassen möchte – auch wenn die Liste seiner Grabbeigaben noch nicht vollständig ist: seine Lieblingskleidung. Geschenke von Freunden. 10 000 Fotos. Seine Entwürfe und Zeichnungen. Ausgedruckte Computerprogramme. 100 Bücher.

Von seinen Erfindungen kann Frank noch nicht leben. Er arbeitet für die niederländische Regierung. Im zentralen Inkassobüro des Justizministeriums. Er pflegt die Software, die sämtliche Geldbußen des Landes organisiert. Falschparken. Oder wenn ein Hund auf den

Gehweg gekackt und das Herrchen die Tretmine nicht weggeräumt hat. Ein Schweizer, der Staatsbeamter in Holland ist. Das ist ungewöhnlich.

Manchmal überlegt er, wieder als selbständiger Programmierer zu arbeiten. Dann könnte er besser verdienen, auch um Xiriton weiter voranzubringen. Dann müsste er aber nach Rotterdam gehen. Oder nach Amsterdam. In die Städte. Dorthin, wo das Geld ist. Hier in Friesland, im Windschatten der Deiche, gibt es keinen Markt dafür. Und bestimmt hat das Ganze auch mit Glück zu tun, und Glück haben heißt: den richtigen Augenblick zu erwischen und die richtigen Leute zu treffen. «Eigentlich», sagt er, «brauche ich einen Leonardo DiCaprio oder so, der sich in Costa Rica ein Ökohaus bauen will und das natürlich mit Xiriton macht. So könnte das Material auf einen Schlag weltbekannt werden.» Und auch ein friesisches Sprichwort beschreibt Franks Situation ganz gut. Es heißt: «Wenn das erste Schaf über den Deich ist, folgen die anderen.»

Frank steht alleine auf dem Deich. Er muss sich etwas gegen den Wind stemmen, um das Gleichgewicht zu halten. Er sagt: «Wir werden sehen.» Vielleicht sagt er aber auch: «Ich bleibe stehen.» Das ist gerade nicht so gut zu verstehen, seine Worte werden vom Wind verrauscht. Was jetzt aber auch gar nicht so wichtig ist. Denn in dieser Sekunde – und ich schwöre, dass es genau so war – kommen in Sichtweite die ersten Schafe über den Deich.

«Ich bin doch bloß der Postbote»

Konrad Icking, Jahrgang 1957, hat eine Idee: einen Flaschenpostkurierdienst. Die Schreiber schicken ihm die Nachrichten. Er wirft die Flaschen ins Meer. Weltweit. Und ein GPS-Sender funkt die aktuellen Koordinaten an den Absender. Ein Gespräch über moderne Flaschenpost.

Herr Icking, ein Kurierdienst für Flaschenpost – wie haben Sie sich das gedacht?

Es gibt zwei Möglichkeiten. Entweder schickt man mir per E-Mail die Nachricht, die für die Flasche bestimmt ist, und ich verkorke sie dann. Das kostet 29,90 Euro. Oder man erhält eine Flasche per Post und kann seine persönliche Nachricht schreiben und gestalten oder auch Dinge hineinlegen. Das schickt man zurück an mich. Alles für 39,90 Euro. Das Briefgeheimnis wahre ich natürlich. Jede Flaschenpost wird versiegelt. Und die Holzkiste, die insgesamt Platz für 20 Flaschen hat, wird mit einem GPS-Sender bestückt. Der ist nicht größer als ein Mobiltelefon, hat aber eine sehr große Reichweite.

Wie wird man die aktuelle Position verfolgen können?

Alle bekommen regelmäßig die Koordinaten auf ihr Telefon geschickt. Die zurückgelegte Route ist auf einer Karte zu sehen. Der Sender funkt ein Jahr lang. Dann geht alles ungewisse Wege. Und irgendwann zerfällt die Kiste, und jede Flasche schwimmt alleine weiter.

Wo wollen Sie die Nachrichten ins Wasser bringen?

Vor der Westküste Irlands. Dort haben sie gute Chancen, weit zu kommen. Als Flaschenpostkurier gebe ich sozusagen Starthilfe. Nun habe ich auch einen ersten Kontakt zu einer Agentur, die weltweit mit Reedereien kooperiert. Vielleicht werden sich meine Kunden auch aussuchen können, wo sie die Flaschen ausgesetzt bekommen möchten. Im Atlantik, im Pazifik oder im Indischen Ozean. Dann müsste ich noch so eine Art Fahrplan entwickeln.

Man wirft die Flaschenpost, die mit modernster Technologie ausgestattet ist, nicht mehr selber ins Wasser – gehen Romantik und Abenteuer da nicht verloren?

Ein Brief und eine Flaschenpost gelten heutzutage als altmodisch. In Verbindung mit einer technischen Möglichkeit ist nun aber eine neue Idee daraus geworden. Eine moderne Flaschenpost. Man kann beobachten, wie sich die eigene Botschaft im großen Ozean bewegt. Und es gibt ja auch Menschen, die selten oder vielleicht nie die Gelegenheit haben werden, ans Meer zu fahren. Nun können auch sie eine Nachricht an die Welt schreiben und diese täglich verfolgen: Da schwimmt gerade etwas ganz Persönliches von mir.

Haben Sie das schon mal getestet?

Ja, ich habe eine kleine Kiste aus Brettern gebaut, als Schwimmkörper. Dann habe ich einen Brief geschrieben und meine eigene Flasche fertig gemacht. Bilder von mir und einen schönen Stein vom Jakobsweg habe ich auch dazugelegt. Und den wasserdichten Sender natürlich. Dann habe ich alles mit schwarzem Panzerband umklebt. Es sah aus wie eine Bombe.

Wohin sind Sie damit gefahren?

Nach Roscoff in Frankreich. Das ist eine kleine Hafenstadt in der Bretagne. Dort nahm ich die Fähre nach Cork in Irland. Glücklicherweise fragte mich am Zoll niemand, was da in meinem Koffer ist. Was hätte ich denen denn gesagt? Schließlich warf ich meinen Testballon über Bord.

Wussten Sie, wo die Strömungen günstig waren?

Ich hatte dem Kapitän von meiner Idee erzählt. Auf einer Seekarte erklärte er mir alles. Er sagte: «Nachts um drei Uhr sind wir da, und dort ist es gut.» Also stellte ich mir den Wecker. Aber ich hatte den Zeitunterschied vergessen. Ich warf alles eine Stunde zu früh rein. Die Strömung war an dieser Stelle eher schlecht. Fast zwei Wochen dümpelte meine Kiste herum. Dann trieb sie auch noch in die falsche Richtung. Der Golfstrom drückte sie an die englische Küste. Und dort wurde sie gefunden. In Cornwall. Am Strand eines Nationalparks. Wochenlang war die Kiste dann an Land unterwegs. Sie lag im Auto des Finders.

Woher wissen Sie das alles?

Dreimal am Tag bekam ich ein Signal. Ich konnte verfolgen, wo er hinfuhr. Er wohnt in Falmouth, einer kleinen Hafenstadt im Südwesten Englands. Genauer gesagt: in der Greenville Road, in einem grauen Einfamilienhaus mit Garage, nicht weit weg vom Hafen. Es scheint eine grüne und ruhige Gegend zu sein. Das habe ich bei Google Street View gesehen.

Sie haben ihn beobachtet?

Ja, drei Monate lang. Ich wollte doch wissen, wo mein Sender war. Ich konnte sehen, wo er einkaufte, wann er jemanden besuchte. Ich wusste, wann er sein Haus verließ und zur Arbeit fuhr. Meist musste er zur Nachtschicht, von zwei Uhr bis zehn am Vormittag. In einem großen Supermarkt. Dann fuhr er wieder nach Hause und schlief vermutlich. So ging das hin und her. Immer dieselbe Strecke. Einmal war er im Kino. Einmal machte er einen Ausflug in die Nähe von Birmingham. Vielleicht besuchte er dort Freunde oder Verwandte. Viel mehr ist in diesen drei Monaten nicht passiert. Er führt ein ziemlich eintöniges Leben.

Und Ihre Kiste?

Irgendwann muss er sie aus dem Kofferraum genommen und in die Garage oder ins Haus gelegt haben. Sie bewegte sich nicht mehr. Ich bekam aber regelmäßig noch die Koordinaten gefunkt. Und die veränderten sich nicht mehr. Dann riss der Kontakt ab.

Warum das? Was glauben Sie?

Weil ich die Miete für den Sender nur für drei Monate bezahlt hatte. Es sollte ja nur ein Testlauf sein. Ich wollte den Weg der Flasche exemplarisch auf meiner Webseite zeigen. Damit die Menschen sich ein Bild machen können, was alles möglich ist mit so einer Funkflaschenpost.

Alles.

Ja, alles. Leider auch, dass die Flasche nach England treibt und viele Wochen in einem Kofferraum liegt.

Eine seltsame Vorstellung: Da sitzt jemand in Deutschland und beobachtet einen Unbekannten in England, der gar nichts davon weiß. Macht Ihnen so etwas Angst?

Ein bisschen schon. Ich weiß ja gar nicht, was sonst noch alles möglich ist mit diesen Überwachungssystemen. Irgendjemand auf dieser Welt weiß in diesem Moment sicher auch, dass wir hier an diesem Tisch sitzen und miteinander reden.

Meinen Sie wirklich?

Ja, ich bin mir ganz sicher. Nur der Finder meines Paketes weiß vermutlich bis heute nicht, was er da gefunden hat. Ich glaube, er hat es sich noch nicht mal genauer angesehen. Ich hatte ja auch einen Brief beigelegt und das Experiment erklärt. Mit der Bitte, den Sender zurückzuschicken. Für einen Finderlohn. Dieser GPS-Tracker ist nicht ganz billig, der kostet 300 Euro. Zusätzlich zahlt man eine monatliche Gebühr. Ich hätte den schon gerne wieder. Wenn der Finder sich nicht meldet, werde ich wohl mal hinfahren müssen.

Wie geht es jetzt weiter?

Ich will schon bald mit meinem Kurierdienst starten. Ich möchte das weltweit anbieten. Viel verdienen kann ich damit nicht. Ich bin ja bloß der Postbote. Einiges gelernt habe ich aber schon jetzt: Ich werde den Sender in eine durchsichtige Plastikkugel legen, damit er etwas edler aussieht und unsinkbar ist. Und einen Scheck gibt es auch dazu, den man erst einlösen kann, wenn man den Sender an mich zurückschickt oder bei der nächsten Polizeistation abgegeben hat.

Sie haben viele Ideen.

Sehr viele. Wenn ich sterbe, würde ich mir zum Beispiel wünschen, dass meine Freunde die Möglichkeit bekommen, auf besondere Weise Abschied zu nehmen: Die Urne mit meiner Asche soll auch einen Sender bekommen und ins Meer geworfen werden. Ein Jahr lang wird noch ein Signal von mir kommen. So bleibt man noch etwas länger im Bewusstsein. Ein letztes Lebenszeichen sozusagen – er ist noch unterwegs, er ist noch nicht angekommen. Bis das Signal schließlich verschwindet und die Asche die letzte Reise alleine antritt. Das ist ein moderner Gedanke der Bestattung.

Es soll ja auch schon Gräber mit GPS-Koordinaten geben. Damit man sie auch findet.

Ja, und Grabsteine mit QR-Codes gibt es auch. Wer diese mit seinem Smartphone einscannt, kann gucken, wer da liegt, und eine kleine Geschichte dazu lesen. Hintergründe. Lebensdaten. Bilder. Vielleicht ein Video. Man bekommt Informationen, die auf keinen Grabstein passen. Auf Facebook gibt es aber mittlerweile Probleme mit den Verstorbenen. Haben Sie davon gehört?

Sie meinen tote Freunde, die bei Facebook weiterleben, weil sie keiner löscht.

Tote Profile. Genau.

Tot, aber noch 137 Freunde.

Kurios, oder? Und die moderne Technik macht solche Geschichten erst möglich. Warum also nicht mal eine Funkflaschenpost.

www.message-from-a-bottle.de

6 Einsame Spitze

0 5 10 *Seemeilen*

Ostsee

● Altenkirchen

Hiddensee

Sassnitz ○ 19.10.
Mukran ◆
18.10.2008

Zingst

Bergen ● ● Binz
Rügen
● Göhren

Stralsund

DEUTSCHLAND

Greifswalder Bodden

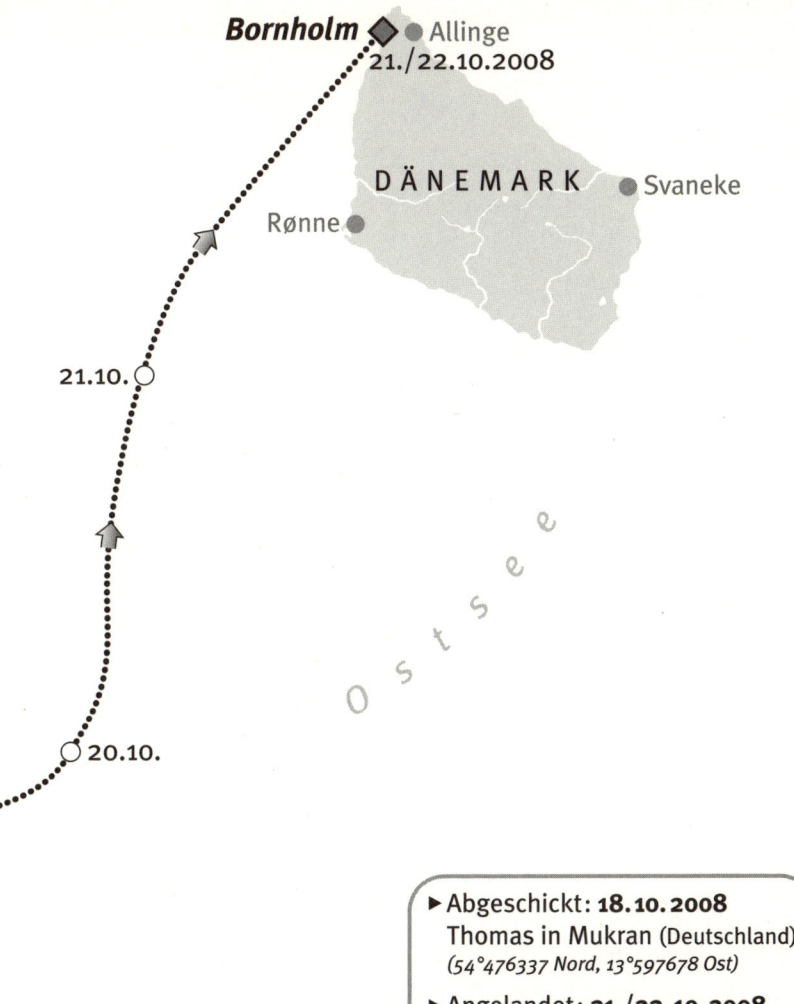

Einsame Spitze

Nirgendwo kommen mehr Briefe an: Bornholm ist die Flaschenpostinsel der Ostsee. Und Mogens Christensen ist Strandpolizist. Ein ewig Suchender, der viel verloren und viel gefunden hat im Leben. Seit 1971 auch mehr als 200 Postwurfsendungen.

Ein Wohnzimmer kann wie eine warme Höhle sein. Erst recht im Herbst und im Winter, wenn es stürmt und ein fieser Regen mit schweren Tropfen gegen das Fensterglas schlägt. So wie jetzt. Erst recht, wenn man in einem Wohnzimmer wie dem von Mogens Christensen sitzt, das eigentlich kein Wohnzimmer, sondern ein kleines Museum ist. Es ist gefüllt mit Exponaten. Malereien vom Meer. Schiffe im Sturm. Schiffe im Hafen. Seekarten. Eine Schiffsglocke. Ein Kompass. Ein Nebelhorn. Und die Ausstellung geht weiter, wenn man durch das Haus läuft. Schiffsmodelle auf den Regalen in der Küche. Leuchtturmposter schmücken den Flur. Dann die Treppe hinauf, in das obere Stockwerk, wo Fotografien von der Küste Bornholms hängen. Münzen und Briefmarken. Bücher über Schiffe. Noch mehr Seekarten. Noch mehr Gemälde. Noch mehr Meer.

Es gibt Menschen, die sammeln und sammeln. Und irgendwann wissen sie nicht mehr, was sie eigentlich sammeln, weil sie den Überblick verloren haben. Bei Mogens, dem Museumsdirektor, ist das anders. Alles hat seinen Platz. Alles ist fein säuberlich einsortiert und abgelegt. Das kleine Haus mit den roten Dachpfannen und der gelb gestrichenen Fassade ist voller Geschichte und Geschichten. Ein Fundus der Erinnerungen. Eine Schatzkiste – nur ohne Boden.

Mogens ist dem Meer ganz nah. Das liegt an den vielen Gegenständen in seinem Haus. Das liegt vor allem am Meer selbst vor seinem Haus. Für Mogens ist die Ostsee keine Urlaubskulisse. Für ihn ist sie wie eine gute Nachbarin. Sie gehört zu seinem Wohnzimmerblick. Und manchmal, wenn er mit seinem Fernglas am Fenster steht, dann sieht er aus wie ein Kapitän zur See. Er hat ein sehr gutes Fernglas. Eines, das sich automatisch scharf stellt. Eines, das nicht zu schwer ist, das man problemlos länger vor dem Kopf halten kann, ohne dass die Arme müde werden. Hunderte Meter kann man damit wackelfrei gucken. Ein gutes Fernglas ist wichtig für jemanden, der das Wasser im Blick haben muss, der schon sein ganzes Leben an der Ostsee lebt.

40 Jahre war Mogens Leuchtturmwärter. Er sagt: «Ich muss das Meer sehen und hören können. Dann geht es mir gut. Auch die Ostsee erzählt mir, wie sie gelaunt ist.» Am Morgen braucht er nicht mal die Augen öffnen. Er muss nur im Bett liegen und lauschen. Dann kann er ihre Laune schon durch das geöffnete Fenster hören. Das Rauschen der donnernden Brandung, die gegen rund geschliffene Felsen schlägt. Das sanfte Schwappen an ruhigen, windstillen Tagen. «Jeden Morgen klingt die Ostsee anders. Für mich», sagt Mogens, «ist das Meer der Mittelpunkt meines Lebens.»

Jetzt, Mitte Oktober, haben sich die Blätter der Buchen im Park gegenüber gelb und rot gefärbt. Schon bald wird er wieder komplett freie Sicht haben. Er kann das Blau und das Weiß schon zwischen den Bäumen blitzen sehen. Mogens wohnt an der Hauptstraße von Allinge-Sandvig, einem Zwillingsdorf im Inselnorden. 1600 Einwohner im Winter, doppelt so viele im Sommer. Die Häuser sind in vielen Farben gestrichen, auch weil die Seeleute vom Rot, Grün oder Blau, mit dem sie ihre Schiffe anmalten, immer ein bisschen übrig hatten.

Auf Bornholm wird das Jahr in Vor-, Haupt, Neben- und Nichtsaison geteilt. Im Spätherbst kann die Insel, die dreimal so groß wie

Fehmarn ist und viel dichter an Schweden und an Deutschland als an Dänemark liegt, sehr ruhig sein. Etwas mehr als 40 000 Menschen leben ständig hier. Doch die Parkplätze am kleinen Flughafen sind unter der Woche gut belegt. Viele fliegen zur Arbeit nach Kopenhagen oder anderswo. Auf Bornholm gibt es nicht genug zu tun für alle. Schon gar nicht im Herbst oder Winter, wenn die Touristen fehlen.

Früher lagen Dutzende seetüchtige Stahltrawler in den Häfen. Fast jedes Dorf hatte eine Fischfabrik. Allein in Allinge waren es zwei. Die eine wurde abgerissen, die andere ist heute ein Supermarkt. Bornholm war die Hochburg der Heringsräucherei mit über 100 Betrieben. Zehn sind noch geblieben. Und der silberne Hering, der im weißen Rauch des würzigen Erlenholzes zum glänzenden Goldstück wird, muss längst aus der Nordsee oder dem Nordatlantik importiert werden. Die Ostsee ist leer. Die Inselfischerei ist so gut wie tot.

Mogens ist 1934 geboren. Nicht auf Bornholm. Er kommt von Møn, einer anderen dänischen Insel, nicht weit von Kopenhagen, nicht weit von Deutschland. Er weiß noch, wie er als Zehnjähriger regelmäßig das Dröhnen der britischen Bomber hörte, wenn sie über Møn in Richtung Rostock und Stralsund flogen. Eine Stunde später war ein fernes, dumpfes Grollen zu hören. Immer dann, wenn der Wind aus Süden kam.

Er kocht Tee und Kaffee, stellt Kuchen auf den Tisch in der Küche und bittet, Platz zu nehmen. Er lebt alleine. Seine Frau Karen ist 2010 mit 73 gestorben. 53 Jahre waren sie verheiratet. «Ich hol mal was», ruft er, läuft los und kommt postwendend zurück. Er trägt zwei dicke Ordner herein, einen blauen und einen gelben. Auf einem steht, geschrieben mit schwarzem Filzstift: *Flaskeposter.*

Doch bevor Mogens mir seine seit bald fünf Jahrzehnten gesammelten Briefe zeigt, will er erklären, warum gerade er so viel Flaschenpost findet. Er sagt: «Es ist gewissermaßen mein Beruf.» Jeden

Tag geht er ans Meer. Ganz offiziell. Er ist eine Art Polizist. Ihm sind besondere Rechte und Pflichten übertragen. Seine Aufgabe ist, die Küste nach Treibgut abzusuchen und Wertvolles zu sichern. Er ist der Strandvogt. Und sein Revier ist die gesamte Nordspitze Bornholms. Fast elf Kilometer Küste. Teilweise schwer zugänglich. Viele versteckte Buchten, wo selten ein Mensch hinkommt. Zerklüftet und abgelegen. Felsig und glitschig. Manche Stellen erreicht auch Mogens nicht, weil die Granitklippen zu steil abfallen. Er braucht festes Schuhwerk mit Gummisohle. Bei jedem Schritt muss er achtgeben, das Gleichgewicht zu halten. Seit 1970 klettert er über die Felsen. Damals las er in der Zeitung, dass die Stelle neu besetzt werden sollte. Der alte Strandvogt war zu alt geworden.

Seine Aufgabe ist nicht, das will Mogens noch einmal betont wissen, den Strand sauber zu halten und den Müll zu entsorgen. Das machen andere. Vielmehr ist er der Gutachter für das, was das Meer bringt und was noch einen Wert haben könnte. Meist sind es Ladungen von Schiffen, die im Sturm verloren gingen, viele Kubikmeter Holzbohlen etwa, die der Besitzer gerne wiederhätte. Dicht vor der Nordküste verläuft einer der meist befahrenen Wasserwege der Welt, eine Autobahn der Seefahrt. «Da passiert häufiger mal was.» Und der Strandvogt entscheidet, was gemeldet werden muss. So schreibt es das Strandungsgesetz von 1895 vor. Es wurde viele Male aktualisiert. Darin steht, dass Fundstücke, die einen Wert von 500 Kronen – etwa 70 Euro – nicht übersteigen, nicht angezeigt werden müssen. Meldet Mogens einen Fund, muss er drei Monate warten. Ruft niemand an, darf er das Treibgut verkaufen. Ein Drittel behält er selbst. Das ist sein Lohn. Zwei Drittel gehen in die Staatskasse.

Strandvögte gibt es in Dänemark seit dem späten 14. Jahrhundert. 20 Vogteien sind es auf Bornholm. So kann die gesamte Küste kontrolliert werden. 150 Kilometer. Und einmal im Jahr ist Strandvogttreffen. Dann kommt auch der Polizeimeister und gibt Kaffee und

Kuchen aus. Und einen Schnaps für jeden. Dann erzählen sich die Strandpolizisten, was sie im zurückliegenden Jahr so alles geborgen haben. «Die anderen bringen selten mal eine Flaschenpost mit nach Hause», weiß Mogens, «eigentlich fast nie. Auch weil sie nicht danach suchen. Weil sie keinen Wert darin sehen.»

Er selber sieht das anders und nimmt jede Flasche in die Hand, die irgendwo schwimmt oder liegt. Und er macht auch nicht den Eindruck, als ob er vorhätte, sein Amt in den nächsten Jahren aus Altersgründen abzutreten. Er sagt: «Die guten Jobs darf man nie aufgeben.» Und dann fügt er lächelnd hinzu: «Strandvogt bleibt man auf Lebenszeit.»

Sein 50-jähriges Dienstjubiläum will er auf jeden Fall noch feiern. Im Jahr 2020 wäre das. Mogens nickt und holt seine Marke aus der Hosentasche. Die hat er immer dabei, wenn er unterwegs ist. Es ist eine Polizeimarke aus Messing, an manchen Stellen schon etwas abgegriffen. Sie sieht aus, als ob er sie schon viele Male vorgezeigt hat. Darauf das Wappen der dänischen Polizei: zwei gekrönte Löwen, drei Herzen und die Innenfläche einer Hand, darin das wachsame Auge. *Strandfoged* steht in großen Buchstaben darunter. «Das Auge des Gesetzes. Dein Freund und Helfer», sagt Mogens. «Ich darf auch verhaften.» Musste er bislang aber nicht.

Fünf Stunden sind keine fünf Stunden im Haus von Mogens Christensen. Da sitzt der Mann mit den weißen Haaren, die seitlich und hinten, aber nicht mehr oben wachsen, und erzählt Geschichte um Geschichte. Eine nach der anderen. Eine besser als die andere. Meist schiebt er seinen Worten ein kurzes Schmunzeln hinterher, als ob er sich über seine Sätze am meisten freut. Es klingt, als werde er gekitzelt. Dann hält er sich seinen runden Bauch, rückt seine Brille zurecht und spricht weiter. Schon nach kurzer Zeit ist es, als würde man sich ewig kennen.

Sehr gerne holt Mogens auch Gegenstände herbei, die er irgendwann gefunden hat. Jedes Mal guckt er voller Erwartung, wenn er wieder etwas auf die dunkelblaue Tischdecke gelegt hat. Es ist ein Ratespiel. Es macht ihm großen Spaß, seine Besucher rätseln zu lassen, was das wohl wieder ist. Nun holt er Zähne hervor. Von einem Pferd? Richtig! Dann die Hauer einer Wildsau. Das ganze Schwein war angeschwemmt worden. Mogens musste zwei Wochen warten, bis der Kadaver sich einigermaßen zersetzt hatte, erst dann konnte er die gewaltigen Stoßzähne herausziehen. Jetzt stellt er die Kralle eines Seeadlers auf den Tisch. Dann legt er eine Übungsgranate aus Ostdeutschland daneben, die wie ein übergroßer Bleistift aussieht. Schließlich sein Prunkstück: eine faustgroße schwedische Kanonenkugel. Eine Gravur zeigt die drei Kronen des Königs, darunter eine Jahreszahl: Sie ist von 1743.

Regen und Wind werden wuchtiger. Kleine Wasserfälle laufen aus der überforderten Dachrinne. Die Fensterscheiben der Küche sind aussichtslos blind. Draußen wird alles farblos. Drinnen schaltet Mogens die Lampe über dem Küchentisch an und erzählt eine traurige Strandvogtgeschichte. Im Sommer 1971 entdeckte er eine angetriebene Sporttasche mit Habseligkeiten. Darin Kleidung, ein Pass, Familienfotos und ein Bündel Geldscheine – Ostmark. Alles wasserdicht in Plastik eingewickelt. Ein gepacktes Leben. Ein Brief, in dem ein Mann aus der damaligen DDR an seine Frau und seine beiden Kinder schrieb, war auch dabei. Es war ein Abschiedsbrief, falls er es nicht an Land schaffen sollte. An der Tasche war auch eine Leine, sodass man sie im Wasser hinter sich herziehen konnte. Mogens vermutet, dass der Mann von einem Handelsschiff gesprungen war, in der Hoffnung, Bornholm schwimmend zu erreichen. Die vergleichsweise kurze Entfernung zwischen der DDR und der dänischen Insel, zwischen Osten und Westen, hatte damals viele dazu gebracht, eine Flucht zu wagen. Das Heimatmuseum in Rønne, der kleinen Inselhauptstadt, hat 81 geglückte Versuche dokumentiert, teils spektakuläre mit Schlauch- und Tretbooten oder auf Surfbrettern. Wie viele es nicht schafften, ist nicht bekannt.

Mogens hatte die Tasche damals zur Polizei gebracht. Sie ist das Traurigste, was er je fand. Wenn er sich heute, fast 50 Jahre später, erinnert, würde er gerne mehr über den Mann erfahren. Er würde ihn fragen, was Menschen fragen, die nie gefangen waren: Wie man so viel Mut aufbringen kann, wie man so verzweifelt sein kann, das eigene Leben für die Freiheit zu riskieren. Er würde ihn fragen, was er sich von dieser Freiheit erhofft hatte, was für Wünsche er hatte. Mogens weiß bis heute nicht, was mit dem Mann passiert ist.

Es regnet und regnet. Und Mogens redet und redet. Es ist längst dunkel. Doch er wird gar nicht müde. Im Gegenteil, er kocht noch einmal Kaffee und holt frischen Kuchen. Jetzt fällt ihm ein, wie einmal drei große blaue Plastiksäcke auf Bornholm ankamen, gleich unterhalb des Hammershus, der mächtigen Festungsruine, dem denkmalgeschützten Wahrzeichen der Insel. In den Säcken war Aluminiumpulver. Mogens hatte sie aus der Brandung gezogen und wollte sie am nächsten Tag abholen. Es kam ihm allerdings ein neugieriger Tourist zuvor, der einen der Säcke aufschnitt, sodass das Pulver herausrieselte. Es war starker Westwind. Und nur Minuten später hatte sich eine feine silbergraue Schicht auf die komplette Westseite der Burg gelegt. Mogens lacht und lehnt sich zurück.

Zu Beginn einer neuen Geschichte macht er immer eine kurze Pause, eine Kunstpause. Wie im Theater, wenn erst der Vorhang aufgehen muss und dann die Szene beginnen kann. Vorhang auf: Mogens berichtet, wie er einmal Besuch von der CIA bekam, dem amerikanischen Geheimdienst. Es war das Jahr 1972. Der Kalte Krieg wurde so richtig heiß. Vor allem auf Bornholm, das durch seine isolierte Lage zu einer Spionageinsel geworden war. Die Trennlinie zwischen dem kapitalistischen Westen und dem kommunistischen

Osten verlief genau hier. Russen kamen in Booten und horchten. Die Nato horchte zurück.

Eines Tages fand Mogens unter einem Busch eine Gasmaske und eine Mütze, das Etikett auf Kyrillisch. Er brachte beides zur Polizei. Und dann begann die Sache so richtig hochzukochen. Zwei Monate später tauchten dänische Marineoffiziere mit zwei Gästen auf, die Englisch sprachen und schicke Anzüge, Mäntel und Hüte trugen. Mogens fragte, was das für Leute sind, bekam aber keine Antwort. Die Männer wollten alles wissen, wo genau er die Sachen gefunden hatte. Und wann. Ob er etwas beobachtet hatte. Erst einige Monate später erfuhr er, dass die Männer für den Geheimdienst arbeiteten. Wie Maske und Mütze aber damals nach Bornholm gekommen sind, ist bis heute ein Rätsel.

Der nächste Tag. Das gleiche Schauspiel. Mogens sitzt am Küchentisch und holt Fundstücke und Erzählungen hervor. Kaffee oder Tee? Kuchen dazu. Der Regen flutet die Fensterscheiben. Auch heute werden es am Ende wieder fünf Stunden sein, die gefühlt viel schneller vergehen werden.

Mogens hat Bootsbauer gelernt. Dann lernte er Karen kennen. Sie heirateten. Und sein Schwiegervater war Assistent des Leuchtturmwärters auf Møn. «So kommt man zu seinem Beruf.» Nach der zweijährigen Ausbildung war er zunächst vier Jahre auf einem Leuchtfeuerschiff nördlich der Insel Anholt im Kattegat. Seine erste Stelle in einem Turm bekam er auf Hjelm, einer winzigen Insel, drei Seemeilen vor der Küste Jütlands. Sechs Erwachsene, zwei Kinder. «Acht Menschen guckten sich an und sonst nichts», erinnert er sich, «es war eine ruhige Zeit.» Fünf Jahre blieben die Christensens mit ihrem Sohn Flemming, 1960 geboren und das einzige Kind der beiden. 1964 zogen sie von Hjelm nach Bornholm. Mogens war zum Oberleuchtturmwärter befördert worden. Doch kaum waren sie da, sagte er zu seiner Frau: «Karen, du brauchst gar nicht erst auspacken, wir werden keine 14 Tage bleiben.» Es war Ende Januar. Alles war grau und kalt. Es waren kaum Menschen auf der Insel. Sie hatten sich das alles ganz anders vorgestellt. Und die Insulaner zeigten wenig Interesse an der zugezogenen Familie. Es brauchte einige Zeit, bis sie Fuß gefasst hatten. «Jahre», sagt Mogens, «aber irgendwann ging es dann, und wir waren akzeptiert.» Sie waren angekommen mitten in der Ostsee.

Der Hammerodde Fyr, der weiß gestrichene Leuchtturm mit dem roten Hut, der seit 1895 an der windumtosten, von weißem Schaum umspülten Nordspitze steht, war sein neuer Arbeitsplatz. Das zwölf Meter hohe Seezeichen schickte in Dunkelheit und bei Nebel alle fünf Sekunden einen gleißenden Lichtkegel 20 Seemeilen hinaus aufs Wasser. Das leise Surren des Motors im Ohr, der die mächtigen Spiegel drehte, saß Mogens mit Fernglas in einem kleinen Wachraum und beobachtete die Schiffe. Er musste den gesamten Schiffsverkehr aufzeichnen, aus welchem Land die Frachter kamen, was sie geladen hatten. Er musste die Linsen des Leuchtfeuers polieren und die Glühbirnen wechseln. Die Einsamkeit habe ihn nie gestört, sagt er. Damals nicht und heute auch nicht.

Sein halbes Leben war Mogens Leuchtturmwärter – von 1955 bis 1995. Dann wurden die Landmarken nach und nach automatisiert. Die Männer und Frauen in den Türmen wurden überflüssig. «Ein Leuchtturm bedeutet Heimat», sagt er. Auch weil es ja nicht nur ein kräftiges Licht ist, das er hinaus auf die See schickt. Es ist auch eine große Wärme, die so ein Signal sendet. Eine Wärme, die man nicht mit dem Thermometer messen kann. Eine Wärme, die mit der Nähe zwischen Menschen zu tun hat und an die sich Mogens gerne erinnert. Wenn Kapitäne früher auf See waren und den Lichtstrahl sahen, wussten sie: Da ist auch ein Mensch, der für mich da ist.

Wenn Kapitäne heute auf See sind, sehen sie immer weniger. An vielen Küsten sind die Leuchttürme ganz erloschen. Auch weil die Frachter und Fähren längst zu Raumschiffen geworden sind und mit Hilfe aus dem Weltall navigieren. Satelliten aber senden keine Wärme. Sie sind kalt. Und die übrig gebliebenen Leuchtfeuer sind nicht mehr als maritime Folklore und Motive für Ansichtskarten oder Aussichtstürme für Touristen und Vogelfreunde. Andere werden zu Ferienwohnungen oder Standesämtern umgebaut. Und zum ersten Mal sitzt Mogens in seiner Küche und sagt nichts.

Auf dem Tisch liegen die Ordner mit den Flaschenpostbriefen. Seit fast zwei Tagen liegen sie dort. Und nun ist der Moment günstig, um endlich einen Blick hineinzuwerfen. So viele Briefe. So viele Menschen. Wo fängt man an bei so einer Sammlung? Vielleicht mit der Nachricht von Sara, einer elfjährigen Dänin, die mit ihren Eltern, einem Arzt und einer Hebamme, in Tansania lebte. Vielleicht mit der Botschaft von Kristofer, einem schwedischen Schriftsteller, der mit seiner Freundin Urlaub in einem einsamen Holzhaus am Strand machte. Oder mit der Flaschenpost von Thomas Masloboy aus Sassnitz. Er hatte bislang gar nicht gewusst, dass eine seiner Flaschen – diese vom 18. Oktober 2008 – auch auf Bornholm gefunden wurde. Mogens hatte ihm nie geantwortet, da er keinen Computer hat und keine E-Mails schreiben kann. Und nun taucht Thomas' Nachricht unverhofft in einem der Ordner auf.

Viele Schreiben aus Deutschland, Dänemark und Schweden sind dabei. Wenige aus Polen. Ein Brief aus Russland. Die meisten aus der DDR. Aus einer Zeit, als Chemnitz noch Karl-Marx-Stadt hieß, als der Briefverkehr von Ost nach West nicht erwünscht war. Die älteste Flaschenpost ist vom 5. Juli 1971, geschrieben vom damals siebenjährigen Maik, der mit seinen Eltern, seiner Tante Inge und seinem Onkel Horst in Rerik Ferien machte. Am 29. Mai 1972 schrieb Claus-Peter aus Zittau in Sachsen: *Netter junger Mann wartet auf Post!* Oder Wolfgang aus dem sächsischen Königswartha am 14. Mai 2001:

Lieber Strandläufer! Heute habe ich auf einem Segler meinen 75. Geburtstag erlebt. Vorher war ich zuletzt in der Nacht vom 8. auf den 9. Mai 1945 hier auf einem deutschen Kriegsschiff. Bitte melden!

Mogens hat einen Grundsatz, wenn es um Flaschenpost geht: Jeder bekommt eine Antwort. Da komme auch sein Pflichtbewusstsein als Staatsbeamter durch, sagt er. Wer eine Adresse dazugeschrieben hat, erhält eine Ansichtskarte von Bornholm. Und immer versucht er, möglichst ein Motiv zu finden, das eine Sehenswürdigkeit in der Nähe des Fundortes zeigt. Das Hammershus. Die Salomons-Kapelle. Den Leuchtturm. Und manchmal zeichnet er sogar ganz genau ein, wo die Flasche an den Strand oder in welche Bucht gespült wurde. Mogens sagt: «Das muss schon alles stimmen.»

Mit zwei Familien hielt er lange Kontakt. Eine lebte in Dranske auf Rügen, die andere war aus Biesenthal in Brandenburg. Durch die Flaschenpost waren Brieffreundschaften entstanden. Sie schrieben sich regelmäßig. Mogens und Karen schickten Päckchen mit Seife und Babynahrung, die in der DDR nicht zu kaufen waren. Die Familien schickten Fotos zurück. «Wir haben alles durch die Zensur bekommen», freut er sich heute noch. Später nannte die Biesenthaler Familie sogar ihren zweiten Sohn nach ihm: Mogens. Und im ersten Sommer nach der Wende, als das Reisen in den Westen wieder möglich war, kamen sie zum ersten Mal nach Bornholm. Sie klopften an die Tür der Wohnung am Leuchtturm. Sie verbrachten viel Zeit miteinander. Sie verstanden sich gut. Viele Male waren sie in den Jahren danach zu Besuch. Bis der Kontakt einschlief und man sich aus den Augen verlor.

Es klingelt an der Tür. Die Postbotin ist da. Sie bringt Briefmarken von den Färöer Inseln, die Mogens für seine Sammlung bestellt hat. «Wer Flaschenpost finden will», sagt er, während er die Marken einsortiert, «sollte nicht auf die Färöer Inseln fahren, der sollte nach Bornholm kommen. Unsere Insel liegt günstig, mitten in der Ostsee.

Hier wird viel abgefangen. Alles, was von Westen kommt, muss hier vorbei.» Mehr als 50 000 Schiffe sollen es jedes Jahr sein. Frachter und Fährschiffe, die Segelboote gar nicht mitgerechnet. Es kommt auch schon mal vor, dass Bornholm gerammt wird. Das letzte Mal von einem litauischen Containerschiff. Der Kapitän hatte die Hafeneinfahrt verpasst. Ganz nüchtern war er nicht. Und immer wieder verunglücken oder sinken gar Schiffe vor der Insel. Mogens hat viele Artikel ausgeschnitten und chronologisch archiviert. Er bewahrt alles auf, schmeißt nichts weg. Zwölf dicke Aktenordner voll mit Zeitungsmeldungen, die von Havarien vor Bornholm berichten.

«An der Westküste», sagt Mogens, «kommt viel Post an.» Meist im Herbst und im Winter. Er weiß auch, wo er suchen muss, wo die guten Plätze sind. Wer fast jeden Tag einen Küstenabschnitt entlangläuft, und das seit mehr als 40 Jahren, der kennt die Strömungsverhältnisse, die versteckten Seitenarme und Felsbuckel, wo die Dinge bei bestimmten Windverhältnissen angespült werden. Einmal, erzählt er, wurde eine Frau gesucht. Sie hatte nicht mehr leben wollen. Sie hatte sich betrunken und eine 30 Meter hohe Felswand hinunter ins Meer gestürzt. Als man sie auch nach einem Tag noch immer nicht gefunden hatte, sagte Mogens zu Karen: Ich glaube, ich weiß, wo ihre Leiche ist. Er lief los, fand die Tote in einer kleinen Bucht und rief die Polizei.

Am dritten Tag auf Bornholm ist das Wetter endlich zur Besinnung gekommen. Es ist, als sei der Wind müde geworden. Er hat jetzt erst einmal genug getan. Sogar der Regen macht mal eine Pause. Mogens hat eine rote Windjacke angezogen und eine dunkelblaue Schirmmütze mit dem Wappen der dänischen Leuchtturmwärter aufgesetzt, einen goldenen Anker mit Krone und strahlend weißem Lichtkranz. Er lotst mich nun durch seinen Garten, in dem das Meeresmuseum weitergeht. Er hat ihn mit besonderen Fundstücken aus den Jahrzehnten dekoriert. Bojen, Anker und Fender. Mächtige Muscheln und schöne Steine. Ganze Fischernetze und riesenhafte Glühbirnen von den Positionslampen der Frachter. An die Bretterwand seiner Terrasse hat er hölzerne Seilrollen von Segelschiffen, Schiffsplanken und Schilder drapiert. Weiter hinten, an einem kleinen Schuppen, den er aus Treibholz gebaut hat, gibt es eine Sammlung von Flaschen, in denen einst Geschriebenes und Gemaltes steckte. Bier und Wein. Große und kleine Flaschen. In allen Farben.

Und auch Rettungsringe hat er in seinem Leben als Strandvogt schon einige gefunden. Sie hängen aufgereiht an der rotbraunen Bretterwand seines Carports. Weiß-rote und orangefarbene. Darauf stehen die Namen der Schiffe. *Jens Kofoed* und *Nordkap*. *Finnhansa* oder *Jotum*. An die Backsteinwand seines Hauses hat er einen roten Ring genagelt. Fast einsam hängt er da. Mogens hatte ihn in der Nähe der Schule gefunden, gleich gegenüber seines Hauses am felsigen Strand. Keine 200 Meter sind das. Er weiß noch, wie ihm kurz die Luft wegblieb, so sehr erschrak er damals, als er die schwarzen Buchstaben las, den Namen des Schiffes: *ESTONIA*.

Ein Reifen, der Leben retten sollte, es aber nicht tat. Mogens weiß, dass dieser Ring dabei war, als sich eine der größten Tragödien in der Ostsee seit dem Krieg abspielte. Er weiß, dass sich Menschen daran klammerten, um ihr Leben schwammen und diesen Kampf vermutlich verloren. 137 überlebten damals. 852 starben. Nur 94 wurden bis heute geborgen. In der Nacht des 28. September 1994 war die *Estonia* auf halber Strecke von Tallinn nach Stockholm. Es war gegen Viertel nach zwei, als in schwerer See die Bugklappe brach und dem Meer das Tor öffnete. Nur 15 Minuten später riss der Funkkontakt ab. Das Schiff verschwand von den Radarschirmen.

Mogens tastet sich gedanklich zu dem Ort vor, an dem er war, als er von dem Untergang hörte. «Ich hatte meinen freien Tag und war gerade dabei, alles für den Umzug vorzubereiten. Wir wollten aus der Wohnung im Leuchtturm in unser neues Haus hier in Allinge ziehen.» Er renovierte und strich gerade das Wohnzimmer. Ihm fiel fast der Pinsel aus der Hand, als die Meldung im Radio kam. Er sagt: «Ein Leuchtturmwärter ist für die Sicherheit der Schiffe zuständig. Das ist seine Aufgabe. Da ist es besonders schlimm, wenn ein Schiff havariert oder gar sinkt.» Die Frage, die er sich damals immer wieder stellte: Wie konnte so eine furchtbare Tragödie in moderner Zeit überhaupt passieren?

Bis heute gibt es mehr Fragen als Antworten. Es gibt viele Gerüchte und Spekulationen. Von Bomben an Bord und einem Attentat ist die Rede. Von Waffentransporten und Drogenschmuggel. Von Geheimdiensten, die verwickelt gewesen sein sollen. Jeder scheint seine eigene Erklärung gefunden zu haben. Doch niemand kennt die genaue Ursache der Katastrophe. Mogens glaubt, dass die *Estonia* nicht mehr seetüchtig war und längst hätte repariert werden müssen. Auch der Kapitän fuhr viel zu schnell und drosselte selbst bei heftigem Seegang die Fahrt nicht, weil er eine Verspätung aufholen wollte. Aber wirklich wissen kann Mogens das natürlich auch nicht. Etwa einen Monat nach dem Unglück entdeckte er den Rettungsring am Strand. Die Tage zuvor war starker Ostwind gewesen.

Mogens erzählt jetzt von einem anderen Untergang, einem ganz persönlichen, der ihn noch immer nicht loslässt, weil das Ungewisse oft schwerer zu ertragen ist als eine traurige Gewissheit. Das Jahr 1983 hatte gerade erst begonnen. Es war der 3. Januar, ein Montag. Und sein Sohn, der 23-jährige Flemming, schipperte wieder raus auf See. Seit seinem 15. Lebensjahr war er Lachsfischer. Er verdiente gutes Geld, hatte sich ein Jahr zuvor ein neues, ein eigenes Boot leisten können. Einen modernen Ein-Mann-Kutter mit einem starken Motor. «Ein gutes Boot. Absolut seetauglich», erinnert sich der Vater, «und auch das Wetter und das Meer waren an diesem Tag nicht bedrohlich.» Flemming fuhr los und kam nicht mehr zurück.

Zwei Dutzend Fischkutter liefen damals aus, um nach dem Vermissten zu suchen. Ein Flugzeug kreiste 48 Stunden über der Ostsee. Es herrschte starker Westwind. Die Helfer nahmen an, dass Flemming immer weiter nach Osten trieb. Doch es gab keine Spur. Nach einer Woche wurde die Suche eingestellt. Mogens vermutet, dass das Boot sehr schnell gekentert und gesunken sein muss. Sein Sohn hatte keine Notsignale senden können. Vielleicht hatte es eine Explosion an Bord gegeben. Vielleicht war Flemming ohnmächtig geworden. Seit mehr als 30 Jahren lebt Mogens mit den Vielleichts. Und mit der Verlorenheit. Und mit der Hoffnung, dass sein Sohn doch noch irgendwo leben könnte, dort, wo kein Wasser ist.

Es war und ist eine schwere Last, das ist ihm anzusehen. Ein auf dem Meer Verschollener hinterlässt keine Trauer, sondern quälende Ungewissheit. Wer auf See verschwindet, ist niemals wirklich tot. Verschluckt und nie gefunden. Nicht gestorben und nicht lebendig. In den ersten Jahren nach Flemmings Verschwinden stand Mogens im Leuchtturm bei der Arbeit und guckte auf das Meer – nicht wie jemand, der etwas beobachtet, sondern wie jemand, der etwas sucht. «Wenn überhaupt irgendwo etwas angetrieben wurde», glaubt er heute, «dann im Osten, in der damaligen Sowjetunion. Den Russen aber war das doch total egal damals.» Das Telefon klingelt. Und Mogens ist ganz froh darüber. Er steht auf, geht ins Wohnzimmer und kommt noch einmal kurz zurück. Er sagt: «Niemand hat Schuld. Es war ein Unglück.»

Das Meer gibt, das Meer nimmt – das große alte Sprichwort, das jeder kennt, der mal länger mit dem Meer gelebt hat. Die Ostsee hat Mogens viel gegeben, die Ostsee hat Mogens viel genommen. Doch wer überstanden hat, was er überstanden hat, kann große Katastrophen von kleinen unterscheiden.

Mogens steigt in sein Auto und startet den Motor. Er fährt die wenigen Kilometer raus zum Leuchtturm. An guten Tagen kann er bis nach Schweden gucken. Heute aber ist die Küste von Skåne bloß eine Ahnung. Jede Menge weißgetünchter Frachter ziehen vorbei. Und Mogens, der in einem halben Jahrhundert 200 Briefe aus dem Wasser geholt hat, möchte nun zum ersten Mal selber eine Flaschenpost verschicken. Er schreibt:

> *Liebe Grüße von der Sonnenscheininsel Bornholm.*
> *Bitte schreibe mir eine Postkarte.*
> *Mogens Christensen, Strandvogt.*

Der Wind bläst aus Südwest. Auch die nächsten zwei Tage soll das so bleiben. «Perfekt», ruft er, «vielleicht Schweden, vielleicht Finnland!» Er wirft die Flasche ins Wasser und schmunzelt. «Vielleicht finde ich sie aber auch selber.»

Mogens ist nicht der Typ, der der Vergangenheit nachhängt, das sagt er selbst. Er spricht nicht vom Früher als gute alte Zeit, in der immer alles besser war. So, wie es viele ältere Menschen tun, die gerne mal die nicht so schönen Erlebnisse ausblenden, wenn sie aus ihrem Leben erzählen. Mogens aber hält Vorträge in Seniorenheimen. Dreimal im Jahr. Auch morgen wird er sich mit den Alten zu Kaffee und Kuchen treffen. Er wird ihnen alles zeigen: die Zähne, die Flaschenpost, die Übungsgranate. Ein Rentner bringt Geschichten in das Leben der Rentner. Das gefällt Mogens, der so gerne berichtet und sich selber noch gar nicht so alt fühlt. Jeden Morgen steht er um fünf auf. Er hat viel zu tun. Er muss keine Medikamente nehmen. Es geht ihm gut. «Da ist noch jede Menge Leben übrig», sagt Mogens Christensen, der Flaschenpostpolizist, Museumsdirektor, ehemalige Leuchtturmwärter und Strandvogt auf Lebenszeit.

36 818 Tage

So lange brauchte eine Flaschenpost, um gefunden zu werden. Ein Fischer zog sie in seinem Netz vom Grund der Ostsee. Abgeschickt in Kaiserzeiten. Angekommen in einer Welt, in der alles schnell gehen muss. Weltrekord! Glaubte man. Eine Flaschenposse.

Konrad Fischer ist Fischer. So einfach ist das manchmal an Schleswig-Holsteins Küste, wo vieles klar umrissen ist, wo klaren Worten klare Taten folgen, wo nicht viel Tamtam gemacht wird. Sein Großvater, sein Vater, sein Schwiegervater – alles Fischer. 1963 stieg er selber in die Fischerei ein. Da war er 15. Aber nicht alles im Leben geht so reibungslos. Konrad Fischer zu erwischen und mit ihm zu sprechen zum Beispiel ist sogar ziemlich schwirig, eigentlich unmöglich. Ich habe es versucht. Nicht bloß einmal. Irgendwann habe ich aufgehört, die E-Mails und die Anrufe zu zählen. Irgendwann habe ich aufgehört, auf seinen Anrufbeantworter zu sprechen, weil ich das Gefühl hatte, dass er ohnehin nicht zurückrufen würde. Irgendwann dachte ich sogar, dass es eine sehr gute Idee wäre, den Mann, der im März 2014 weltbekannt wurde, weil er eine über 100 Jahre alte Flaschenpost aus der Ostsee gezogen hatte, auf anderem Wege zu erreichen: Ich schickte ihm eine Flaschenpost. Per Post. Dann wartete ich auf Antwort. Vergeblich.

Schließlich schrieb ich Fischers Cousin, der auch Fischer heißt und auch Fischer ist, eine E-Mail. Und der schrieb nach vier Wochen zurück: *Moin, am besten auf Konrads Fischbratkutter am Wochenende ein Bier trinken gehen und den persönlichen Kontakt suchen.* Hab ich dann getan. Dreimal bin ich dort gewesen. Ich habe auf der *Elke*, dem Fischbratkutter, der im Heikendorfer Hafen an der Kieler Förde liegt, Fischbrötchen gegessen und Bier getrunken. Doch immer hieß es: «Conny is' nich' da. Der is' auf See. Mussu noch maal weerkomen.» Ja, aber wann? «Hev ick doch seggt: Mussu noch maal weerkomen!» Und irgendwann war es auch gar nicht mehr wichtig, den doppelten Fischer persönlich zu treffen. Es reichte schon, was man über ihn erzählte und was im Internet zu lesen war.

Denn Konrad Fischer war an der Ostsee schon weit vor dem Fang der Flaschenpost bekannt, eine kleine Berühmtheit sogar. Vor den Landtagswahlen 2012 hatte er eine Partei gegründet: die Maritime Union Deutschland, kurz MUD. Die Themen: Fischerei, Schiffbau und Tourismus. Fast 80 Mitglieder gab es damals. Das Parteilokal war sein Fischbratkutter. Es ging um «die Sicherung der vorhandenen Arbeitsplätze der maritimen Wirtschaft». So stand es im Parteiprogramm. Man forderte Subventionen von Butterfahrten für Rentner. Krabben sollten in Deutschland gepult werden, nicht anderswo, wo es billiger ist. Bei der Wahl bekam die MUD dann 0,12 Prozent der Stimmen, 1621, um genau zu sein. Ein eher kleiner Erfolg. Viel zu klein, um Großes zu bewegen.

Konrad Fischer hatte schon oft Ungewöhnliches in seinen Schleppnetzen, die er mit Scherbrettern beschwert und bei langsamer Fahrt über den Grund des Meeres zieht: einen Torpedo, Kühlschränke und Treibminen, eine Drohne der Bundeswehr, das Fahrgestell eines amerikanischen Kampfflugzeuges. Einmal holte er sogar einen ertrunkenen Segler heraus. Und auch der 5. März 2014 sollte ein Tag mit besonderem Beifang werden: «Es war so gegen 14 Uhr, als wir das Netz etwa zwei Seemeilen östlich des Kieler Leuchtturms aus dem Wasser holten, da war dann diese Bierflasche dabei.» So wurde er auf Bild.de zitiert. Man weiß also nicht, ob er es wirklich so gesagt hat. Ob er überhaupt mit Bild.de gesprochen hat, weiß man auch nicht. Man kann ihn ja nicht fragen, weil er nie ans Telefon geht.

«Wenn eine Flasche länger auf dem Meer treibt, bilden sich Seepocken, und die Dinger werden schwerer. Und irgendwann gehen sie unter», sagte er der *Süddeutschen Zeitung*. Die schlanke braune Buddel war wohl auf den Grund der Ostsee gesunken und hatte dort zwei Weltkriege überstanden. Postlagernd. Der Metallbügel war weggerostet, doch der Verschluss aus Porzellan hielt dicht. Auch die Prägung auf dem dicken Glas war noch gut zu erkennen: die Initialen *HFL* und ein breites Kreuz mit der Inschrift *Höchste Auszeichnung*, darunter ein Name: *Kiel*. Sie stammte vom Großhändler Hans Friedrich Lüthje, der ab 1903 in der Stadt Bier abfüllte.

Konrad Fischer zog den noch trockenen Inhalt mit einem Blumendraht heraus: eine *Brevkort* mit Marke, darauf der dänische König. Das Datum: 17. Mai 1913. Ein Samstag. Es war das Jahr, in dem Kopenhagen seine Meerjungfrau bekam, in dem in Essen-Schonnebeck der erste Tante-Emma-Laden des späteren Aldi-Imperiums eröffnete. Es war das Jahr vor dem Ersten Weltkrieg. Und auch zwei deutsche Fünf-Pfennig-Briefmarken aus Kaiserzeiten hatte der Absender der Fundflasche beigelegt. Für die Antwort. Und eine Adresse: *Richard Platz, Berlin-Baumschulenweg, Cecilienstraße 7*. Das Haus gibt es heute noch. Nur die Straße wurde in Rodelbergweg umbenannt.

Die Meldung schaffte es in alle Nachrichten. *Fischer Fischer fischt Flaschenpost* titelten die Zeitungen mit Zungenbrechern. Und schnell wurde *Die älteste Flaschenpost der Welt* daraus. Die Medienmaschine war angesprungen und nicht mehr zu stoppen. Einer schrieb, die anderen schrieben ab. Und dann war es die Wahrheit. Die Flaschenpost hatte 36 818 Tage hinter sich, doch nun war offenbar keine Zeit geblieben, mal nachzusehen, ob es da noch ein anderes Fundstück mit längerer Zustelldauer gegeben hatte. Oder man hatte es in der

Aufregung einfach vergessen. Oder man hatte sich auf das Guinnessbuch der Rekorde verlassen, das ja so etwas wie eine amtliche Beglaubigung für Bestleistungen ist. Die Sammlung erscheint jedes Jahr und gilt als oberste Instanz der Weltrekorde. Wer da drinsteht, hat es geschafft und ist auf irgendeine Weise besser als alle anderen. Der kleinste noch lebende Mann. Der längste Bart einer Frau. Der größte Kaiserschmarren: 155 Kilo schwer. Oder die schnellste Schildkröte: 5,48 Meter in 19,59 Sekunden.

In der Kategorie *Die älteste Flaschenpost* stand: «97 Jahre und 309 Tage. Abgeschickt am 10. Juni 1914 von einem schottischen Kapitän östlich der Shetland-Inseln. Gefunden am 12. April 2012 von einem Fischer nur wenige Seemeilen nördlich». Die Flasche muss sofort gesunken sein. Der Eintrag im Guinnessbuch war allerdings gleich doppelt falsch, da längst Briefe aus dem Meer entdeckt worden waren, die sehr viel älter und auch einiges länger unterwegs gewesen waren: Am 9. September 2013 zum Beispiel fand ein kanadischer Treibgutsammler am Strand von Vancouver Island eine Flasche mit Post vom 29. September 1906. Das waren damals schon fast 107 Jahre.

Das Foto des grauhaarigen Fischers aus Norddeutschland, der eine schwarze Prinz-Heinrich-Mütze und eine karierte Jacke trägt, eine braune Flasche in der Hand und einen Zigarrenstumpen im Mundwinkel, ging also um die Welt im März 2014. Die *New York Post* berichtete. *Ghana Nation, Shanghai Daily* und die *Kuwait Times*. Und Konrad Fischer witterte seine Chance: Er brauchte Geld, sein Kutter musste schon lange mal wieder in die Werft. Im Juli tauchte die Kieler Flaschenpost daher in einem anderen, in einem viel größeren Netz wieder auf. Er setzte seinen Beifang bei E-Bay rein. Startgebot: 500 Euro. 5,90 Euro Standardversand. Er hatte schöne Fotos von der Flasche und von der Postkarte gemacht. Alles lief gut. Der Preis stieg und stieg. 46 Gebote wurden abgegeben. Nach zehn Tagen, wenige

Minuten vor Schluss, lag man bei 3622 Euro. Dann aber kam alles ganz anders – drei, zwei, eins: Die Anzeige verschwand.

Am selben Tag in Berlin: Angela Erdmann war schon früh aufgestanden an diesem Morgen. Sie war mit der S-Bahn quer durch die Stadt nach Kleinmachnow gefahren, einem Vorort im Südwesten, wo E-Bay seine Deutschlandzentrale hat. Sie eilte zum Empfang. Es ging um Minuten. Die Frau mit den kurzen blonden Haaren und der Brille wollte die Versteigerung der Flaschenpost ihres Großvaters stoppen, den sie nie kennengelernt hatte. Er war sechs Jahre vor ihrer Geburt gestorben, hatte von 1892 bis 1946 in Berlin gelebt. Er war Redenschreiber im Schöneberger Rathaus. Er schrieb Theaterstücke. Er war viel unterwegs. Oft mit seinem Paddelboot. Einmal, Mitte der dreißiger Jahre, fuhr er von Berlin ins ostpreußische Königsberg, rund 600 Flusskilometer. Richard Platz war ein reisender Schriftsteller.

Angela Erdmann sagt: «Ich wollte, dass seine Botschaft in ein Museum kommt und von allen gesehen werden kann. Ich wollte verhindern, dass sie in einer privaten Sammlung verschwindet.» Und sie hatte einen Plan: Denn Konrad Fischer hatte die Flaschenpost für einige Monate dem Internationalen Maritimen Museum in Hamburg geliehen. Mit Vertrag, der noch bis zum 31. Dezember 2014 lief. «Auch bei einem Verkauf im Internet hätte er aber in Besitz der Flaschenpost sein müssen», erklärt sie, «so sind die Regeln.» So steht es in den allgemeinen Geschäftsbedingungen. Angela Erdmann protestierte in letzter Sekunde. Und E-Bay löschte die Anzeige. So hatte sie etwas Zeit gewonnen.

In ihrer Zweizimmerwohnung in Pankow hat sie schon alles vorbereitet. Sie hat Kaffee gekocht und ihren Computer eingeschaltet. Auf dem Tisch stapeln sich Alben mit Schwarzweißbildern und Postkarten. Dazu Tagebücher und seitenlange Briefe, von Richard Platz per Hand geschrieben oder auf der Maschine getippt. Sie erzählt von dem Tag, als sie von der Flaschenpost erfuhr. «Es war Mitte März, ein Freitag. Ich kam gerade von einer Fahrradtour mit einer Freundin. Da stand ein Unbekannter vor meiner Tür. Oje, ein Vertreter», dachte sie. Doch der Mann stellte sich als Ahnenforscher vor. «Frau Erdmann, es geht um Ihren Großvater», verkündete er geheimnisvoll. In tagelanger Recherche hatte er herausgefunden, dass die Bierflasche aus der Ostsee, über die seit Tagen in aller Welt berichtet wurde, von ihrem Opa kam.

Von nun an sammelte sie alle Zeitungsartikel. Sie archivierte die Fernsehbeiträge und Radiomitschnitte, auch wenn sie im Einzelnen gar nicht verstand, was genau da gesagt wurde. Doch plötzlich wurde ihr Name in den Abendnachrichten des russischen und des philippinischen Fernsehens genannt. Ein deutsches TV-Team kam zu Besuch. Dann eines aus Italien. In einem der Beiträge sagte sie: «Ich bin die Enkelin der Flaschenpost.» Sie war ja so aufgeregt damals. Plötzlich wurde sie von fremden Menschen auf der Straße angesprochen und beim Friseur. Die Nachbarn wollten wissen, wann sie wieder im Fernsehen sein würde.

Sie hat es genossen, im Mittelpunkt zu stehen. Im Rampenlicht. «Ich komme ja selber aus dem Showbusiness», wie sie sagt. Angela Erdmann hat Schallplattenunterhalterin gelernt. So nannte man das damals in der DDR. Heute würde man Discjockey oder DJane sagen. 24 Jahre hatte sie ihre eigene Eventagentur: Angelas Show Service. Sie organisierte Feste für Kinder. Dann aber kam die Insolvenz. Sie fiel auf einen Heiratsschwindler herein. Sie verlor alles. Nervenzusammenbruch. Sie musste wieder von vorne anfangen. Sie sagt: «Der totale Crash.» Sie sagt aber auch: «Die Flaschenpost kam zur richtigen Zeit. Sie war wie ein Neuanfang. Wie ein Weckruf aus der Vergangenheit.»

Angela Erdmann war dreimal verheiratet und ist dreimal geschieden. Sie hat zwei Söhne, die längst erwachsen sind, aber keine eigenen Kinder haben. Doch immer, wenn andere von Familienfeiern erzählten, wurde sie traurig. Ihr Leben lang hatte sie sich nach einer größeren Verwandtschaft gesehnt. «Und dann», sagt sie, «kam die Botschaft meines Opas. Und plötzlich war ich nicht mehr so alleine.» Sie fand heraus, dass ihre Familie viel größer war, als sie immer gedacht hatte. Sie nahm Kontakt zu ihrer Cousine auf. Die schickte ein großes Paket mit Aufzeichnungen des Großvaters, die in Kisten auf dem Speicher gelegen hatten.

Stunde um Stunde blätterte sie und las seine Gedanken. Sie lernte ihn durch seine Tagebücher kennen. Sie war begeistert von seiner Art zu schreiben. In einem Brief an seine Frau notiert Richard Platz: *Natürlich kommt es vor, dass beim Willen zur Tiefe der Geist stecken bleibt im Oberflächlichen. Das Schiff der Unterhaltung müsste doch aber gesteuert werden auf die hohe See der Probleme hinaus, denn sie sind es, die dem Leben Inhalt geben.* «Das sind tiefe Sätze, die mir wieder Mut gemacht haben», sagt Angela Erdmann heute, «und so, wie das alles gelaufen ist, könnte man sicher ein Buch über meinen Opa schreiben. Und darüber, wie der Fund der Flaschenpost mein Leben verändert hat.» Sie wüsste sogar schon einen Titel: «Post von Richard».

Die Straßennamen im Hamburger Elbtorquartier in der Hafencity sind schöner und internationaler als die Realität. Hongkongstraße. Dar-es-Salaam-Platz. Buenos-Aires-Kai. Shanghaiallee. Die wirklich weite Welt aber ist in der Koreastraße 1 zu Hause. Dort hat das Internationale Maritime Museum seinen Ankerplatz. In einem Kaispeicher aus dem 19. Jahrhundert. Roter Backstein. Mit Fleet vor der Tür. Neun Stockwerke hoch, die man hier Decks nennt. Wie viele maritime Exponate es genau sind, weiß niemand. Es sind zu viele, um sie zu zählen. Über 60 000, schätzt man. Darunter Zehntausende Schiffsmodelle, Gemälde, Uniformen und Buddelschiffe. Der Stolz der Sammlung wird unten im Foyer in einer mannshohen, beleuchteten Glasvitrine präsentiert. «Die Flaschenpost ist ein außergewöhnliches Highlight», sagt Gerrit Menzel, einer der Kuratoren des Museums, «ich kann mich nicht erinnern, dass jemals eines unserer Ausstellungsstücke ein derartiges Brimborium ausgelöst hat.»

Gerrit Menzel sitzt in seinem Büro auf Deck 2. Auch der schlanke Brillenträger hatte damals viele Reporter zu Besuch. Ein privater Geldgeber aus Hamburg hatte, nachdem die Auktion bei E-Bay gestoppt war, die Flaschenpost für das Museum gekauft. 5000 Euro soll Konrad Fischer bekommen haben. Bevor das Fundstück allerdings bezahlt wurde, brauchte man Beweise für die Echtheit. Die Flasche, das Papier und die Tinte wurden von Experten des Landeskriminalamtes untersucht. Ein weiterer Fachmann nahm die Briefmarken unter die Lupe. Die forensische Spurensuche ergab: alles echt und alt. Doch wie viel ist so eine Jahrhundertflaschenpost wirklich wert? Gerrit Menzel: «Vielleicht ein paar hundert Euro. Der ideelle Wert aber ist nicht zu beziffern. Sie ist unbezahlbar.»

Menzel ist Historiker. Er ist aber kein Knöpfchenzähler, der in seinen Führungen mit Jahreszahlen und verstaubter Historie glänzen will. Er will das Museum mit erzählten Abenteuern und Schicksalen füllen und fühlbar machen. Er will den gezeigten Gegenständen Leben geben, die, wenn man die Menschengeschichten dahinter erfährt, plötzlich eine Aura bekommen. Er mag die Momente, wenn die Besucher schlucken müssen, weil sie so ergriffen sind von seinen Erzählungen. Er sagt: «Dann wird ein besonderes Museumserlebnis daraus.» Schon deshalb freut es ihn, dass die Flaschenpost einen festen Platz in der Sammlung gefunden hat. Er kann von Richard Platz erzählen, dem reisenden Schriftsteller, von Konrad Fischer, dem brummigen Küstenmann, und von Angela Erdmann, der Berliner Enkelin, die sich alle nicht kannten, aber nun in einem gläsernen Schaukasten als Geschichte zusammenfinden.

Am 17. April 2015 wurde vor der Nordspitze der Nordseeinsel Amrum eine Flaschenpost angespült. 108 Jahre war sie auf dem Postweg. Mindestens. Eine Urlauberin fand sie. Es stand kein Datum dabei. Sie war Teil eines Experiments gewesen: Zwischen 1904 und 1906 hatte die Marine Biological Association in Plymouth mehr als 1000 Flaschen zur Erforschung der Meeresströmungen vor der britischen Südwestküste ausgesetzt. Den Findern wurde ein Schilling versprochen, wenn sie sich melden würden. Angela Erdmann zuckt mit den Schultern: «Die ist zwar länger unterwegs gewesen, unsere Geschichte ist aber viel schöner.» Gerrit Menzel sagt: «Wir wussten, dass es früher oder später so kommen würde.» Und Konrad Fischer würde vermutlich sagen: «Is' nu ma so, wie's is'.»

Es gibt übrigens auch ein schönes Musikvideo, in dem Konrad Fischer der Hauptdarsteller ist. Es wurde zwei Jahre vor seinem großen Flaschenpostfang gedreht. Man kann es sich im Internet angucken. Das Lied heißt «Blinken am Horizont» und ist von Niels Frevert, einem deutschen Liedermacher. Fischer spielt sich selbst. Noch im Dunkeln steht er auf, putzt Zähne, kocht Kaffee, zündet eine Zigarre an, fährt mit seinem Kutter raus, fängt Fische, kommt nach Hause und trinkt ein Feierabendbier. Und an einer Stelle im Text heißt es – und jetzt halten Sie sich bitte fest: *Es wär schön, wenn du mir schreibst. Eine Postkarte. Mit Grüßen aus dem Jenseits.*

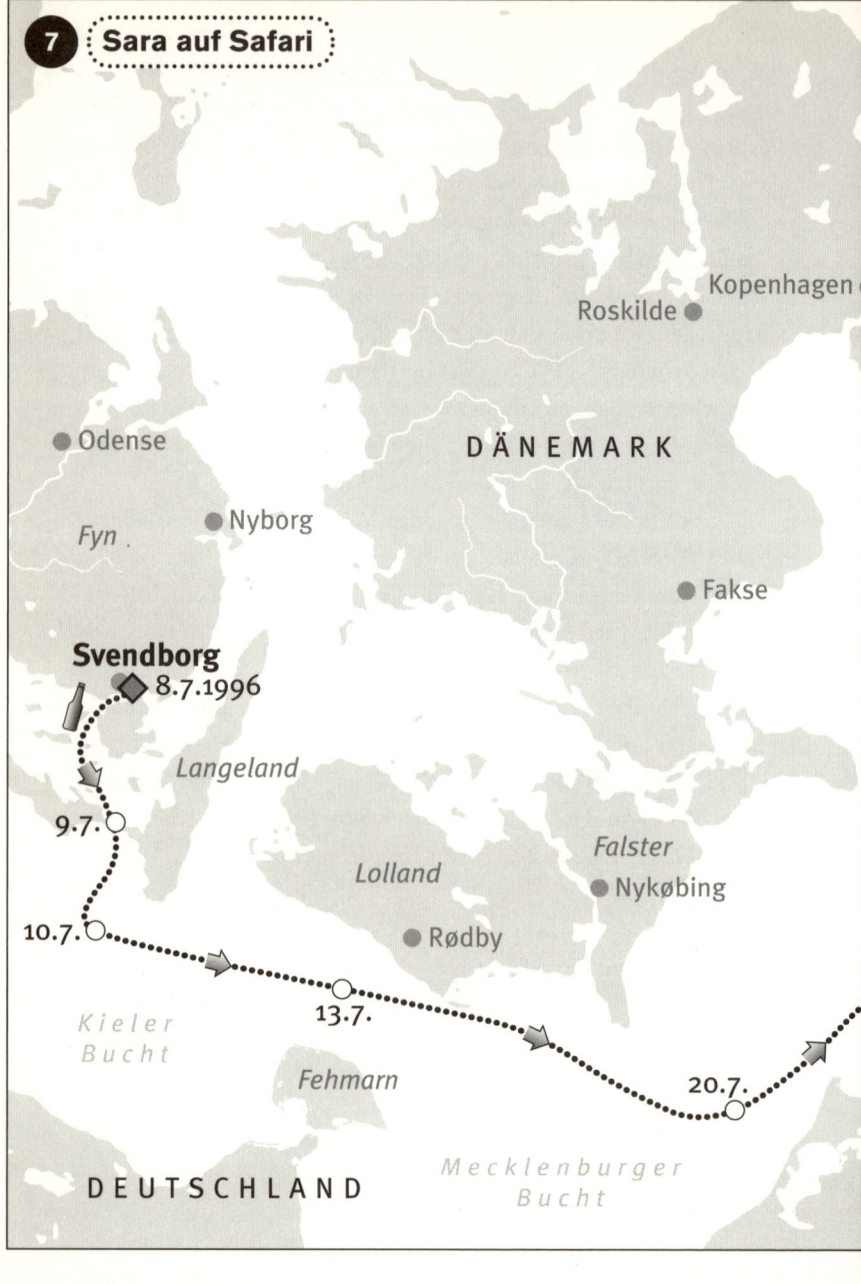

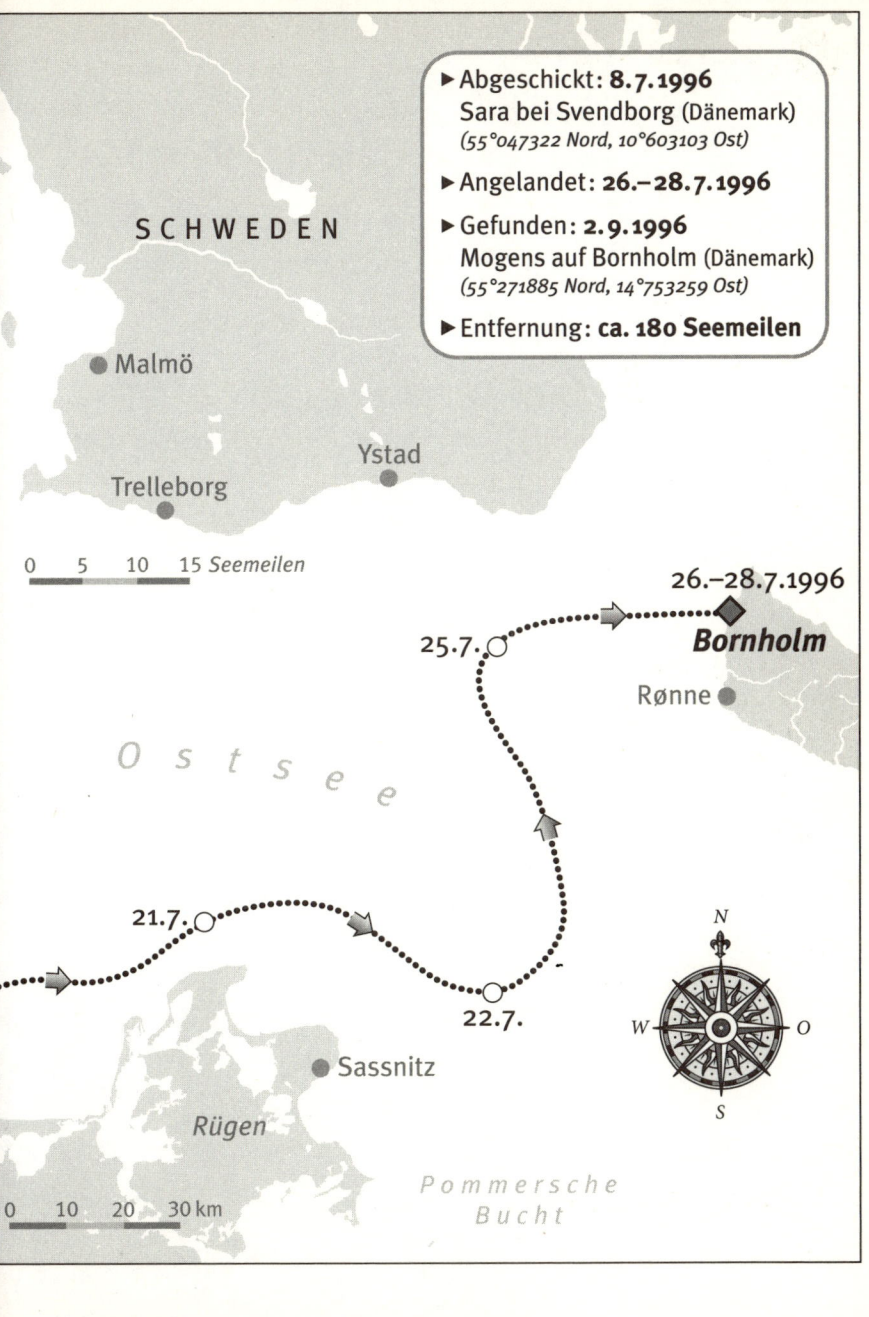

Sara auf Safari

Sara Ilum ist in Dänemark und Tansania aufgewachsen. Sie hat Safaris für Touristen organisiert. Sie spricht sechs Sprachen und ist ständig unterwegs in der Welt. Jetzt macht sie einen Abschluss in Afrikanistik. Und ist gerade mal Anfang dreißig.

Man kann Saras Geschichte so erzählen, dass man vom Großen ins Kleine kommt. Dann blickt man über die weite Ostsee in die dänische Südsee, nähert sich dem Inselgarten vor Fünen, findet die Kleinstadt Svendborg und sieht eine Brücke, die über einen Seitenarm des Großen Beltes führt. Auf der Brücke steht ein elfjähriges Mädchen. In der Hand hält es eine Flaschenpost, die es nun ins Wasser wirft.

Jetzt kann man die Blickrichtung aber auch umdrehen, sodass sie nicht ins Kleine hineinführt, sondern aus ihm heraus. Dann geht es von der dänischen Brücke durch die halbe Ostsee zunächst nach Bornholm, dann nach Tansania und weiter und weiter um die ganze Welt. Und zwischendurch macht der Blick immer mal wieder Halt in Dänemark. So wie jetzt.

Es ist zehn Uhr an einem Dienstagvormittag in Kopenhagen. Und es sieht genau so aus, wie man es sich vorstellt: Das Leben erscheint wie eine endlos lange Spazierfahrt. Die halbe Stadt ist mit dem Fahrrad unterwegs. Die Menschen auf den Rädern wirken, als ob sie gar kein Ziel haben und bloß zum Spaß durch die Gegend fahren. Überall entspannte Menschen im Straßenverkehr – in Deutschland undenkbar. Hier ist jeden Tag Flohmarkt – so fühlt es sich an. Dabei sollen ein Drittel aller Dänen in der Hauptstadt und drum herum wohnen.

Gleich hinter dem Hauptbahnhof beginnt Vesterbro, das Rotlicht- und Armeleuteviertel der siebziger und achtziger Jahre, der heutige Hipsterbezirk mit seinen vielen Bars, Fahrradläden und Friseuren, die Kung Fu Izakaya oder Kaiserschnitt heißen. Es ist ein Stadtteil, wo Hauswände zu Leinwänden werden, wo Straßenkunst und Kunststraßen eng beieinander liegen. Ein Mann mit Bart, Mitte dreißig, steht auf einer Trittleiter und bemalt die Fassade eines Hauses. Es sind tatsächlich Flaschen, die er zeichnet. Und sie können sprechen. Rund hundert sind es schon. Noch einmal hundert sollen es werden. Sie alle haben ein Gesicht und sagen nachdenkliche oder weniger nachdenkliche Sätze in Sprechblasen. *Ich bin gelangweilt, mindestens achtmal am Tag.* Oder: *Hey-Ho, Let's Go.* Eine Flaschenpostwand – eine gute Idee.

Es ist nicht ganz so einfach, Sara Ilum in ihrer Heimatstadt zu treffen, weil sie ständig unterwegs ist. Gerade kommt sie aus Kroatien. In wenigen Tagen wird sie wieder losfahren, wohin, weiß sie noch nicht. Dann will sie noch kurz nach Tansania, ihrer zweiten Heimat, um eine Feldforschung für die Uni zu machen. Und wenn Sara «kurz» sagt, können es schnell zwei bis drei Monate werden. Oder Jahre. «Bei mir weiß man das nie so genau», hatte sie in einer E-Mail geschrieben. Doch nun wird es klappen: Die nächsten drei Tage wird sie in Kopenhagen sein. Und nun kommt die schlanke Frau mit den grünen Augen und den braunen langen Haaren auf ihrem Fahrrad gefahren. Sie trägt ein elegantes grün-weißes Sommerkleid mit Blumenmuster. Sie sieht nach Urlaub aus. Sie setzt die Sonnenbrille ab. Sie sagt: «Da bin ich! Du wolltest mir was zeigen?»

In der Sankelmarksgade, einer stillen Seitenstraße von Vesterbro, steht ein sechsstöckiges Wohnhaus. An der fensterlosen Seitenfassade des Altbaus leuchtet ein Gemälde in frohen Farben. 20 Meter hoch, sechs Meter breit. Zwei Leoparden unten, darüber ein Krokodil, drei Perlhühner ganz oben. 1991 hatte die Stadt einen Künstler aus Daressalam eingeladen. Er verschönerte die Wand im Tingatinga-Stil. Das sieht so aus, wie wenn Kinder Tiere malen, mit großen Augen, die Körper etwas unproportioniert. Alles ist bunt. Das Kunstwerk ist aber mehr als nur ein Hintergrund, vor dem sich gelegentlich Touristen fotografieren. Es erzählt aus dem Leben Tansanias. Und aus dem Leben von Sara, die das Wandgemälde bislang nicht kannte, deren Geschichte aber von Afrika und Europa gleichermaßen handelt. Die Mauer mit dem Bild ist ein Ort, an dem vieles zusammenkommt.

Sara ist auf Safari. Das ist ihr Leben in einem Satz.

Eine etwas längere Kurzfassung könnte so lauten: Sara hat fast acht Jahre in Tansania gelebt. Sie ist ständig auf Reisen. Es passiert mehrmals im Jahr, da wird eine Stadt wie Kopenhagen einer Frau wie ihr zu klein. Und dann kann die Welt gar nicht groß genug sein. Es hat schon Tage gegeben, an denen sie kurz nach dem Aufwachen nicht gewusst hat, in welchem Land sie gerade war. Sie spricht sechs Sprachen. Neben Dänisch auch Schwedisch, Englisch, Deutsch, Swahili und Arabisch. Außerdem ein bisschen Französisch. Sie hat in einem Casino als Hostess gearbeitet. Sie hat einen Abschluss in Arabisch und einen weiteren im Studiengang Mittlerer Osten gemacht. Jetzt studiert sie Afrikanistik. Das alles ist sehr viel Leben in wenig Lebenszeit. Sara ist Jahrgang 1984.

Wenn Sara länger über etwas nachdenken muss, beginnt sie, auf ihrer Unterlippe zu kauen. Genau das tut sie jetzt. Sie versucht sich zu erinnern, wie das war, als sie die Flaschenpost von der 30 Meter hohen Brücke warf. Es war der 8. Juli 1996. «Ich hatte großes Glück, dass das Glas nicht kaputtging. Wir kamen gerade von Langeland, wo wir ein Ferienhaus haben. Auch meine Großmutter war dabei. Auf der Svendborgsundbroen, die die Inseln Fünen und Tåsinge verbindet, stoppten wir kurz.» Der Svendborgsund, ein Seitenarm des Großen Beltes, ist an dieser Stelle etwa 500 Meter breit. Und der Wind blies kräftig aus Nordost, in Richtung offene Ostsee. Sara schrieb auf Dänisch damals:

Hallo Flaschenfinder,
ich heiße Sara und werde am 13. August zwölf Jahre alt. Vor
zwei Jahren bin ich mit meiner Familie nach Tansania gezogen,
das in Afrika liegt. Jetzt haben wir Sommerferien und sind zu
Besuch in Dänemark. Am 19. August werden wir wieder zurück
nach Tansania reisen. Im Oktober werden wir Tansania dann
verlassen und wieder nach Dänemark kommen.
Sara

Das klang schon sehr reiseroutiniert für eine Elfjährige. Sie hatte damals zwei Adressen auf das Stück Papier geschrieben. Eine in Dänemark, in Ferritslev, einem Dorf auf Fünen, wo sie in einem Bauernhaus aufgewachsen ist. Und eine Anschrift in Daressalam, der größten Stadt Tansanias am Indischen Ozean, wo ihre Eltern – der Vater Arzt für Bauchchirurgie, die Mutter Hebamme – in einer Klinik arbeiteten. Mogens Christensen, der Strandvogt von Bornholm, fand Saras Flasche und schickte seine Antwort nach Afrika. Sara hat die Ansichtskarte mitgebracht, zwischen den Seiten des dicken Buches, das sie gerade liest: «Der lange Weg zur Freiheit» von Nelson Mandela. Es ist ein winziges Loch in der Karte. Sara hatte sie mit einer Stecknadel an die Wand ihres Kinderzimmers in Daressalam gepinnt.

Hallo Sara,
ich möchte dir erzählen, dass ich deine Flaschenpost am
2. September 1996 an der Nordküste von Bornholm bei der
Hammershus-Ruine gefunden habe.
Mit freundlichen Grüßen
Mogens

«Jeder sitzt auf seiner eigenen Insel im Leben.»
Muriel Jonkman, Stiens, Niederlande

«Alles beginnt klein.»
Frank Bucher, Stiens, Niederlande

«Wenn das erste Schaf über den Deich ist, folgen die anderen.»
Frank Bucher, Stiens, Niederlande

«Wer Flaschenpost finden will, muss nach Bornholm kommen.»
Mogens Christensen, Bornholm, Dänemark

«Strandvogt bleibt man auf Lebenszeit.»
Mogens Christensen, Bornholm, Dänemark

«Die Ostsee erzählt mir, wie sie gelaunt ist.»
Mogens Christensen, Bornholm, Dänemark

«Frau Erdmann, es geht um Ihren Großvater.»
Angela Erdmann, Berlin, Deutschland

«Ich weiß nicht, was morgen passiert. Das weiß niemand.»
Sara Ilum, Kopenhagen, Dänemark

«Es bringt nichts, Europa mit Afrika zu vergleichen. Weil das nicht geht.»
Sara Ilum, Kopenhagen, Dänemark

«Franky, du hast den Flaschenblick.»
Frank Beerens, Meppen, Deutschland

«Das ist mein privates Flaschenpostmuseum.»
Frank Beerens, Meppen, Deutschland

«Ich schreibe keine lustigen Bücher.»
Kristofer Flensmarck, Malmö, Schweden

«Ich bin kein Stadtmensch. Die Natur spricht mehr mit mir.»
Kristofer Flensmarck, Malmö, Schweden

«Bei mir kommt keine Flaschenpost mehr an.»
Biruta Kerve, 2015 in Liepāja, Lettland

Saras Flaschenpost war an unzähligen Inseln vorbeigetrieben. An vielen kleinen wie Skarø, Hjortø oder Birkholm. An Großen wie Ærø und Langeland. Und weiter entlang den Küsten von Fehmarn, Lolland, Falster und Rügen. Überall hätte sie an Land gespült und gefunden werden können. Sie schwamm aber weiter bis nach Bornholm. Ausgerechnet Bornholm: In den Achtzigern hatten ihre Eltern einige Jahre auf der Insel gelebt. Sie arbeiteten im Krankenhaus von Rønne, der kleinen Inselhauptstadt. Sara ist auf Bornholm geboren.

Sechs Wochen nach ihrer Geburt flog die Familie zu einer Rucksacktour nach Kuba. Auch Saras älterer Bruder Mikkel war dabei. «Wir waren ständig verreist.» Mal in Trinidad und Tobago. Dann einige Monate quer durch Australien. Oder mit dem Wohnmobil durch Europa. Sara sagt: «Meine Eltern haben mir und meinen Geschwistern das Fernweh mitgegeben.» In letzter Zeit aber ist sie nur wenig unterwegs gewesen, wie sie meint: zweimal Kroatien, La Gomera, Marokko, die Niederlande und Palästina. Ihre Freunde wundern sich bereits, wenn sie mal zwei Monate durchgängig in Kopenhagen ist: «Sara, alles in Ordnung mit dir?»

Neulich hat sie mal durchgezählt. Sie wollte wissen, wie viele Länder sie schon besucht hat. Sie ist auf 45 gekommen. «Nicht genug», sagt Sara, «ich habe noch eine lange Liste. Ganz oben steht der Irak.» Ihr Freund ist Iraker. Er lebt schon lange in Dänemark. Sie sprechen oft über seine Heimat. Sie kochen gemeinsam und kombinieren Rezepte ihrer Großmütter. Und die Welt wird plötzlich ganz klein, wenn man Sara reden hört. Manchmal steht sie morgens auf und hat beim ersten Schluck Kaffee plötzlich die Idee, nach Indien zu fliegen. Zwei Tage später besorgt sie sich das Visum und ein Flugticket. Dann geht es los. Sie sagt, sie braucht den Kontrast. Sonst wird ihr schnell langweilig. Und deshalb braucht Sara auch zwei Jobs: Sie arbeitet in einem thailändischen Restaurant und als Übersetzerin in einem Büro der Uni, das Studenten unterstützt, die ein Semester im

Ausland verbringen wollen. Sie verdient gut. Es reicht für das teure Leben in Kopenhagen und für ihre vielen Reisen.

Manchmal, wenn sie in der Welt unterwegs ist, wird sie natürlich auch Dinge über Dänemark gefragt. Und überraschend oft wollen Leute wissen, ob es wirklich wahr ist, dass es einen nationalen Nackttag gibt. Eine Art gesetzlichen Feiertag, an dem alle Dänen unbekleidet herumlaufen. «Natürlich gibt es so einen Tag nicht», muss Sara dann erklären. Aber sie hat sich auch Gedanken darüber gemacht, warum Japaner oder Ugander gleichermaßen glauben, dass Dänen liberaler als andere sind und sich deshalb regelmäßig gemeinsam ausziehen. Dieser Irrglaube hat auch mit Vesterbro zu tun, dem Stadtteil, der in den frühen Siebzigern lüsterne Touristen aus aller Welt anlockte wie das Licht die Fliegen. Im damals eher düsteren, aber freizügigen Viertel hatte man einen Platz für Porno gefunden. Hier wurden die bunten Hefte gedruckt und verkauft, die später in die ganze Welt verschickt wurden. Blonde Frauen mit blauen Augen und großen Brüsten. So sah das Bild aus, das alle damals von Dänemark hatten. Die Dänen waren Exportweltmeister für Kurzatmiges. Es folgten Filmchen, Liveclubs und Puffs in Vesterbro. Genau in dieser Reihenfolge.

Tansania ist weit weg von Vesterbro. Damals wie heute. Es ist schwierig, sich dort hinzudenken, wenn man noch nie da gewesen ist. Für die meisten ist es ein Land, das man nur aus dem Internet oder aus Tierfilmen von Grzimek kennt. Aus der Ferne aber ist es immer leicht, andere Länder zu mögen. Denn aus der Ferne fällt der Blick vor allem auf das, was man aus dem Fernsehen kennt. Auf die Serengeti, die nicht sterben darf. Auf die Tiere. Auf die schöne Natur. Doch in diesem Fall müssen Saras Erzählungen reichen. Und gleich zu Beginn unseres Treffens hatte sie etwas Bemerkenswertes gesagt: «Es bringt nichts, Europa mit Afrika zu vergleichen. Weil das nicht geht.» Sie erzählt, wie sie einmal eine dänische Familie besuchte, die schon etwas länger in Tansania lebte. Der Vater war Repräsentant des Internationalen Währungsfonds. Seine Frau hatte sich gerade ein neues Auto gekauft. Einer der einheimischen Bediensteten, ein Gärtner, wollte höflich sein und sagte: «Sie haben ein wunderschönes neues Auto, Madame!» Die Frau sagte nur: «Leider ist es nicht so groß, wie ich gedacht hatte.» Sara fragt sich heute noch, wie man das jemandem sagen kann, der jeden Morgen zwei Stunden zu Fuß zur Arbeit läuft, weil er sich das Geld für den Bus nicht leisten kann. «Diese Frau hatte nichts vom Leben der Menschen verstanden. Dabei war sie schon viele Jahre dort.»

Sara könnte viel von Klischees erzählen, die sich bestätigen, wenn man als Europäer nach Ostafrika kommt. Dass man viele Stunden sitzen und auf den Bus warten kann, ohne zu wissen, ob überhaupt ein Bus fährt. Und am nächsten Tag sitzen und warten die Menschen dann wieder. Oder dass Taxifahrer eine Stunde meinen, wenn sie zehn Minuten sagen. Sara denkt aber lieber an ihre Begegnungen und Gespräche, wie zum Beispiel mit dem Taxifahrer, der sie – sieben Jahre war sie nicht in Daressalam gewesen – sogleich erkannte und auch noch ihren Namen wusste. Wild winkend kam er über die Straße gelaufen. «Sara, Sara! Wie geht es dir?» Und Sara fragte sich: Wer ist dieser Mann? Dann aber dämmerte es ihr. Ein schönes Gefühl, wenn man irgendwo ankommt und es ist schon jemand da, den man kennt.

Saras Kindheit in Daressalam, der dampfenden und schwitzenden Viereinhalb-Millionen-Metropole knapp unterhalb des Äquators, war ein Leben hinter hohen Mauern. In einem abgeschirmten Wohngebiet, das sie Valhalla nannten und das auf der Halbinsel Msasani lag, einer reichen Gegend, wo damals schon die meisten Europäer lebten. Botschaftsmenschen und Bankmenschen. Die gehobene Gesellschaft. Auch viele Skandinavier waren in den Siebzigern als Entwicklungshelfer ins Land gekommen. Valhalla war ein Stück Tansania, wo Dänen, Schweden und Norweger unter sich waren. Mit Pool und Tennisplatz. Mit Wachleuten und Gittern vor den Fenstern. Ein bisschen wie ein Gefängnis, nur andersherum: Es sollte keiner reinkommen können. Besucher mussten sich am Eingang registrieren. Am eisernen Tor hingen Schilder in zwei Sprachen. Auf Englisch: *Willkommen in Valhalla.* Auf Swahili: *Unbefugten ist der Zutritt strengstens verboten! Dieser Bereich ist bewacht. Diebe haben keine Chance!*

Zwei Männer bewachten das Schwimmbecken, damit die Kinder nicht ertranken. In jedem Haus gab es einen Panikknopf, der sofort die Sicherheitskräfte alarmierte. «Es war nicht das richtige Tansania», erzählt Sara. Es war ein ausgedachtes Leben. Weit weg von der Wirklichkeit. Isoliert und steril. Böse Zungen würden von einem Ghetto für Weiße sprechen. Für ein junges Mädchen wie Sara aber war es eine sorglose Zeit. Sie war nie alleine. Es gab viele Kinder in Valhalla. Sie rannten zwischen den Häusern umher. Sie spielten in den Gärten Verstecken. In der internationalen Schule von Daressalam traf sie weitere Kinder aus der ganzen Welt. Aus Indien und den USA. Aus Italien oder Spanien. Auch die Söhne und Töchter reicher tansanischer Familien kamen zum Unterricht. «Und natürlich haben meine Eltern mit uns viele Ausflüge gemacht. Auch größere Reisen nach Kenia und Malawi. Nach Sambia und Simbabwe. Damals wurde meine Neugierde für Afrika geweckt.»

Als die Familie im Oktober 1996 nach drei Jahren zurück nach Dänemark ging, begann eine schwierige Zeit für Sara. Niemand aus der dänischen Provinz wusste, wie es in Tansania aussah. Niemand verstand die Zwölfjährige. Sara wuchs als internationales Mädchen auf: heute in Afrika, morgen in Australien, übermorgen in Europa, dann wieder in Afrika. Aber das konnte man den Menschen auf Fünen nur schwer erklären. Das war zu viel Exotik. Und auch Freunde zu finden war für Sara eher schwierig. «Es war ein zu großes Hin und

Her. Heute bin ich manchmal neidisch auf Bekannte, die sehr viel mehr Freunde haben als ich.» Erst als sie mit dem Studium begann, war sie umgeben von Menschen, die sich für andere Kulturen interessierten, die viel gereist waren, die sie verstanden.

Sara sitzt in einer Kopenhagener Kaffeebar, nippt an einem Cappuccino und erzählt vom Leben im tansanischen Busch. Drei Jahre hat sie Safaris für einen Reiseveranstalter organisiert. Sie malt mit ihren Händen Landkarten in die Luft. Die Grenzen Tansanias. Den Lauf eines Flusses. Die Umrisse des Ruaha-Nationalparks, der zwei Flugstunden und 500 Kilometer westlich von Daressalam im Zentrum des Landes liegt und fast halb so groß wie Dänemark ist. Dazu streut sie kleine Geschichten ein. Wie sie einmal mitten in der Nacht einen Leoparden auf dem Klo überraschte. Er hatte Durst und trank aus der Toilette. Ein anderes Mal fraßen Hyänen ihre Wäsche, die sie auf der Leine vergessen hatte. Hosen und Hemden, Schuhe und Strümpfe. «Sogar meine Unterwäsche. Die haben nichts übrig gelassen.» Wenn Hyänen Futter oder einen Partner gefunden haben, klingt es, als lachten sie. Es ist ein beißendes, höhnisches Gelächter. Sara wird dieses Geräusch nie mehr vergessen.

Eines Nachts wurde sie von einem lauten Klappern geweckt. Sie lugte aus ihrem Zelt. Ein junger Löwe war an ihrem Campingstuhl zugange. Sie hatte ihn erst vor wenigen Tagen gekauft. Und sie wollte ihn behalten. Also klatschte sie in die Hände. Sie brüllte. Immer wieder. Der Löwe aber guckte nicht einmal. Dann nahm er das teure Stück zwischen seine Zähne und schlenderte davon. Sara hat den Stuhl nie wiedergesehen.

In der Regenzeit, die von November bis April dauert, leuchtet die Savanne grün und frisch, die blühenden Affenbrotbäume strahlen weiß, als hätte sie jemand mit Zucker bestreut. In der Trockenzeit, die monatelang das Land ausdörrt, versammeln sich Zebras und

Antilopen, Elefanten und Flusspferde an den wenigen Wasserstellen. «Das ist die perfekte Zeit für Safaris», erzählt sie, «weil man weiß, wo die Tiere sind.» Manchmal kamen neugierige Elefanten auch ins Camp. Sie streckten ihre wiegenden Rüssel in die Zelte und schnüffelten an Weingläsern, die auf den Tischen mit den weißen Tischdecken standen. Doch nie ging ein Glas zu Bruch.

Safaris sind die teuersten Ferien, die man sich vorstellen kann. Eine Kreuzfahrt ist ein Schnäppchen dagegen. Eine Nacht in der Luxuslodge kostet 500 Dollar pro Person. Das Camp wird dort aufgeschlagen, wo vorher nichts war. Alles muss in den Busch transportiert werden: die Wohnzelte, das Wasser, das Essen, die Touristen. Nur die Tiere sind schon da. Dazu ein 25-köpfiges Personal für 15 Gäste: Fahrer, Köche, Elektriker, Guides und Träger. Sara war der Chef. Und als Managerin hatte sie erst einmal viel mit Papieren zu tun, nicht mit Tieren. Papierkram interessierte sie aber nicht. Daran musste sie sich erst gewöhnen. Managerin eines Camps sein heißt, vor allem auch verantwortlich zu sein für: alles. Sie machte die Dienstpläne, doch manchmal kamen die Fahrer oder die Träger einfach Tage später oder gar nicht. Wenn Oregano fehlte, organisierte sie ihn. Wenn das Wasser der Dusche nur lauwarm war, musste sie sich etwas einfallen lassen. Dann fehlte Benzin. Dann Fanta. Das nächste Dorf aber war drei Jeepstunden entfernt. Und dort konnte man nur Eier und Flipflops kaufen. Die nächste Stadt war sechs Stunden weg. Ein anderes Mal war die Sahne alle. Sie rief einen Freund an, der einen Piloten kannte, der eine kleine Maschine hatte. Er brachte Sahne. Es war Weihnachten. Und Weihnachten in einem Luxuscamp ohne Sahne? Unvorstellbar!

Viele der «Klienten», wie Sara sie nennt, hatten nicht den Hauch einer Vorstellung, wo sie überhaupt waren, wenn sie aus dem Flugzeug stiegen. Sie erwarteten Tiere wie im Zoo, welche, die man streicheln konnte und die als Fotomotiv für das Familienalbum taugten.

«Sie dachten, sie könnten herumlaufen, wo und wann sie wollten, vielleicht ein paar Elefanten fotografieren wie in einem Vergnügungspark. Es war erschreckend, zu sehen, wie wenig Ahnung Menschen von der Welt außerhalb ihres Landes haben konnten.» Manche Gäste beschwerten sich, da es in der afrikanischen Savanne keine Eiswürfel für ihre Cola gab. Andere, weil sie nicht schlafen konnten, da die Tiere in der Nacht Geräusche machten. Zirpen, Fauchen, Grollen, Schnaufen. Heulen, Keckern, Schlürfen, Schmatzen. Und die verwöhnten Touris wälzten sich in ihren Betten und verfluchten die Natur. «Halt's Maul, Löwe!»

Manchmal musste Sara den Unbelehrbaren, die nachts nicht in ihrem Zelt bleiben und lieber in der Gegend herumspazieren wollten, zu ihrem eigenen Schutz Wachmänner vor den Eingang stellen. Sie erinnert sich an eine Lehrerin aus England, die einen der Kellner, einen einheimischen Massai, fragte, wohin er denn als Nächstes in die Ferien fahren würde. Der Mann verstand die Frage nicht. Er hatte noch nie Urlaub gemacht. Sara musste der Frau höflich und lächelnd erklären, dass der Angestellte kaum wisse, wie er sich die Schulbücher für seine Kinder leisten könne. Die Lehrerin hatte nicht gewusst, dass Tansania zu den ärmsten Ländern der Welt zählt, dass Menschen schon als reich gelten, wenn sie ein paar Esel besitzen, und Stunden laufen müssen für ein paar Tropfen Wasser. Ihr Kommentar: «Ach, wirklich?»

Doch wer als Managerin eines Luxuscamps arbeitet, darf nicht schlecht über seine Gäste reden. Schon gar nicht in deren Beisein. Der Kunde ist König – wobei diese Rolle in einem Nationalpark ja eigentlich schon durch den Löwen besetzt ist. Heute will Sara keine Safaris mehr organisieren. Das ist ihr mit der Zeit immer klarer geworden. Denn in der Wildnis wird man auch zur Menschenforscherin. «Irgendwann hat es sich immer seltsamer angefühlt, reiche Weiße zu bedienen.» Und auch damals schon wusste sie, dass Kopenhagen mehr als nur ein Zwischenstopp für ihre vielen Reisen war. Leben möchte sie – zumindest jetzt, in diesem Augenblick, bei ihr kann ja alles sehr schnell gehen – nur hier. Zurzeit wohnt sie in Frederiksberg, einem eher schickeren Viertel, wo man sein Fahrrad auch in der Nacht unabgeschlossen vor der Tür stehen lassen kann. Gemeinsam mit ihrer Schwester hat sie dort eine kleine Wohnung gemietet. Die beiden sehen sich kaum. Auch Stine reist sehr viel. Kommt sie aus New York, ist Sara in Indien. Kommt Sara zurück, ist Stine schon in Paris. Kommt Stine nach Hause, fährt Sara nach Afrika.

Sara führt kein Heimatleben. So viel ist klar. Sie führt aber auch kein Leben, das als Gegenentwurf zur Heimat taugt. «Ich brauche beides», sagt sie, «die Heimat und das Fernweh. Das ist wie das Auf und Ab einer Welle. Und ich bin gut darin, mich dort zu Hause zu fühlen, wo ich die nächste Nacht schlafen werde. Manchmal aber fühle auch ich mich ...» Sie sucht jetzt nach dem passenden Wort, sie überlegt lange und kaut auf ihrer Unterlippe: «Ich fühle mich wurzellos.» Denn Heimat braucht Zeit. Das weiß auch Sara. Verbunden, aber nicht gebunden zu sein, so hätte sie es am liebsten. Es kann aber auch sein, sagt sie, dass das, was sie so erzählt, alles etwas schwärmerisch oder gar naiv klingt, weil man sich so ein ungeplantes Leben manchmal auch schönreden muss. Sie sagt aber auch: «Ich weiß nicht, was morgen passiert. Das weiß niemand. Und noch ist es wunderbar, nicht zu wissen, was der nächste Tag bringen wird. Und gleichzeitig kann es frustrierend sein, nicht zu wissen, was der nächste Tag bringen sollte.»

Vielleicht, sagt Sara, werde sie eines Tages als Sozialarbeiterin anfangen. Sie möchte vermitteln zwischen ihren Landsleuten und den vielen Kulturen, die versuchen, in Dänemark gemeinsam zu leben. «Da fehlt es noch», sagt sie, «so tolerant und liberal sind die Dänen nämlich gar nicht. Viele haben große Vorbehalte gegenüber Immigranten. Die Ängste und der Hass auf das Fremde sind noch immer da, auch im bunten Kopenhagen.» Bei den jüngsten Wahlen hat jeder Fünfte für die Rechtsaußenpartei gestimmt. Für Einwanderungsfeinde. Für Menschenfeinde. Sara hat am Wahlabend vor dem Fernseher gesessen und die Zahlen gesehen. Sie hat die rassistischen Parolen der Populisten gehört, die von Überfremdung und Abschiebung faselten. Sie hat geweint. So sehr hat sie sich für ihr Land geschämt.

Vielleicht ist in diesem Augenblick ihr Heimatgefühl zerbrochen. Vielleicht ist es aber auch gewachsen. Das weiß sie noch nicht so genau. Was sie weiß: dass sie, die junge Frau mit dem Sprachtalent und der großen Erfahrung mit Menschen, eine gute Vermittlerin sein könnte. Sie sagt: «Das Brückenbauen zwischen Menschen könnte eine Aufgabe für mich sein.» Und eine Geschichte, die auf einer Brücke mit einer Flaschenpost begann, endet nun mit Brücken.

Sara steigt auf ihr Rad und fährt los. Und es sieht so aus, als ob sie gar kein Ziel hätte und nur so zum Spaß durch die Stadt radelte. Aber das kann natürlich auch an Kopenhagen liegen.

«Flaschenpost finden ist wie Pilze sammeln»

Frank Beerens aus Meppen, Jahrgang 1960, hat weit über 400 Briefe in Flaschen gefunden. Fast täglich ist er im Kanu auf den Flüssen des Emslands unterwegs. So wie an diesem Tag: Ein Gespräch auf Hase und Ems über magische Momente und den gewissen Flaschenblick.

Herr Beerens, von wo bis wo fahren wir heute?

Einmal durch Meppen. Zunächst auf der Hase, dann ein Stück auf dem Dortmund-Ems-Kanal, dann auf der Ems. Etwa zehn Kilometer.

Denkt man an Meppen, denkt man nicht unbedingt an Flaschenpost.

99,9 Prozent der Leute eher nicht. Ich schon! An Flusspost. Meppen ist ein sehr gutes Revier. Alles fließt in unserem kleinen Städtchen zusammen. Und Flaschenpost ist immer dabei. Mindestens auf jeder zweiten Tour. Allein gestern habe ich fünf Briefe rausgeholt.

Warum finden gerade Sie so viele?

Ich wohne nicht weit von der Ems, das sind nur fünf Minuten zu Fuß. Und seit 2008 bin ich Frührentner. Ich hatte einen Bandscheibenvorfall. Seitdem kann ich nicht mehr als Ingenieur arbeiten. Doch Kanufahren tut mir gut. Etwa 3500 Kilometer paddle ich im Jahr.

Und ein Freund sagt immer: «Franky, du hast den Flaschenblick.»
Das ist wie Pilze sammeln. Wenn man da keinen Sinn für hat, geht man vorbei. Vor allem muss man Zeit haben. Das ist das A und O der Flaschenpostologie.

Möchten Sie weitere Tipps verraten?

Ich scanne den Fluss und die Ufer. Dazu gehört ein bisschen Erfahrung. Es treiben ja viele Flaschen im Wasser. Das Erste, wonach ich gucke: Hat die Flasche einen Deckel, einen Korken? Ist sie bemalt? Ist da ein Schleifchen drum? Schimmert da Papier durch das Glas? Steht vielleicht sogar *Post* darauf?

Wissen Sie, wo Sie suchen müssen?

Ja, ich kenne die guten Plätze. Die Ems und die Hase sind überschaubare Flüsse. Es gibt viele Sandbänke und Kuhlen, wo sich einiges ansammeln kann. Wo das Wasser zum Beispiel einen Bogen macht, da lädt es auch vieles am äußeren Ufer ab. Wo viel Holz, Blätter, Plastiktüten und Müll antreibt, findet man auch Flaschenpost. Viele Briefe habe ich beim Müllsammeln entdeckt.

Keine zehn Minuten sind vergangen, da steuert Frank Beerens zielsicher eine Flasche an, die mitten im Fluss schwimmt.

Flaschenpost! Sieht nach Buntstift aus. Ich öffne sie mal. Zwei Mädchen aus Mühlen haben geschrieben. Da war die Nachricht ja fast 90 Kilometer auf der Hase unterwegs. Ich lese mal vor: *Hallo! Wir heißen Katharina und Rabea und wohnen im Landkreis Vechta. Wir mögen beide gerne Pferde. Wir freuen uns sehr, dass du die Flaschenpost gefunden hast. Schreib doch bitte zurück!*

Antworten Sie immer?

Immer! Ich bin aber gerade etwas im Rückstand. Ich finde einfach zu viele. Meist schreibe ich einen Brief. Oft telefoniere ich auch mit den Absendern. Das sind schöne Gespräche. Die Menschen sind überrascht und freuen sich. Und neulich habe ich tatsächlich eine Flaschenpost gefunden, die an mich persönlich adressiert war.

Wie das denn?

Sie kam von einer Familie, die auf Kindergeburtstagen immer Flaschen verschickt. Mit Schatzkarte und den Unterschriften aller Gäste. Von denen hatte ich schon häufiger mal eine gefunden und auch geantwortet. Dieses Mal hatten sie wohl schon damit gerechnet. Sie schrieben: *Hallo Franky, du findest unsere Post ja sowieso.*

Wann fing das denn an mit Ihrer Sammelleidenschaft?

Das muss 2007 gewesen sein. Da bin ich nach Meppen gezogen und habe mir mein erstes Kanu gekauft. Mein Rekord auf dem Fluss liegt bei acht Flaschen an einem Tag. An der Nordseeküste waren es mal 13. Da wusste ich gar nicht mehr, wie ich das ganze Zeug mitkriegen sollte. Ich hatte keinen Rucksack dabei. Es war nach einem schweren Sturm. Da fand ich sogar Buddelbriefe auf der Innenseite vom Deich. Fünf aus England, drei aus Holland, eine von der Fähre nach Borkum, eine aus Helgoland und eine von einem Lotsenboot. Fette Beute.

Wer schreibt denn so?

90 Prozent Kinder. Eine war zum Beispiel in Spiegelschrift geschrieben, *Geheimagent Viktor* stand drauf. Eine andere in Hieroglyphen,

ich musste mir erst jeden Buchstaben erarbeiten, bis ich den ganzen Text lesen konnte. Sie war von einer Abgangsklasse einer Realschule von 1973 und wurde auf dem 40-jährigen Klassentreffen geschrieben. Auch Flaschenpost mit Beilage gibt es oft: Gänseblümchen, Fotos, Kaugummis, Knicklichter, einmal auch Französisch-Vokabeln.

Und ernste Briefe?

Manchmal. Einer hatte *Meine Verlustangst* auf einen Zettel geschrieben und abgeschickt. Das war wohl als Therapie gedacht. Und natürlich gibt es auch obszöne Sachen. Einmal habe ich eine Flasche mit gebrauchten Kondomen gefunden. In einem anderen Brief stand bloß *Kalle ist ein Arsch*. Langt ja auch.

Auf Ihrer Internetseite kann man sich viele Briefe ansehen.

Mehr als 420 sind es schon. Und die Post ist nummeriert. Sonst würde ich den Überblick verlieren. Nur für mich trage ich auch alles in eine lange Tabelle in den Computer ein, mit Datum, Absender, Adresse und Stichworten zum Fund. Ich rechne aus, wie weit sie geschwommen ist und wie viele Tage.

Welche kam besonders weit?

138 Kilometer. 200 Tage war sie unterwegs. Der Schreiber hatte sie in Münster in die Aa geschmissen. Und die fließt weiter in die Hase. Es war eine Ansichtskarte der Stadt. Er hatte sie aber nicht in die kleine Sektflasche bekommen. Also halbierte er die Karte und steckte sie in zwei Piccoloflaschen. Die erste schwamm 130 Kilometer. Die zweite fand ich ein Jahr später, acht Kilometer weiter flussabwärts. Das war wie eine Schatzkarte, die man zusammenfügen musste.

Und welche Nachricht war am längsten unterwegs?

Das war eine unscheinbare PET-Flasche. 3145 Tage, also achteinhalb Jahre. Als ich sie öffnete, roch es schon modrig. Es waren drei Zettel, die schon Schimmel angesetzt hatten. Auf einem stand: *Verena, ich liebe dich. Wenn du mich noch liebst, ruf mich an!* Ich habe angerufen. Der Herr, der sich meldete, wusste aber von nichts. Erst als ich ihm die Texte vorlas, meinte er: «Das war wohl mein Sohn.»

Nach einer Stunde Paddeln die nächste Flaschenpost: Frank Beerens entdeckt sie unter den Ästen einer Weide, die weit ins Wasser ragen. Eine Glühweinflasche. Die Absender kennt er schon.

Von denen habe ich schon drei Briefe bekommen. Gestern gerade habe ich der Familie geantwortet. Ich lese mal vor: *Hallo lieber Finder, diese Flaschenpost wurde am 11. Oktober 2014 auf Emmas Geburtstagfeier in die Hase geworfen. Bitte schick uns doch eine Nachricht.*

Ist eine Flaschenpost noch etwas Besonderes für Sie?

Jedes Mal. Das ist ein großes Geschenk und immer wieder aufregend. Der Augenblick, wenn ich sie finde. Der Augenblick, in dem ich sie öffne, den Brief heraushole und auseinanderrolle. Das ist ein magischer Moment. Da bleibt die Zeit kurz stehen.

Schreiben Sie auch selber?

Hin und wieder. Rund 120 sind es bislang. Ich habe auch eine ganz gute Antwortquote. Etwa 20 Prozent. Ich habe auch mal eine Taucherflaschenpost versenkt. Mit einem Stein daran. In einem Badesee, wo viele Taucher unterwegs sind. Und ich habe ja immer noch die

Hoffnung, dass meine allerersten Flaschen, die ich als 13- oder 14-Jähriger geschrieben habe, eines Tages noch gefunden werden.

Wo war das?

Auf Borkum. Mein Vater war kriegsblind. Er war bei der Jugendfeuerwehr, stand auf den Dächern und löschte während der Bombenangriffe die Feuer. Nie ist ihm etwas passiert. Und dann ist es doof gelaufen: Ein Tag nach Kriegsende verlor er sein Augenlicht. Er war gerade 15 geworden. Kinder hauten auf einem Blindgänger rum, er kam zufällig um die Ecke, und die Granate explodierte. Also waren wir regelmäßig im Kriegsblindenkurheim auf Borkum.

Behalten Sie die Flaschen eigentlich, oder kommen die ins Altglas?

Hinten in meinem Garten habe ich mir ein kleines Refugium geschaffen. Die besonders schönen Flaschen baumeln an Bäumen. Darin die Originalbriefe. Waschwannen sind voll mit Flaschenpost. Dazu lege ich Schiffstaue, Glühbirnen und Planken, alles Dinge, die ich so aus den Flüssen ziehe. Das ist mein Flaschenpostmuseum.

Bevor wir gleich anlegen: Sind Sie mit der heutigen Ausbeute zufrieden?

Zwei Briefe in zwei Stunden können sich sehen lassen. Aber so flaschenpostgeil und ungeduldig bin ich gar nicht. Einmal musste ich sogar viele Wochen warten: Die Flasche hatte sich im Gestrüpp verfangen. Ich hatte den Zettel darin schon gesehen. Es brüteten aber Haubentaucher daneben, und die wollte ich nicht stören. Aber als der Nachwuchs aus dem Nest war, bin ich sofort hin und habe sie mir geholt.

www.frankys-flaschenpostmuseum.de

8 Wortschätze

SCHWEDEN

● Malmö

Ystad

Trelleborg

Ostsee

- ▶ Abgeschickt: **12.2.1999**
  Kristofer und Jessica in Yngsjö
  (Schweden)
  (55°863778 Nord, 14°241101 Ost)

- ▶ Angelandet: **14.2.1999**

- ▶ Gefunden: **7.3.1999**
  Mogens auf Bornholm (Dänemark)
  (55°287606 Nord, 14°752502 Ost)

- ▶ Entfernung: **ca. 43 Seemeilen**

8

Wortschätze

1999 schrieb der Schwede Kristofer Flensmarck eine Flaschenpost. Darin ein Wunsch: Er wollte Schriftsteller werden. Heute ist er es. Seine Bücher sind wie Tauchgänge in die Tiefen des Lebens. Sie erzählen von Menschen und ihren Ängsten, vom Leben und vom Tod.

Diese Flaschenpost wurde in Schweden abgefüllt. Ich bin ein 23 Jahre alter Mann. Mein Name ist Kristofer Flensmarck. Ich lebe in Stockholm, unserer Hauptstadt. Aber ich schicke diesen Brief zusammen mit meiner Freundin Jessica (siehe den anderen Brief) aus Yngsjö in der Provinz Skåne, weit weg von zu Hause.
Ich bin ein Schriftsteller. Jessica und ich arbeiten gerade zusammen an einem Buch. Ich liebe sie sehr. Und ich liebe die gemeinsame Arbeit mit ihr.
Göran Tunström schrieb einst: «Das Meer ist größer als ich.» Ich muss oft an diesen Satz denken, wenn ich krank bin. Manchmal leide ich unter Panikattacken. Leben ist Lust. Lust ist Liebe. Liebe ist frei. Frei ist die Liebe.

16 Jahre nachdem er diese Flaschenpost verschickt hat, sitzt Kristofer Flensmarck in der geräumigen Küche seiner Zweizimmerwohnung in Malmö. Helle Räume, dunkler Holzfußboden. Auf den Regalen im Flur hat er einige hundert Bücher bis unter die Decke gestapelt. Einige tausend lagern auf einem Speicher, den er anmieten musste.

Die Wohnung ist zu klein. «Ich bin kein Sammler», sagt er, «aber Bücher kann ich nicht hergeben.»

In den Händen hält er eine Kopie des Briefes, den er im Februar 1999 geschrieben und in die Ostsee geworfen hatte. «Es überrascht mich, wie offen und persönlich ich in dieser Nachricht war», beginnt er, «ich weiß nicht, ob ich es heute wieder so schreiben würde.» Wenn Kristofer spricht, wird das Erzählte selten von seinen Händen begleitet. Sie wirbeln nicht durch die Luft oder knallen gar auf den Tisch. Kristofer ist Schriftsteller. Und er spricht, wie er seine Bücher schreibt. Präzise. Manchmal knapp. Manchmal entstehen Pausen, wenn er nach dem passenden Wort sucht. Dann kann man ihn in dieser Stille atmen und schlucken hören. Und wenn Kristofer das Wort gefunden hat, redet er in ruhigem Ton weiter, als wäre nichts gewesen. Er ist ein zurückhaltender, schmächtiger Mann, mit weichen Zügen, einem rotblonden, sorgsam geschnittenen Vollbart. Mit glatter Haut und blauen Augen. Leise lächelnd. Leise sprechend.

«Irgendwann kommt für jeden der Moment, in dem er begreift, wie alt er eigentlich ist. Diese Flaschenpost erinnert mich daran, wie lange es mich schon gibt und was seitdem alles passiert ist.» Kristofer, geboren 1976 in einem Vorort von Malmö, sieht jünger aus, als er ist. Eher wie Anfang 30. Und nun erzählt er vom Einst und Heute. Schon damals nannte er sich Autor. Er war aber noch keiner. «Ich wollte einer werden. Es war mein großer Wunsch. Ich wusste aber noch nicht, wie ich das anstellen sollte. Dieser Brief erzählt sehr viel über mich – wie ich war. Man kann es zwischen den Zeilen lesen.» Kristofer analysiert jetzt die Sätze. Manchmal spricht er von sich in der dritten Person, als hätte ein Fremder die Botschaft geschrieben. Der Kristofer von heute sagt über den Kristofer von damals: «Dieser junge Mann wollte ausbrechen. Er wollte etwas tun, was nicht in die Zeit passte. Eine Flaschenpost kann ein stiller Protest sein. Dieser

Mensch kannte sich aber selber noch gar nicht. Er war unsicher. Auf der Suche und noch völlig ohne Orientierung.»

Es gibt auch eine Zeichnung am rechten, oberen Rand. Sie zeigt einen schlaksigen Mann mit dünnen Armen und Beinen, einer Brille, wilden Haaren und ungezähmtem Vollbart. Eine qualmende Zigarette zwischen den Lippen. Die Hände hat er tief in den Hosentaschen vergraben. Etwas verloren, fast ratlos steht er da. «Ich habe mich ganz gut getroffen», sagt Kristofer über sein Selbstporträt, «ich war eine andere Person damals. Seitdem hat sich mein Leben gut entwickelt.»

Auch seine damalige Freundin, Jessica, schrieb einen Brief:

Hallo,
ich bin Jessica und ich lebe in einer Kugel aus Glas. Nein, nicht still. Ich bin 22 Jahre alt und mag meinen Freund Kristofer. Auch ich schreibe. Und ich studiere Kulturwissenschaften an der Stockholmer Universität. Ich liebe es, zu lesen, aber am meisten liebe ich meinen wunderbaren Freund – Kristofer. Er und ich verbringen einige Tage in einem Ferienhaus am Meer. Sehr ruhig und sehr schön. Und mit viel Sex.
Antworte uns. Das wäre spannend.
Jessica

Sie wickelten ihre Nachrichten in Plastikfolie, steckten sie in eine Rotweinflasche, die sie am Abend zuvor getrunken hatten, drückten den Korken hinein und gingen durch den Pinienwald zum Strand. Es war das erste Mal, dass sie eine Flaschenpost verschickten.

Kristofer kramt in einer Schublade. Er holt eine Ansichtskarte hervor und legt sie auf den Tisch. Sie ist aus Dänemark. Es ist die Antwort von Mogens Christensen. Das Bild zeigt die Kirche von Allinge auf Bornholm. Mogens schreibt auf Dänisch:

*Hallo Jessica und Kristofer,
ich möchte euch mitteilen, dass ich eure Flaschenpost im Norden Bornholms, in der Nähe der Salomons Kapelle, gefunden habe, etwa zwei Kilometer entfernt von Allinge. Am 7.3.1999 gegen 8:30 Uhr. Jeden Tag gehe ich am Strand spazieren. Bis heute habe ich 108 Flaschenpostbriefe gefunden.
Mit freundlichen Grüßen
Mogens*

Kristofer weiß noch, dass sie enttäuscht waren, als die Antwort schon nach wenigen Tagen kam. Und dass es für diesen Mann anscheinend nichts Besonderes war, eine geheimnisvolle Nachricht aus dem Meer zu finden. Jessica und er hatten sich ausgemalt, wie die Flasche viele Jahre unterwegs sein, wie sie es vielleicht in ein weit entferntes Land schaffen würde. «Es war ein wunderbar naiver Gedanke. Wir hatten sie nicht für das Meer, sondern für einen möglichen Finder geschrieben. Die schnelle Antwort aber machte unsere Flaschenpost plötzlich weniger wertvoll. Heute denke ich ganz anders darüber. Dass sie überhaupt gefunden wurde, ist ein großes Glück. Und dass ich heute daran erinnert werde und mit vielen Jahren Abstand auf mein Ich von damals gucken kann, ist es auch.»

Jessica und er waren oft gemeinsam in dem kleinen Holzhaus am Strand gewesen. Meist im Sommer. Auch mit der Familie. Die Hütte gehörte Jessicas Mutter. Am liebsten aber verbrachten sie die Tage alleine in der versteckten Feriensiedlung im Wald. Im Herbst oder im Frühling. Außerhalb der Badesaison. Dann, wenn niemand sonst da war. Yngsjö ist ein Dorf der Provinz Skåne und liegt an der Ostküste, südlich der kleinen Stadt Åhus. Aalküste wird dieser Abschnitt der Hanöbucht auch genannt. Weiße Sanddünen, schwarze Pinien, dunkelrote, mit Reet gedeckte Fischerhütten. Im Sommer und Herbst zieht der fette Fisch dicht an der Küste vorbei. Er wird in riesigen

Reusen gefangen und kommt in ungeahnten Variationen auf den Teller, auch als Suppe oder in Gelee.

Im Februar 1999 waren Kristofer und Jessica schon knapp zwei Jahre ein Paar. Sie hatten sich in Stockholm kennengelernt, wo sie in einer gemeinsamen Wohnung lebten. Er studierte Kunst und Literaturwissenschaft, sie Kulturwissenschaften. Und sie träumten von einem Leben, in dem sie frei über ihre Zeit entscheiden konnten. In dem sie an den Strand gehen konnten, wann immer sie wollten. Auch außerhalb der Ferien. «Heute», sagt Kristofer, «habe ich genau dieses Leben. Ich kann ziellos am Strand entlanglaufen oder den ganzen Tag mit einem guten Freund zusammensitzen. Und dann höre ich auf zu denken, zumindest eine Zeitlang. Das sind für mich die wertvollsten Momente. Momente, in denen alles klar und nichts zu klären ist. Diese Augenblicke sind sehr selten und sehr kurz, aber es gibt sie, und vor allem erkenne ich sie immer mehr, was gar nicht so einfach ist.»

Er weiß noch, dass die Zeit mit Jessica in der abgeschiedenen Hütte ihn immer sehr beruhigte. In ihrer Gegenwart fühlte er sich geborgen. Im Wald am Meer war ihm wohler als in Stockholm. Und er weiß auch noch, dass es keine einfache Zeit war damals. Für ihn. Er wusste nicht wirklich, was er machen wollte. Er wollte schreiben, ja, aber er wusste nicht, wie und über was. «Ich spürte ein großes Talent in mir, war aber faul und ohne einen echten Plan.» Doch wer nicht weiß, was er will, ist verloren. Der ist sich selber fremd.

Kristofer bekam Angst. Er hatte große Angst, es nicht zu schaffen. Er hatte Angst davor, dass sein großer Traum auf der Strecke bleiben, dass er ein verbitterter Mensch werden würde, der es mit dem Schreiben nie ernsthaft versucht hatte. Und die eingestandene Ohnmacht fesselte ihn. Ohne Macht zu sein bedeutet: dem eigenen Leben nur zusehen zu dürfen. Bloß der Statist im eigenen Film zu sein. Es gab Tage, da ging es ihm richtig schlecht. Er war müde, fühlte sich mental taub, wie gelähmt und ohne Antrieb. Er legte sich am Nachmittag schlafen, wachte auf und war voller Panik, die ihm den Atem aus der Lunge quetschte, als wäre er in Eiswasser gefallen. Und wenn er keine Angst hatte, hatte er Angst vor der Angst. Er suchte sich Hilfe bei einem Psychologen. Der beruhigte ihn: Depressiv bist du nicht. Du bist komplett ratlos, so wie es viele 23-Jährige sind. Und du hast sehr große Angst vor der Zukunft. Warum eigentlich?

Eine einfache Frage, die wie ein Wendepunkt sein sollte: Kristofer erkannte, dass nur er für sich verantwortlich war und niemand sonst, dass nur er etwas verändern konnte. Er setzte sich ein Ziel: Bevor ich 30 bin, habe ich mein erstes Buch geschrieben. Wenn das nicht klappt, will ich mein Leben neu ausrichten.

Er raffte sich auf, schrieb, schickte Manuskripte an Verlage und bekam nur Absagen. Das freundliche *Nein* des größten schwedischen Verlagshauses aber machte ihm Hoffnung. Sie sahen sein Potenzial, ermutigten ihn. Er machte weiter und bekam Klarheit. Sein erstes Buch erschien, als er 28 war: «Stilla en björn» – Still, ein Bär. Eine Sammlung poetischer Texte, die von den Ängsten vor Bären im Wald erzählen. Doch eigentlich geht es um Ängste im Allgemeinen und die Grenze zwischen Mensch und Tier. Die Bären sind bloß ein Bild, das helfen soll, die eigene Angst zu erkennen. Kristofers Bücher haben viel mit ihm selbst zu tun.

Fast fünf Jahre waren Kristofer und Jessica zusammen. 2002 trennten sie sich. Doch sie sind Freunde geblieben. Oder geworden. Manchmal besuchen die beiden sich, gemeinsam mit ihren Familien. Jessica ist seit einigen Jahren verheiratet und hat einen Sohn. Sie ist noch immer in Stockholm und arbeitet als freie Lektorin für verschiedene Buchverlage. Und dass der Kontakt nie abriss, sollte vor allem wichtig für das Leben von Kristofer werden: Er lernte seine heutige Freundin, Sara, über Jessica kennen. Doch wie es dazu kam, soll gegen Ende dieser Flaschenpostgeschichte erzählt werden.

Wer in Malmö lebt, sieht die Sonne in Kopenhagen untergehen. So nah ist Dänemark. Viel dichter als Stockholm. Der Öresund ist hier keine 20 Kilometer breit. Und plötzlich war Land, wo vorher bloß Wasser war: Die große Brücke liegt da wie eine Leine, die Malmö und seine Viertel Millionen Menschen mit dem anderen, dem größeren Teil Europas verbindet. Knapp 40 Minuten fährt Kristofer mit dem Zug in die dänische Hauptstadt. Er muss nur einmal umsteigen. Doch vergleicht er die Städte, fällt ihm etwas auf: «Die Leute ziehen die gleiche Kleidung an, sie trinken den gleichen Wein, sie hören dieselbe Musik. Die Menschen in Kopenhagen, Malmö oder Berlin gleichen sich immer mehr. Das war vor 20 Jahren noch anders. Traditionen gehen verloren.» Kristofer hat in allen großen Städten Schwedens gelebt. Zwölf Jahre Stockholm. Zwei Jahre Göteborg. Dann wieder Stockholm. Seit 2011 in Malmö.

Nun zeigt er mir das Viertel, in dem er mit seiner Freundin und der gemeinsamen Tochter Sun wohnt. Sie ist im Mai 2014 geboren. Möllevången ist ein bisschen so, wie das Hamburger Schanzenviertel oder der Prenzlauer Berg in Berlin einmal waren: Hier leben noch einige der letzten Arbeiter der sterbenden Werftindustrie. Hier sind die Mieten noch bezahlbar. Hier gibt es iranische Lebensmittelläden, daneben Thai-Restaurants und das Kebabland. Es gibt türkische Friseure, schwedische Kneipen, marokkanische Bars und kreolische Cafés. Möllan ist angesagt. Die Künstler sind schon da, die Werber werden kommen. «Schweden kann sehr aufgeräumt und fast steril sein», sagt Kristofer, «Möllevången ist noch anders. Es ist bunt, oft dreckig. Es ist nicht so oberflächlich.» Menschen aus 150 Ländern sollen in Malmö leben. Hier glaubt man das sofort.

Jetzt, früh am Morgen, gehört die Straße aber noch den Vögeln. Eine Schar Möwen und zwei Dohlen streiten sich um eine gut gefüllte Papiertüte mit alten Brötchen. Die Dohlen gewinnen. Der Wind treibt Plastikbeutel über den Marktplatz. Zielsicher sammeln sie sich an dem Sockel eines Denkmals, das «Der Arbeit zu Ehren» heißt und eine Gruppe von Männern zeigt, die gemeinsam einen mächtigen Granitblock stemmen. Im Schatten des Steines sitzen an diesem Morgen die Flüchtlinge aus Rumänien. Wie an jedem Morgen. Sie reden und trinken Kaffee aus Plastikbechern, den eine nahe gelegene soziale Einrichtung verteilt. Gleich werden sie ausschwärmen in die Fußgängerzonen und sich vor die Eingänge der Supermärkte setzen.

Jemand wie Kristofer fällt in einem Stadtteil wie diesem gar nicht auf. Er trägt gerne Schwarz. Schwarze Hose, schwarze Jacke. An diesem Tag ein kariertes Hemd und weiße Turnschuhe dazu. In der Masse Mensch, die in einer Stadt wie Malmö lebt, ist er leicht zu übersehen. Und mehr noch: Er kann komplett abtauchen, was ihm auch ganz recht ist. Er sagt: «Ich bin gar kein Stadtmensch. Die Natur spricht mehr mit mir.» Viel lieber wäre er weit draußen, dort, wo wenige Leute sind. Er steht vor den Ständen auf dem Marktplatz, der sich langsam füllt, und setzt seine Sonnenbrille auf. Er müsste das nicht, so sehr blendet die Sonne gar nicht. Doch hinter dem Glas fühlt er sich wohl. Seine Umgebung wird dunkler. Menschen, die Sonnenbrille tragen, sehen immer so aus, als würden sie sich verstecken, als würden sie nicht erkannt werden wollen. Kristofer trägt oft Sonnenbrille. Sie schützt ihn vor etwas, das hell nicht zu ertragen wäre. Er entfernt sich etwas. Er sagt: «Ich beobachte lieber, als beobachtet zu werden. Das ist Teil meiner Arbeit und ein Teil von mir.»

Was Kristofer aber vor allem will: entscheiden können, wann und wem er etwas von sich preisgibt. Also hat er kleine, aber wichtige Entscheidungen für sich getroffen. Seine Internetseite hat er abgestellt. Er pflegt auch keine Netzwerke, schon gar nicht bei Facebook oder Twitter. «Diese sozialen Plattformen sind nicht wichtig für mich. Ich glaube sogar, dass sie schlecht für mich sein könnten. Man teilt seine Privatsphäre mit anderen, mit Fremden, sogenannten Freunden.

Und es gibt Menschen, die sich in diesen virtuellen Welten komplett verlieren. Wer man ist und wer man zu sein scheint – dafür kann Facebook ein gutes und schlechtes Beispiel zugleich sein.»

2007 hat Kristofer aufgehört, seinen Namen zu googeln. Es war ihm nicht mehr wichtig. Lässt man das Netz nach ihm suchen, finden sich sehr kurze Einträge auf den Seiten der Verlagshäuser, die seine Bücher veröffentlichen, und einige Interviews in Tageszeitungen, in denen er über seine Bücher spricht. Und ein Video, in dem er aus einem seiner Bücher liest. Der anschließende Applaus scheint ihm unangenehm zu sein. Es gibt auch einen Wikipedia-Eintrag. Kristofer weiß nicht, wer ihn angelegt hat. Doch die Fakten stimmen: *Kristofer Flensmarck, geboren 1976 in Västra Ingelstad, ist ein schwedischer Dichter und Schriftsteller.* Dazu eine Liste seiner Bücher. Neun Stück in neun Jahren. Er hat eine besondere Arbeitsweise. Er nennt es: gefundene Poesie. Oft nutzt er Tagebücher dafür. Er ordnet die Notizen neu, bringt sie in einen anderen Zusammenhang und verkleidet sie als Gedicht. Nicht in Reimen. Es geht ihm nicht so sehr darum, besonders schöne Sätze oder Pointen zu finden. Vielmehr legt er seinen Büchern eine Stimmung zugrunde. Es ist ein dunkler, nachdenklicher Ton. Der Leser taucht ab in die Tiefen des Lebens.

Im Jahr 2009 horchte die schwedische Literaturwelt erstmals auf: «Almanacka» erschien – Kalender. Ein einsamer Mensch sieht dem Tod entgegen. Darum geht es. In der Kurzfassung. Das Buch fußt auf den Jahreskalendern seiner verstorbenen Großmutter. Auf Einträge, die an wichtige Termine wie Arztbesuche oder Geburtstage erinnern sollten, aber auch eine Art Tagebuch in Stichworten waren: *7. Dezember 1985 Grippe.* Seine Eltern hatten einige der Habseligkeiten der Großmutter in Kisten auf dem Dachboden aufbewahrt. Kristofer entdeckte sie und fand darin zunächst den Kalender von 1973. Auf dem vorderen Einband stand unter der Jahreszahl etwas geschrieben: *Ein schwarzes Jahr.* Das machte ihn neugierig. Er holte weitere Kalender hervor und begann, alle Notizen seiner Oma in den Computer zu tippen. «Ich wusste zunächst gar nicht, was ich damit wollte. Doch dann wurde es immer klarer: Ich wollte eine Auswahl treffen und die Kalendereinträge für sich sprechen lassen.» Die Skizze eines Lebens. Kurze Sätze. Keine Erklärungen. Wenige Worte, die alles sagen. Schonungslos ehrlich. «Almanacka» beginnt im Jahr 1973: *2. Januar Lunge röntgen 14 Uhr. 3. Januar Friseur. 24. Januar Dr. Käbin OP.*

Wenige Wochen später stirbt ihr Ehemann:

18. März Valther krank. 19. März Valther geht ins Krankenhaus, 22:20 Uhr. 20. März Valther gestorben, 20:05 Uhr. Aorta geplatzt.

Es ist ein Buch über das Alleinsein alter Menschen. Und darüber, wie sich gegen Ende das Leben verändern kann. Im Kalender aus dem Jahr 1987 steht:

12. Mai Rücken. 13. Mai Nicht verreist. Die Beine tragen mich nicht. 27. Mai Ich will, ich kann, ich werde. 5. Juni Eingekauft. 6. Juni Rücken. Einsam. Ausgeruht. 7. Juni Einsam. Geschrieben. Entwarnung.

Und ein Jahr vor ihrem Tod, 1998, schreibt sie:

18. November Geröntgt. Beckenbruch. Schmerzen. 22. November Schmerzen. 23. November Schmerzen. 24. November Schmerzen. 25. November Schmerzen. 26. November Schmerzen. 27. November Schmerzen. 28. November Schmerzen. 29. November Schmerzen. 7. Dezember Überweisung Röntgen. 18. Dezember Magenspiegelung. 20. Dezember Mund gelähmt. 24. Dezember Einsam.

«Meine Großmutter war eine Frau, die mit Krankheit, Schmerz und Einsamkeit kämpfte», sagt Kristofer. «Ich glaube aber nicht, dass das Dargestellte besonders extrem ist. So leiden viele Menschen. Erkrankungen. Krebs. Menschen müssen operiert werden. Sie sind sehr verzweifelt. Sie sind wütend, traurig, glücklich, verliebt und verlassen – kurz: Sie leben. Und irgendwann sterben alle. Das ist nichts Ungewöhnliches. Es ist aber selten, dass wir einen so intimen Einblick bekommen.» Das Buch endet mit einem Eintrag vom 29. November 1999: *KVH*. Die Buchstaben stehen für den Flügel im Krankenhaus, wo die Patienten liegen, die nicht mehr lange zu leben haben.

Es kann sich eine gewisse Schwere über die Gespräche mit Kristofer legen, und man weiß nicht, ob es die Ernsthaftigkeit ist, mit der er die Dinge betrachtet, oder ob es da eine tiefe Traurigkeit gibt. Er sagt: «Ich schreibe keine lustigen Bücher. Manchmal folgen sie dem Leben eines Menschen bis zu seinem Tod. Da kann es natürlich auch lustige Momente geben. Die Grundstimmung aber ist eher dunkel. Der Tod ist wichtig im Leben, aber schwer zu greifen, daher beschäftige ich mich mit ihm.»

Man sollte auf jedes Wort achten, das Kristofer sagt. Manche Sätze kommen fast beiläufig daher: «Es gibt nicht wenige Menschen, für die schwere Gefühle leichter sind als leichte Gefühle.» Er selber kann nicht wirklich erklären, warum er sich mehr an die dunklen Seiten hält. «Vielleicht weil es ehrliche Gefühle sind», überlegt er. «Oder weil die dunklen Gefühle kein kleiner Teil des Lebens sind. Ich empfinde die Dunkelheit auch gar nicht als negativ. Die Nacht öffnet die Seele. Und ich sitze auch nicht den ganzen Tag zu Hause und denke über das Leben und den Tod nach. Ich kann auch lachen.»

Einige Kilometer südlich von Möllevången liegt das sterile Neubauviertel Hyllievång, in dem sich Architekten aus aller Welt ausgetobt haben. Sie haben einen Messekomplex aus Stahl und Glas gebaut, dazu Wohn- und Geschäftshäuser, Hotels und hochmoderne Einkaufszentren, die überall auf der Welt gleich aussehen. In der Mitte eines Verkehrskreisels aber steht etwas Besonderes: ein kreisrunder Brunnen aus hellgrauem Beton, darin ein meterhoher Kopf aus Bronze, der in den Himmel blickt. Aus dem Mund sprudelt Wasser. Nicht pausenlos. Manchmal mehr, manchmal weniger. Ab und zu stoppt die Fontäne auch oder plätschert nur vor sich hin, als würde jemand etwas Unverständliches murmeln oder flüstern. Im nächsten Augenblick schießt der Strahl wieder heraus, als würde jemand sein Gegenüber mit einem Schwall von Worten ertränken wollen oder anschreien.

Eine kleine Verkehrsinsel in einer großen Stadt kann ein guter Platz sein, um über das Schreiben und die Wirkung von Büchern zu sprechen. Doch was ist ein gutes Buch? «Eines, bei dem man als Leser das Gefühl bekommt, dem Schreiber ganz nah zu sein», sagt Kristofer, «eines, bei dem man fühlt, dass es etwas mit dem Autor zu tun hat.» Er sitzt am Rand des Brunnens und beobachtet die Fontäne. Seine nackten Füße baumeln im Wasser. Autos kreiseln herum und biegen ab. Es ist ein Augenblick, in dem vieles zusammenkommt. «Auch eine Flaschenpost ist wie ein Buch», sagt er, «beides schickt man an einen unbekannten Leser, auf eine ungewisse Reise. Du hoffst, dass es überhaupt gelesen wird. Das tut jeder Schriftsteller.»

Nebenbei arbeitet Kristofer für einen Verlag. Er beurteilt die unverlangt eingereichten Manuskripte. Nur vom Schreiben zu leben ist noch nicht möglich. Sara hat nach der Geburt der Tochter wieder in ihrem Beruf angefangen. Sie ist Architektin. Gemeinsam kommen sie mit dem Geld ganz gut hin. Und gerade hat er mit der Recherche für ein neues Buch begonnen. Einen Titel weiß er noch nicht. Es wird ein biographischer Roman. Es geht um den schwedischen Künstler Carl Fredrik Hill, der von 1849 bis 1911 lebte. Ein Mann, der Bilder malte, die keiner verstand, weil er seiner Zeit voraus war. Ein verkanntes Genie, dessen Freunde allesamt erfolgreiche Künstler wurden. Er selber wurde psychisch krank, lebte wieder bei seiner Mutter. Er litt unter Halluzinationen und Verfolgungswahn. Und er zeichnete. Erst sehr viel später, lange nachdem er gestorben war, bekam er die Anerkennung, die er sich gewünscht hatte. Heute sind seine Werke in allen großen Museen des Landes zu sehen. Es ist die Geschichte eines Enttäuschten, der verrückt wurde. Und da ist es wieder, das Motiv, das hinter vielen Flensmarck-Büchern steht: Ein Mensch, der zeit seines Lebens nie gehört wurde, bekommt nach seinem Tod eine Stimme.

Von Malmö nach Yngsjö sind es knapp 90 Minuten mit dem Auto. Kristofer möchte mir die Hütte und den Strand zeigen, wo sie damals die Flaschenpost schrieben. Auf der Fahrt erzählt er von seiner Kindheit. Erinnerungen können wie ein dunkles Zimmer sein, in dem man herumtappt und lange nichts findet. Nur ab und zu geht das Licht an, und man sieht etwas, oft helfen Geräusche oder Gerüche dabei. Bei Kristofer ist es ein metallisches Knacken. Man könnte sagen, dass er im Schlaf mit dem Schreiben begonnen hat. Sein Vater ist Schriftsteller. Heute noch. Er hatte schon damals einen kleinen Verlag für kulturhistorische Bücher und Fachliteratur. Kristofer wuchs in einem Haus voller Bücher auf. Er schlief mit dem monotonen Klappern der alten Schreibmaschine ein, wenn sein Vater bis tief in die Nacht arbeitete. Und als er aufwachte, schrieb sein Vater noch immer. Dieser Wille hat ihn fasziniert und geprägt zugleich. Schon als Teenager schrieb er Gedichte. «Heute», sagt er, «ist das Schreiben für mich ein Grundbedürfnis. Ich schreibe jeden Tag. So erkläre ich mir die Welt. Es muss auch keiner lesen. Und vielleicht lese auch ich die Sätze nie wieder. Doch heute weiß ich, dass ich immer ein Schreibender bleiben werde. Es ist kein Traum mehr, es ist Realität geworden.»

Auf dem Fußweg zum Strand erzählt er, wie er seine heutige Freundin Sara kennenlernte. Es war hier, in Yngsjö, im Sommer 2011. Jessica hatte zur Taufe ihres Sohnes in das Holzhaus im Wald eingeladen. Viele Gäste waren gekommen. Auch Sara. Irgendwann beschlossen einige von ihnen, schwimmen zu gehen. Es war stürmisch. Hellgrau der Himmel, dunkelgrau das Meer. Die Wellen waren riesig. Kristofer erinnert sich, wie sie alle auf dem kleinen Steg standen und immer wieder hineinsprangen. Und irgendwann fragten sie sich, ob es nicht doch gefährlich sein könnte. Auch Sara sprang wieder hinein. Doch plötzlich verschwand sie. Sie war untergegangen. Die Ostsee wühlte und schäumte. Dunkel und schwarz. Nach Sekunden, die wie Minuten waren, tauchte Sara wieder auf. Sie war voller Panik und sehr erschöpft. Sie schaffte es nicht mehr, aus eigener Kraft die Leiter hinaufzuklettern, und glitt immer wieder ins Wasser zurück. Kristofer und ein Freund sprangen hinein. Sie bekamen Arme und Beine zu fassen. Und es gelang ihnen, Sara auf den Steg zu ziehen. Sie retteten ihr das Leben.

«Wir gingen zurück zum Haus, saßen vor dem Holzofen, in Decken eingewickelt, und sprachen nicht viel. Ich gab ihr eine Zigarette, und wir rauchten. So haben wir uns kennengelernt. Wenn sie an diesem Tag gestorben wäre, wäre das sehr tragisch und sehr traurig gewesen. Es wäre aber nicht bestimmend für mich und mein Leben gewesen, da ich sie ja gar nicht kannte. Sara war eine Fremde für mich. Und dann veränderte dieser Moment doch mein Leben. Einen Monat später kamen wir zusammen. Heute haben wir eine Tochter. Das sind die Türen des Lebens, die hier auf- und dort zugehen.»

Kristofer steht jetzt im Wald am Meer, und ihm fällt noch eine kleine Geschichte ein: Einmal schrieb er drei Wochen lang in einer abgelegenen Hütte, weit weg von allem, mitten in der Wildnis. Dort konnte es so richtig dunkel werden. Er war alleine. Und wenn er nicht arbeitete, lief er auf schmalen Trampelpfaden durch den Wald, um auf frische Gedanken zu kommen. An einem Nachmittag aber, es war schon später, verlor er die Orientierung. Er hatte sich verlaufen. Er begann nach auffälligen Bäumen zu suchen, die ihm bekannt vorkamen. Er versuchte, sich Steine zu merken, die ihm einen Hinweis für den Heimweg geben konnten. Doch das funktionierte alles nicht. Es begann zu dämmern. Mit Ästen und Steinen legte er Pfeile und Wegmarken. Doch auch das half nicht. Es wurde immer dunkler.

Kristofer weiß noch, dass er sich nicht fürchtete. Er fühlte sich auch nicht verloren. Er überlegte, was so schlimm daran wäre, eine Nacht im Freien unter einem Baum schlafen zu müssen. «Klar war: Ich würde nicht sterben. Es war warm genug. Auch einem Bären würde ich hier nicht begegnen. Und plötzlich war es ein gutes Gefühl, sich verlaufen zu haben. Ein Gefühl der absoluten Ruhe und Klarheit. Das passiert ja nicht so oft im Leben.»

An besagtem Abend fand er dann doch noch den Weg zurück zur Hütte. «Vielleicht war es Zufall», so genau weiß er das nicht mehr. Und gerade als er mit dem Erzählen über das Sich-Verlaufen und das Sich-Verlieren fertig ist, bleibt er abrupt stehen. Er blickt sich um. In alle Richtungen. Er steht im Wald und horcht. Er schüttelt den Kopf und lacht. Und dann wird ihm klar: «Wir haben uns verlaufen.»

Käpt'n Kork, bitte melden ...

Gerade von Fähren wird viel Post verschickt. Doch wer schreibt? Beobachtungen und Begegnungen auf der Überfahrt von Kiel nach Klaipėda. Oder: Wie eine Flaschenpost gleich zweimal gefunden wurde.

So eine Fahrt mit dem Schiff von Kiel nach Klaipėda, der litauischen Hafenstadt, ist wie eine Reise zurück durch dieses Buch: zunächst raus aus der Förde, steuerbords am Heikendorfer Hafen vorbei, wo Konrad Fischer, der Finder der zurzeit drittältesten Flaschenpost der Welt, seinen Kutter liegen hat. Backbord kommt schon bald der Bülker Leuchtturm in Sicht, wo Flaschenpostredakteur Peter Scharstein seine liebevoll gestalteten Schriftstücke der Ostsee übergibt. Weiter die Küste entlang, an Fehmarn vorbei, wo die Fähren in Richtung Norden ablegen, wo Sara Ilum in Kopenhagen und Kristofer Flensmarck in Malmö leben. Dann Rügen und Thomas Masloboy, der seine Flaschenpostexperimente bei Sturm aus West macht. Dann Bornholm und Mogens Christensen, der Strandvogt. Schließlich das Baltikum, wo Vladimir Starovoitov auf der Kurischen Nehrung eine Botschaft aus Deutschland fand. Und wo im lettischen Nida mit Biruta Kerve alles seinen Anfang nahm.

Ein Schiff, das zwei Ufer und zwei Länder verbindet, ist ein guter Ort für Flaschenpost. Von Deutschland nach Litauen sind es 22 Stunden. Viel Zeit, in der man auf Ideen kommen kann, die man an Land vielleicht nie hätte. Wobei eine Autofähre wenig romantisch ist. Es sind 300 Passagiere an Bord. Zwei Drittel Männer. Lastwagenfahrer aus Litauen, Lettland und Russland. Dazu Fahrradtouristen,

Familien und ältere Deutsche, die in Ostpreußen geboren sind und die Orte ihrer Vergangenheit aufsuchen wollen. Und die Crew natürlich – Litauer und Deutsche. Die Menschenmischung an Bord ist das eigentlich Interessante an so einer Überfahrt.

Die Crew – Es ist seltsam: Die, die am meisten Zeit auf einer Fähre verbringen, schreiben keine Flaschenpost, weil sie keine Zeit haben. Das wird schnell klar, wenn man den Kellner im Restaurant, die Frau hinter der Bar, einen der Köche oder den Mann an der Rezeption fragt. Kein Mitglied der Besatzung scheint jemals eine Nachricht in die Ostsee geworfen zu haben. «Wer auf einer Fähre anheuert, denkt nicht an so was. Unsere Arbeit hat nichts mit Sehnsucht oder Romantik zu tun», erklärt Martins, ein schlanker Mittdreißiger aus Vilnius. Seit 2002 ist er als Steward für verschiedene Reedereien unterwegs. Vielleicht mal eine Zigarette zwischendurch, vielleicht mal die Möwen im Flug füttern – für mehr reicht die Zeit kaum. «Aber die Männer dort an der Bar, die kannst du ja mal fragen, die müssen die Zeit irgendwie totschlagen.» Er zeigt auf eine Gruppe von Lkw-Fahrern: wenig Haare, viel Körper.

Die Lkw-Fahrer – In der Road Kings Coffee Bar gibt es nicht nur Kaffee. Fünf Männer am Tresen. Sie tragen Badelatschen, Trainingshosen und Unterhemden. Ihre Blicke sind hart. So hart, als ob sie nie irgendwo eingeladen werden, aber trotzdem kommen und sich am Buffet bedienen, ohne ein Geschenk dabeizuhaben. Sie sind die Könige des Asphalts und immer unterwegs. Lastwagen mit Hosen und Hemden nach irgendwo. Frische Früchte fürs Baltikum. Doch nun haben sie einen ganzen Abend frei. Und man kann sich täuschen in diesen Männern.

Darius, ein Litauer, scheint der härteste und verwegenste der Fernfahrer zu sein, eine Art Anführer, der die Kommandos gibt. Wenn er redet, reden die anderen nicht. Er bestimmt, wann die nächste Runde bestellt wird. Er hat alles unter Kontrolle. Mit seiner knolligen Nase und den wuchtigen Oberarmen sieht er aus wie ein Preisboxer. Superschwergewicht. Ständig kaut er auf Streichhölzern herum und trägt mindestens einen dieser Zahnstocher hinter seinem rechten Ohr. Auch bei starkem Wind bleiben sie dort stecken, worauf er später auf dem Raucherdeck stolz hinweisen wird. Er zeigt auf mich, dann auf einen freien Hocker: «Du, da hinsetzen!» Im Fernseher, der oben in der Ecke hängt, läuft ein schlimmes Musikvideo von Queen: «Is this the real life? Is this just fantasy? Caught in a landslide. No escape from reality! … Oh Mama Mia, Mama Mia, Mama Mia, let me go!»

Zu später Stunde wird selbst Darius einsilbiger: «Deutsche denken zu viel!» Und Litauer? «Basketball und Dill!» Große Sätze. Darius ist derbe, aber lustig. Wäre er bei Twitter, würde er sehr schnell sehr viele Fans und Follower haben. Nun aber ist er gerade in Schieflage geraten. Mit geschlossenen Augen wiegt er seinen Kopf hin und her, wie ein Autist, der mit der Welt nichts mehr zu tun haben will. Doch gerade jetzt, wo alles etwas undurchsichtig und verschwommen zu sein scheint, ist der Moment gekommen, ihm die für dieses Buch alles entscheidende Frage zu stellen: «Darius, hast du schon mal eine Flaschenpost geschrieben?» Er schreckt hoch. Er ist jetzt wieder voll da. «Machst du Witze? Wer so oft auf Schiffen unterwegs ist wie ich, der schreibt immer.» Und wer sich so intensiv mit Flaschenpost beschäftigt wie er, der fängt auch irgendwann an, das gesamte Alkoholsortiment eines Bordsupermarktes auf seine Posttauglichkeit zu untersuchen. Die dunkelbraunen Whiskyflaschen sind eher schlecht, zu undurchsichtig, erklärt er. Die weißglasigen Wodkaflaschen aber, die gehen gut. Und Antworten? «Zwei. Beide aus Polen. Aber schon Jahre her.»

Ruhige See und schwere Köpfe am nächsten Morgen. Auf den Tischen liegen Faltblätter mit den Promillegrenzen für Brummifahrer: *Litauen 0,2. Deutschland 0,0. Finnland 0,5.* Dazu die einfache und in

Symbolen erklärte Rechnung: *Trinken + Autofahren = Polizei.* Darius sitzt wieder an der Bar – oder immer noch. Vor ihm das zweite Bier des Tages. Er hat seine eigene Rechnung: «Drei Bier bis zehn Uhr.» Und wenn die Fähre am späten Nachmittag anlegt, kann er wieder fahren. Er kann gut was vertragen. Er kennt seinen Körper. Einmal in der Woche macht er diese Tour. Einmal hin. Und einmal zurück.

Die Touristen – Geschätzt die Hälfte aller gefundenen Briefe wird von Fähren und Segelbooten verschickt. Hier eine kleine Auswahl von Briefen, die mir während meiner fast zweijährigen Recherche begegnet sind: Ingrid und Bernd aus Ratekau schrieben am 28. Mai 2009 auf der *Finnstar* von Helsinki nach Travemünde. Michaela am 22. August 1983 auf der *Jens Kofoed* von Bornholm nach Ystad. Jürgen aus Berlin, der am 28. August 2004 auf Ostseekreuzfahrt mit der *Astoria* war, dem ehemaligen «Traumschiff» aus der liebsten Fernsehserie der Deutschen. Oder auch Wolf Dietrich aus dem Ostseebad Wustrow an Bord der *Railship II*, einer der damals weltgrößten Eisenbahnfähren, die zwischen Travemünde und Turku verkehrte. Er verschickte wohl häufiger mal Flaschenpost. Diese trägt die Nummer 151. Das Datum: 13. Dezember 2000 um 22:30 Uhr. Er hatte sogar die Koordinaten aufgeschrieben: 55°05 Nord und 013°44 Ost. Seine Nachricht kam drei Tage später bei Mogens auf Bornholm an. Wie auch dieser Brief ohne Namen und ohne Datum:

> *Hallo an denjenigen, der diese Flaschenpost liest!*
> *Wir sind fünf Mädels aus Gützkow und gerade auf dem Weg*
> *nach Schweden. Wir haben Sommerferien und werden demnächst auf das Gymnasium gehen. Wir saßen, als wir diesen*
> *Brief geschrieben haben, auf der Fähre und hatten Langeweile.*
> *Wenn du das hier liest, liegen wir schon längst am Strand.*
> *Viele liebe Grüße*
> *Die fünf Mädels*

Der Autor – Während der Arbeit zu diesem Buch habe ich 19 Flaschen ins Meer gepostet. Fünf in Deutschland, eine in Dänemark, sechs in Lettland, eine in Holland, fünf von Schiffen und eine in einem Brunnen auf einer Verkehrsinsel der schwedischen Stadt Malmö. Bis jetzt wurden drei gefunden. Zwei in Lettland: eine von einem Schäferhund namens Clifford, der in Liepāja lebt und täglich mit seinem Frauchen am Strand Gassi geht. Die zweite von Agnis aus Júrmalciems, einem Dorf, nicht weit weg von Nida, dort, wo Biruta lebt. Und Petra entdeckte die dritte: Am 27. August 2014 hatte ich die braunglasige Bierflasche mit dem Bügelverschluss über die Reling der Fähre von Kiel nach Klaipėda in den Fehmarnbelt geworfen.

Es dauerte 363 Tage, bis sie wieder auftauchte. Wundersamerweise in Cuxhaven. Petra ist die Hafenmeisterin der dortigen Seglervereinigung. Meine Flaschenpost dümpelte im Hafenbecken zwischen den Booten. In ihrer E-Mail schreibt sie: *Ich kann kaum glauben, dass die Flasche ohne Hilfe von der Ostsee in die Nordsee gekommen ist. Aber vielleicht ja doch.* Rund 120 Seemeilen von Fehmarn zurück nach Kiel, durch den Nord-Ostsee-Kanal und bis nach Cuxhaven? Es kann nur eine Erklärung geben: Die Flaschenpost wurde zweimal gefunden. Es gab einen geheimnisvollen Postboten, der sie mitnahm. Vielleicht ein Fischer. Vielleicht der Kapitän einer Segelyacht. Ein Unbekannter. Doch wie die Buddel wirklich ihren Weg in die Nordsee fand, weiß nur der mysteriöse Kurier.

Käpt'n Kork, bitte mal melden! Ein Finderlohn ist hiermit versprochen …

9 Stille Post

Gotland

● Burgsvik

● Borgholm

Öland

SCHWEDEN

Ostsee

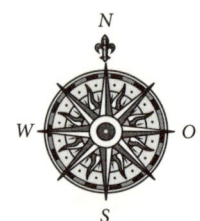

- ▶ Abgeschickt: **5.7.2014**
  Vytautas an Bord der Fähre von
  Kiel nach Klaipėda
  (55°715205 Nord, 20°725993 Ost)
- ▶ Angelandet: **20.8.2014**
- ▶ Gefunden: **20–22.8.2014**
  Unbekannte Frau in Liepāja
  (Lettland)
  (56°488920 Nord, 20°995855 Ost)
- ▶ Entfernung: **ca. 255 Seemeilen**

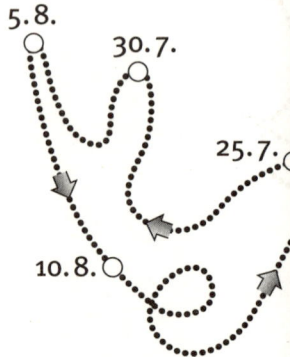

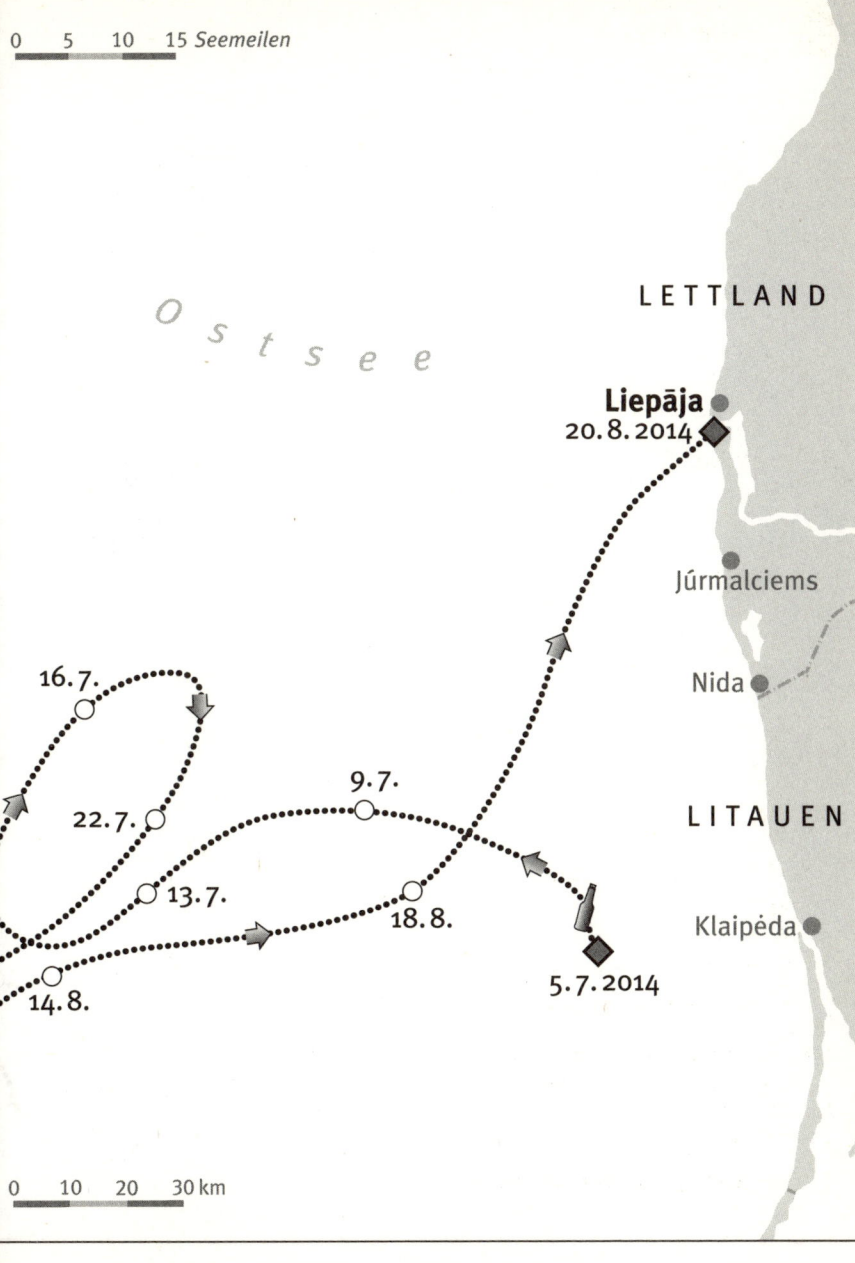

9

Stille Post

Sieben Jahre später: Ein zweiter Besuch im lettischen Nida. Das Leben hat sich verändert. Die Zeiten haben sich geändert. Eine letzte Geschichte über das Suchen und Finden. Von Glück und Unglück. Von Abschied und Wiederkehr.

Wenn etwas in der Kindheit die Phantasie befeuerte, dann waren es oft die geheimen, etwas versteckt gelegenen Plätze, an denen man für sich sein und kleine Gedanken auf große Reisen schicken konnte. Wie das selbstgebaute Baumhaus, die Höhle im Kleiderschrank der Eltern, das eigene Kinderzimmer oder eine verborgene Ecke auf dem Pausenhof der Schule. Es waren Freiräume, an die man sich sein Leben lang erinnern wird.

Genauso war es mir mit dem Garten von Biruta Kerve gegangen, den ich im Sommer 2008 durch Zufall entdeckt hatte und von dem ich seither wusste, dass ich ihn nie mehr vergessen würde. Und wer nach längerer Zeit an so einen Gefühlsort zurückkehrt, bringt immer die Bilder von damals mit. Es sind die Erinnerungen, die einen glauben lassen, dass es dort auch heute noch genau so aussehen muss wie damals und dass es auch für immer so bleiben wird.

Und dann biegt man sieben Jahre später wieder kurz hinter der Grenze links ab und fährt die kilometerlange Schlaglochpiste ein zweites Mal. Man hat schon fast das Ende erreicht und die ersten Höfe und Häuser von Nida hinter sich gelassen. Man denkt sich, dass die Fischerbojen, die wie übergroße Orangen an den Bäumen leuchten, gleich auftauchen werden. Dass die Fahnen und Netze, die an den langen Ästen im Wind flattern, längst in Sichtweite sein müssten. Dass die farbenfrohen Torbögen und die sich drehenden Windräder doch eigentlich schon zu sehen sein sollten. Doch da leuchtet und flattert nichts. Es dreht sich auch nichts. Denn da ist nichts mehr. Die sagenhaften Skulpturen, die vom Meer polierten Baumwurzeln, die Treibholzwesen, deren Knorrigkeit keine Grenzen kannte – alles ist verschwunden. Auch Birutas verwitterte Holzkate steht nicht mehr. Den bunten Garten gibt es nicht mehr. Es ist, als wäre er nie da gewesen.

Ein neuer Bretterzaun umgibt heute das Grundstück hinter den Dünen. Am Zaun hängen Schilder. Zwei litauische Worte geben einen eindeutigen Hinweis, was man von fremden Besuchern hält: *Privati Valda* – Privateigentum. Auch die beiden Autos auf dem Hof haben Kennzeichen aus dem Nachbarland. Da, wo mal der Hühnerstall stand, steht heute ein großes Fachwerkhaus. Und noch eines an der Stelle, wo Biruta früher ihre Blumen pflanzte. Ein drittes wird gerade gebaut. Die Dächer sind mit Reet gedeckt, die Holzwände in einem blassen Blau gestrichen, die Fensterläden dunkelrot. Wo einst der Gemüsegarten war, ist heute eine Spielwiese für Kinder. Darauf zwei Fußballtore, eine Schaukel und ein Volleyballnetz. Und dort, wo der schmale Pfad durch das Kiefernwäldchen zum Meer führt, haben die neuen Besitzer einen Whirlpool aufgestellt. Nur vereinzelt liegen ein paar Bojen im hohen Gras herum wie Relikte aus einer anderen Zeit. Letzte Überreste.

Ein stämmiger Mann mit grauschwarzem Haar und Vollbart arbeitet mit einer Schaufel im Garten. «Entschuldigen Sie!» Er sieht mich und kommt zum Zaun. «Ich bin auf der Suche nach einer Frau, die hier gelebt hat. Wissen Sie vielleicht mehr?» Der Mann ist Litauer, Mitte 60. Aus Kaunas, wie er erzählt. Sein Sohn hat das Grundstück im Juni 2011 gekauft. Sie haben Ferienhäuser für die ganze Familie gebaut. Meist kommen sie im Sommer und an den Wochenenden. Es sind ja nur knapp zweieinhalb Autostunden aus der Großstadt. «Wir genießen die Ruhe hier sehr», sagt er, «dieser Ort ist wie ein kleines Paradies.»

«Und was ist mit der Frau? Ihr Name ist Biruta Kerve. Wo ist sie heute?» Er muss nur kurz überlegen. Ja, an die erinnere er sich. «Sie ist weggezogen.» Nein, er wisse nicht, was aus ihr geworden ist. Aber er könne seinen Sohn fragen. «Vielleicht weiß der mehr.» Er werde ihn anrufen und sich melden, verspricht er. Vielleicht heute schon. Eher morgen. Ganz sicher übermorgen.

«Und was ist mit dem Treibgut und den vielen Kunstwerken aus dem Garten passiert?» Der Mann wird jetzt ungehaltener. Sein Ton wird deutlicher. Er will keine Fragen mehr beantworten. Das ist nun klar. «Wir haben alles verschenkt. An Nachbarn und Leute aus anderen Dörfern. Wir haben nichts weggeworfen.» Im letzten Jahr habe man dann das alte Holzhaus der Vorbesitzerin mit einem großen Bagger abgerissen. «Das ging schnell. Es fiel ja schon fast auseinander. Dort, wo es stand, bauen wir gerade ein neues.» Er zeigt auf die Baustelle. So, und nun müsse er wirklich weitermachen. «Mein Sohn wird Sie anrufen. Auf Wiedersehen!»

Die Suche nach Biruta beginnt im Rathaus von Rucava, nicht weit von Nida, 15 Kilometer sind es nur. 600 Menschen leben im größten Ort der Gegend. Alle umliegenden Dörfer gehören zum Gemeindebezirk. Das Einwohnermeldeamt ist im oberen Stockwerk des wuchtigen Betonbaus untergebracht. Dort sitzen fünf Frauen beim Morgenkaffee in einem dunklen Büro. Sie haben sich um einen winzigen Tisch versammelt, auf dem ein großer runder Kuchen steht, in dem brennende Kerzen stecken. Sie feiern Geburtstag. Im Fernsehen läuft eine Reklame für Putzmittel in ohrenbetäubender Lautstärke. Doch niemand schaut hin. Und niemand scheint mich wahrzunehmen, als ich im Türrahmen auftauche.

«Hallo, guten Tag. Herzlichen Glückwunsch zum Geburtstag!»

Keine Regung. Jetzt wird der Kuchen angeschnitten.

Also noch einmal: «Entschuldigen Sie bitte die Störung», schreie ich fast gegen einen Werbespot für Diät-Joghurt an, «ich bin ein Journalist aus Deutschland und suche eine Frau, die hier ganz in der Nähe in einem Dorf gelebt hat.»

Immerhin: Zwei Frauen drehen ihre Köpfe. Verständnislose Blicke. Dann Kopfschütteln. Niemand spricht hier Englisch oder Deutsch. Und niemand scheint ein Interesse daran zu haben, verstehen zu wollen, was ich sage. Kaffee und Kuchen sind wichtiger.

«Der Name ist Biruta Kerve. Aus Nida.»

Gabeln klappern geschäftig auf Tellern. Begleitet von gleichgültigem Achselzucken. Als ich schon aufgeben will, stellt die älteste der Damen plötzlich ihre Tasse beiseite und steht auf. Sie ist klein und kompakt und schnauft unter der gewaltigen Last ihres Busens. Dann aber eilt sie zielsicher und in hohem Tempo ins benachbarte Büro, nimmt einen Aktenordner aus dem Regal, schlägt ihn auf, blättert bis zum Buchstaben K und zeigt wortlos auf einen Namen in der langen Liste: *Kerve, Biruta*. Eine Adresse steht nicht dabei. Aber eine Telefonnummer. Die Frau schreibt die Zahlen auf ein Stück Papier. Jetzt lächelt sie sogar. Vielleicht ist sie froh, dass sie mir doch noch helfen konnte. Oder sie freut sich auf den Kuchen. Vielleicht auch beides. «Danke schön! Auf Wiedersehen.»

In der Touristeninformation gleich gegenüber dem Supermarkt und der Kirche von Rucava ist nicht viel los an diesem grauen Vormittag. Es ist schon fast zwölf, und ich bin der einzige Besucher. In den Regalen stapeln sich die Broschüren und Faltblätter, Straßenkarten und Material über die Sehenswürdigkeiten der Region Kurland. Am Schreibtisch sitzt ein junger Mann mit Gelfrisur, akkurat gestutztem Bart und großen schwarzen Ohrringen. Überrascht springt er auf. Er hat gerade gezeichnet. Das Porträt einer jungen Frau mit Blumen im Haar. «Was kann ich für Sie tun?»

Mārtinš Feodosovs spricht gutes Englisch. Für zwei Jahre wird er im Fremdenverkehrsamt aushelfen. Vor drei Monaten hat er angefangen. Die Büroleiterin ist schwanger. Nun wird er mit Menschen aus ganz Europa zu tun haben. Vor allem im Sommer. Und im Winter wird er viel Zeit zum Zeichnen haben. «Ein interessanter Job», wie er sagt. Auch weil es in einem leeren Landstrich außer der Natur sonst nicht viel gibt. Erst recht keine Jobs. Weltabgewandter lässt es sich in Lettland nur im Osten an der Grenze zu Russland leben, die man meidet, als ginge von ihr ein unheimlicher Sog aus. Als würde man, passte man nicht auf, auf der falschen Seite aufwachen. Mārtinš sagt: «Bei uns im Südwesten ist der Tourismus die einzige Chance, ein bisschen Geld zu verdienen.» Viele müssten die Seite wechseln und zum Arbeiten nach Litauen gehen. Er selber wolle bleiben, so lange es noch geht. «Es ist doch wichtig zu wissen, woher man kommt.»

In wenigen Worten erzähle ich von Biruta und der Flaschenpost, von meiner Suche und dem verschwundenen Garten. Ja, den kannte er. Er selber war auch einmal da. «Ist schon Jahre her. Den gibt es nicht mehr?» Ich zeige ihm den Zettel mit der Nummer. Mārtinš versteht. Er nickt entschlossen und greift zum Telefonhörer. «Ich werde fragen, wo sie heute lebt und ob sie Zeit für ein Treffen hat.» Er wählt und wartet. Er beginnt zu sprechen, erklärt und hört zu. Er notiert eine Adresse, bedankt sich und legt auf. Keine Minute hat das Gespräch gedauert. «Liepāja», sagt er, «Biruta lebt heute in Liepāja, 60 Kilometer von hier. Sie weiß, wer du bist. Sie erinnert sich an deinen Besuch von damals. Morgen um zehn Uhr. Sie erwartet dich.» Er nimmt einen Stadtplan und kringelt eine Straße ein. Zum Abschied drückt er mir eine Broschüre in deutscher Sprache in die Hand: *Liepāja – die Stadt, wo der Wind geboren wird.*

Der nächste Morgen ist voller Geräusche. Der Autolärm mischt sich mit dem metallischen Klingeln einer Straßenbahn und der Sirene eines Krankenwagens. Es regnet in Strömen. Liepāja ist schwer und grau an diesem Tag. Als hätte jemand die Farbe aus allem herausgezogen. Es ist die drittgrößte Stadt des Landes. Knapp 80 000 Menschen sind es noch. 1989 waren es noch 40 000 mehr. Mehr als zwei Drittel der Letten leben in Städten. Und alle wollen nach Riga, so wie in Deutschland alle nach Hamburg, Berlin, München oder Köln wollen. Wer nicht nach Riga geht, verlässt das Land gleich ganz. So sind Städtchen zu Dörfern geschrumpft, Dörfer zu Siedlungen, Siedlungen zu einzelnen Häusern. Und wenn die Alten sterben, gibt es niemanden, der an ihre Stelle rückt.

Doch wer sich in eine der vielen Kneipen der kurländischen Hafenstadt setzt, kann tatsächlich wieder so etwas wie frischen Wind spüren und viele Sprachen hören: Lettisch, Litauisch und Russisch, Englisch, Deutsch und Schwedisch. Es gibt eine Universität und jedes Jahr ein großes Rockfestival. Es gibt viele junge Leute, einen kilometerlangen Sandstrand und ein futuristisches Konzerthaus, das wie ein Ufo aussieht und das man «Lielais Dzintars» nennt – den großen Bernstein. Mehrmals in der Woche legen Fähren aus Deutschland an. Warum Biruta ausgerechnet in Liepāja wohnt, obwohl sie nie in der Stadt hatte leben wollen, ist mir ein Rätsel.

Die Straße, die Mārtiņš auf der Karte markiert hat, liegt etwas südlich des Stadtzentrums in einer ruhigen Gegend. Birutas neue Adresse gehört zu einem Holzhaus mit braunschwarzer Fassade und mehreren Wohnungen. Es gibt keine Namensschilder und keine Klingel. Aber sie hat den blauen Bus aus Deutschland schon durch das Fenster im oberen Stockwerk gesehen. Sie kommt herunter und öffnet die Tür. Schneeweiße Haare, meerblaue Augen. Sie ist freundlich und zurückhaltend. Das hat sich nicht geändert. Sie bittet mich herein und steigt die knarzenden Stufen der Treppe hinauf. Eine winzige Küche, dahinter ein Raum. Darin ein Bett, ein Kleiderschrank, ein Regal mit Büchern, ein kleiner Tisch und zwei

Stühle. An der Wand hängen Bilder von Ekars, ihrem Hund, der 2012 gestorben ist.

Biruta lebt ein neues Leben, das mit ihrem alten nichts mehr zu tun hat. Blickt sie aus dem Fenster, sieht sie Mauern und Zäune, Autos und ein Meer aus Häusern. Schaut sie in den Hof hinter dem Haus, sieht sie das, was geblieben ist aus der Zeit in Nida: fünf Bojen, die auf Ästen im Boden stecken, und ein einsames Windrad, das sich gerade nicht drehen will.

Es war der 12. Juni 2011. Sieben Tage vor ihrem 67. Geburtstag, da ist sie hier in der Zweizimmerwohnung ihrer elf Jahre jüngeren Schwester untergekommen, wie sie erzählt. Auch ihr einziger Sohn Armands, der 1965 in Nida geboren ist, lebt seit Jahren schon in Liepāja. «Also bin auch ich in die Stadt gegangen. Was sollte ich tun? Mir blieb ja keine andere Wahl.»

Sie setzt sich auf das Bett und beginnt zu berichten, wie alles so kommen konnte, wie es kam. Der Freund ihrer Enkelin übersetzt: Es war einer der ersten warmen Tage im Mai 2011. Die Sonne schien, doch es fühlte sich noch nicht nach Sommer an. Da stand plötzlich ein Mann in ihrem Garten. Ein stämmiger Litauer mit breiten Schultern und hoher Stirn, Anfang 40. Er fragte, ob er einige Tage auf ihrem Grundstück übernachten dürfe. In seinem Wohnwagen. Nichts sprach dagegen: Er war höflich. Vertrauenswürdig. Und oft schon hatten Besucher in Wohnmobilen oder Zelten hinten auf der kleinen Rasenfläche neben den Gemüsebeeten campiert. Für Biruta war es immer doppeltes Glück gewesen: Sie nahm umgerechnet fünf Euro pro Nacht. Und sie hatte etwas Gesellschaft.

Der Mann blieb fast zwei Wochen. Mit ihm waren auch viele Fragen gekommen. Er wollte alles über das Leben in Nida wissen, über die Launen des Meeres, ob das Haus hinter der Düne auch wirklich sicher vor den Herbststürmen sei. Biruta und der Mann verstanden sich gut. Eine Frau, die schon immer ein einfaches, genügsames

Leben geführt hatte, die nie gejammert und sich nie beschwert hatte. Und ein litauischer Geschäftsmann aus Kaunas, Vorstandsvorsitzender eines der größten Konzerne des Baltikums, einer Firmengruppe der Internet- und Elektronikbranche, in der es um Hunderte Millionen Euro im Jahr geht. Verschiedener können zwei Menschenleben kaum sein. Doch Biruta ahnte in diesen Tagen noch nicht, wer der Mann war und was er wirklich wollte. Sie dachte, er würde einfach Urlaub machen. Und so kam es, wie es nicht selten kommt, wenn zwei Menschen sich begegnen und das Glück sich verschiebt: Wenn das Glück des einen zum Unglück des anderen wird.

Am Abend, bevor der Mann wieder abreiste, verriet er den wahren Grund seines Kommens. Er werde das Grundstück kaufen. Es sei ein schöner Ferienort für ihn und seine Familie. Er werde neue Häuser bauen. Lange vor seinem Besuch hatte er sich bei einem Makler erkundigt. Das Land stand zum Verkauf. Und Biruta hatte immer gewusst, dass dieser Tag irgendwann kommen würde. Sie und ihr Mann Jurji hatten den Platz am Meer jahrzehntelang beim Staat gepachtet. 1991, unmittelbar nach der Wende, hatte ein Mann aus Riga alles gekauft. All die Jahre hatte er die beiden weiter in Nida wohnen lassen. Für wenig Miete. Ganz ohne Vertrag. Als der Besitzer 2011 starb, wollte die Familie das Erbe verkaufen. Und so bekam der Millionär aus Kaunas Wind von der Sache.

Biruta weiß noch genau, was er sagte, als er ins Auto stieg und sich verabschiedete: Sie müsse sich keine Sorgen machen. Er würde ihr ein kleines Häuschen bauen, etwas weiter hinten auf dem Grundstück. Dort würde sie leben können. «Du musst hier nicht weg», das versicherte er, «du wirst bleiben können.»

Wenige Wochen später hämmerte es an ihrer Tür. Der Mann war zurückgekommen. Doch nun war er gar nicht mehr freundlich. Er hatte das Grundstück gekauft. Er zeigte den Vertrag. Und jetzt war auch nicht mehr die Rede davon, dass Biruta würde bleiben dürfen.

In drei Tagen werde er wiederkommen. Sie solle ihre Sachen packen. Dann müsse sie raus aus ihrem Haus. Und sollte sie sich weigern, würde er Männer dabeihaben, die dafür sorgen würden, dass sie gehen werde. Biruta jagte ihn mit einem Besen vom Hof.

Dann bekam sie Angst. Was würde jetzt passieren? Würde er seine Drohung wirklich wahr machen? Was sind drei Tage im Vergleich zu einem ganzen Leben? Biruta hatte Herbststürme, Orkane und Sturmfluten überstanden. Nicht ein einziges Mal war die Ostsee bis in ihre Wohnstube vorgedrungen. Und nun sollte sie Nida von heute auf morgen verlassen müssen?

Es kam der Tag, der alles verändern sollte. Am Vormittag war sie mit dem Bus zu ihrer Schwester nach Liepāja gefahren. Sie hatten Kaffee getrunken und Lebensmittel eingekauft. Sie hatte von ihren Sorgen erzählt, auch dass sie nicht glauben wollte, dass der Mann sie einfach vor die Tür setzen würde. Sie fühlte sich hilflos und ohnmächtig. Als sie am späten Nachmittag zurückkam, sah sie schon von weitem, dass etwas nicht stimmte. Sie weiß noch, wie blau der Himmel war, wie normal dieser Himmel aussah. Doch da war auch dieser seltsame Qualm, der dicht und schwarz von ihrem Grundstück aufstieg. Der Wind kam an diesem Tag über das Meer und hatte die Rauchfahne schon weit über die Felder ins Landesinnere getragen.

15 Männer räumten das Haus. Sie trugen die Möbel vor die Tür und warfen sie ins Feuer, das mitten auf dem Hof loderte. Sie liefen durch den Garten und schleppten das Treibholz, die Baumstümpfe und Schiffsplanken herbei. Alles ging in Flammen auf. Das Strandgut, das nicht verbrannt werden konnte, wurde wieder zu Müll, auf einen Lastwagen geladen und zur Deponie gefahren. Das Altmetall wollten die Litauer verkaufen.

Biruta stand sprachlos dabei. Angewurzelt und entwurzelt zugleich. Das war das Ende eines Lebenswerkes. Aber nicht das Ende eines Lebens. Sie packte zusammen, was sie tragen konnte, darunter fünf Gästebücher und die Briefe, die das Meer ihr an den Strand gelegt hatte. Sie sagt: «Ich verstand damals gar nicht, was da gerade passierte.» Sie sitzt auf ihrem Bett und weint.

Ein Leben, umgekrempelt in wenigen Augenblicken. Doch was macht das mit einem Menschen, wenn man seinen vertrauten Ort verlassen muss und plötzlich keinen Platz mehr zum Leben hat? Wie geht man mit so einer persönlichen Katastrophe um? Einfach nicht mehr daran denken. Das hilft manchmal, Erlebtes für immer unbewusst zu machen. Aber es ist auch gefährlich. Weil immer und plötzlich alles mit Wucht zurückkommen kann. Dafür reicht ein Geruch, manchmal nur ein Geräusch oder auch der Anblick von fünf orangefarbenen Bojen im Hof hinter dem Haus.

Biruta redet jetzt und hört gar nicht mehr auf. Als würde jedes Wort die Seele ein Stück weit erleichtern. Manchmal kneift sie ihre Augen ein bisschen zusammen, um sich besser konzentrieren zu können. Sie ist ja schon über 70 mittlerweile. «Es wird schon werden», sagt sie sich in den ersten Wochen ihres neuen Lebens. «Es wird besser werden», sagt sie sich in den Monaten danach. «Es muss ja», sagt sie sich heute, «ich kann es ja nicht ändern. Ich muss weiterleben. Ich will nicht für den Rest meines Lebens traurig sein.»

Doch es wäre nicht die Wahrheit, zu schreiben, dass alles spurlos an ihr vorübergegangen ist. Biruta ist alt geworden. Das sagt sie selbst. Ihr fehlt die Bewegung, die Arbeit im Garten, das Leben im Dorf hinter der Düne. Jeden Tag, vom Morgengrauen bis in den Abend, von Frühling bis Herbst, hatte sie ihre Gemüsebeete beackert. Sie hatte geharkt, gegraben, gejätet und die Kartoffelkäfer und Kohlwürmer gejagt. Und früh am Morgen und zwischendurch war sie immer mal wieder an den Strand gegangen, um nachzusehen, ob das Meer etwas Neues gebracht hatte. Viermal am Tag.

Heute hat sie schnell Rückenschmerzen. Einmal musste sie sogar für ein paar Tage ins Krankenhaus. Sie sagt, früher habe es so etwas nicht gegeben. Dabei versucht sie, auf sich zu achten. Sie ist viel unterwegs. Sie fährt oft mit dem Rad. Dreimal die Woche kümmert sie sich um eine alte Freundin, die kaum noch laufen kann. Sie macht den Einkauf, hilft im Haushalt und begleitet sie zum Friseur. «Es ist etwas schwieriger geworden», sagt Biruta. Aber sie wolle nicht klagen. 2014 haben sie in Lettland den Euro bekommen. Alles ist jetzt teurer. Ihre Rente aber, die ist gleich geblieben. 140 Euro sind die Ernte ihres Lebens. Wie das Land selbst versucht auch sie nun den Spagat zwischen Vergangenheit und Zukunft.

Die Ostsee ist nah, auch in ihrem neuen Leben. Es sind keine zwei Kilometer bis zum Strand der Stadt. Es soll einer der schönsten Lettlands sein. Der Sand ist besonders weiß, sagen die Leute in Liepāja, so weiß wie Schnee. Biruta geht selten hin. Eigentlich nie. Sie mag auch die Stadt nicht. Es ist zu laut. Es sind zu viele Menschen. Sie sagt: «Das Leben hier ist mir fremd, aber es geht mir gut. In meinem Herzen jedoch bin ich in meinem Dorf.» Und von Zeit zu Zeit fährt sie nach Nida, um nach dem Grab ihres Mannes zu sehen oder die letzten ihrer ehemaligen Nachbarn zu besuchen. Doch meist vermeidet sie es, ans Meer zu gehen, um nachzusehen, was Wind und Wellen hinterlassen haben könnten. Sie hat sich den Strand verboten. «Bei mir», sagt sie, «kommt keine Flaschenpost mehr an.»

«Und deine Sammlung? Wo sind die Briefe heute?»

Biruta winkt ab: «Die habe ich nicht mehr. Ich habe sie verschenkt.»

«Verschenkt?»

«Ja, sie sind in einem Museum. Ich wollte nichts behalten, was mich an die Zeit in Nida erinnert. Also habe ich die Briefe dem städtischen Heimatmuseum vermacht. Dort müssten sie heute noch sein. Warum fährst du nicht hin und siehst sie dir an?»

Die Archivarin des Stadtmuseums, das zwei Kilometer nördlich in einer prächtigen um 1900 erbauten Villa zu finden ist, erinnert sich sofort an die Nachrichten aus Nida. Sie werden allerdings nicht ausgestellt. Niemand kann sie besichtigen. Die Kuratoren wissen auch noch nicht, was mit Birutas Briefen passieren wird. Es ist kein Platz. Bei fast 100 000 Exponaten sei das alles nicht so einfach, erklärt die Frau und verlässt den Raum. Es dauert nur einen Augenblick, und sie kommt mit einer schwarzen Mappe zurück. «Bitte sehr! Lassen Sie sich Zeit. Sie können alles lesen.»

Die Sammlung hat sich vergrößert. Biruta hatte noch fünf weitere Botschaften gefunden. 40 Briefe sind es nun. Der letzte ist vom 20. Februar 2011. Er kam von Friederike aus Dobersdorf in Schleswig-Holstein. Ein weiterer von Ingrid und Bernd aus Ratekau, die am 28. Mai 2009 auf dem Weg von Helsinki nach Travemünde die Flasche vor Gotland über Bord warfen. Vier Monate später, am 30. September, sammelte Biruta sie ein und stapfte damit nach Hause. Wie auch am 17. März 2009 mit den Zeilen von Justinas aus Radviliškis in Litauen, der am 23. Januar 2009 schrieb:

> *Du kennst mich nicht, und ich kenne dich nicht. Ich weiß, dass es eine ziemlich verrückte Sache ist, aber ich habe mich entschlossen, einen Brief an einen unbekannten Menschen zu schreiben. Einfach nur so, aus Spaß. Ich wünsche dir, dass du deine eigenen Werte hast und sie dir immer bewahrst. Denn nur dann kannst du dir selber vertrauen. Ich hoffe, dass dieser kleine Brief ein Geschenk für dich ist. Viel Glück!*

Die Archivarin zeigt mir nun noch einen Zeitungsartikel. Es ist eine Ausgabe der regionalen Tageszeitung *Kurzemes Vārds* – Kurlands Wort. Auf Seite vier wird von einem Flaschenpostfund berichtet, der im August 2014 am Strand von Liepāja gemacht wurde. Ein Litauer hatte einen seitenlangen Brief an seine Mutter geschrieben. Die Zeitung hatte einen Auszug gedruckt:

Liebe Mama,
heute habe ich verstanden, was wertvoll im Leben ist: das
Leben selbst! Ich bin stark. Und ich verspreche dir, dass ich von
heute an, dem 4. Juli 2014, nie wieder Heroin nehmen werde.
Ich bin abhängig. Ich bin ein Süchtiger. Das habe ich lange
nicht begreifen wollen. Ich werde den Entzug machen. Es wird
nicht einfach, aber ich werde es schaffen. Das verspreche ich dir.
In großer Liebe, Vytautas

Die Redaktion der Zeitung ist nur drei Straßen weiter. Nora Drike – Anfang 50, halblange blonde Haare und Brille – ist seit mehr als 20 Jahren Journalistin. Doch selten hatte sie an einer so rätselhaften Geschichte gesessen. Am 22. August 2014 kam eine Frau ins Verlagshaus. In der Hand hielt sie eine Champagnerflasche, die aussah, als ob sie viele Jahre im Meer getrieben war. Das dunkelgrüne Glas und der Korken waren dicht mit Seepocken bewachsen. In der anderen Hand hielt die Frau einen drei Seiten langen Brief. «Die Frau war zu Tränen gerührt», erinnert sich Nora, «sie wollte diesem jungen Mann wirklich helfen. Sie fragte, ob wir einen Artikel schreiben könnten, um die Mutter zu finden.» Doch Vytautas hatte nur mit seinem Vornamen unterschrieben. Keine Adresse oder E-Mail. Keine Telefonnummer. Kein Name der Mutter. «Vielleicht wollte er gar nicht, dass seine Flaschenpost gefunden wird», vermutet Nora, «vielleicht wollte er nur seine Gedanken loswerden. Vielleicht lebt dieser Mensch heute auch nicht mehr. Wir wissen es nicht.»

Einige Wochen später machen wir uns gemeinsam auf die Suche nach Vytautas und seiner Mutter. Eine befreundete Journalistin aus Klaipėda hilft uns. Lettische und litauische Tageszeitungen schalten

Suchmeldungen. Kieler Meeresbiologen nehmen die Flasche unter die Lupe und bestätigen, dass derart viele Seepocken in nur eineinhalb Monaten möglich sind. Hamburger Experten für Meeresströmungen verfolgen anhand von Wetterdaten den Weg der Flaschenpost zurück (auf Seite 216/217): Sie musste von einem Schiff in die Ostsee geworfen worden sein. Etwa 30 Seemeilen vor der litauischen Küste. Unmittelbar dort, wo die Fähre zwischen Kiel und Klaipėda pendelt.

Und tatsächlich: Die Fährgesellschaft findet in den Passagierlisten einen Gast namens Vytautas, der vom 4. auf den 5. Juli 2014 an Bord gewesen ist. Wir schreiben ihm mehrere E-Mails. Doch wir erhalten keine Antwort.

Vermutlich war es so, dass er den Brief am 4. Juli an Bord schrieb und einen Tag später, kurz vor dem Einlaufen in den Hafen von Klaipėda, abschickte. Eine Woche lang trieb die Flasche zunächst nach Westen, um dann einen Monat auf offener See ihre Runden zu drehen. Bis am 12. August Südwestwind einsetzte und sie acht Tage später in Liepāja an Land ging. Ob Vytautas noch lebt, wissen wir nicht. Auch nicht, wer die Frau war, die seinen Brief am 22. August 2014 in die Redaktion brachte. Der Absender und die Finderin bleiben bis heute unbekannt.

Nach meinem Besuch in der Redaktion fahre ich nach Jūrmalciems. Am Strand des kleinen Fischerdorfes, 30 Kilometer nördlich von Nida, liegt ein rostiger Kühlschrank. Die Tür fehlt. Im Eisfach eine Colaflasche. Ein Stückchen weiter die Sitzfläche eines Sofas. Dann ein Bürostuhl. Eine Küchenuhr, die um halb sechs stehen geblieben ist. Ein Computermonitor. Eine leere Packung Nimm 2. Zwischendurch immer wieder Feuerzeuge und Plastikflaschen. Auf einem Abschnitt von 300 Metern zähle ich 17 Lkw-Reifen, die einst an den Bordwänden der großen Frachter hingen. Und würde man die Reste aller Wodkaflaschen trinken, die hier im Sand stecken, man müsste das Auto stehen lassen.

Neben einem komplett mit Seepocken bewachsenen Arbeitsschuh, Größe 43, liegt eine weitere Plastikflasche. Noch eine, denke ich. Die langen Dünengräser haben sie festgehalten. Eineinhalb Liter mit blauem Deckel. In den letzten Jahren hatte ich schon viele dieser Flaschen aufgehoben, jedes Mal in der Hoffnung, dass vielleicht jemand geschrieben haben könnte. Doch so einfach ist das nicht. Das wusste ich längst. Allein in diesen Tagen in Lettland war ich Nachmittag für Nachmittag und Kilometer auf Kilometer die Strände abgelaufen. Ich hatte alles gefunden, was man sich vorstellen kann. Nur keine Flaschenpost. Doch das sollte sich nun ändern: Denn da schimmert etwas Weißes durch das Plastik.

Die Schrift ist schon etwas verblichen, aber das Wort noch gut zu lesen: *FLASCHENPOST*. Es ist eine Nachricht aus Deutschland:

Lieber Finder,
wir wollen herausfinden, wie lange eine Flaschenpost von der
Insel Rügen zu dir braucht. Wenn du die Antwort weißt, dann
schreibe uns. Bitte mit der Post schicken!
Emma (10), Johann (4) und Maike (9)

Später finde ich heraus, dass der Brief gerade mal 13 Tage gebraucht hatte und fünf Tage hier gelegen haben musste. Nur hatten die drei vergessen, ihre Nachnamen auf den Zettel zu schreiben. Ich habe bis heute nicht antworten können. Aber ich bin noch auf der Suche.

Ich habe Biruta gefunden. Ich habe die Briefe im Museum gefunden. Ich habe meine erste Flaschenpost gefunden. Und dieser Tag ist noch immer nicht vorbei: Am Abend zeigt mir die Bäuerin des

Hofes, auf dem ich untergekommen und seit Tagen der einzige Gast bin, drei Briefe, die sie in den letzten Jahren am Strand gesammelt hatte. Eine Kinderzeichnung aus Litauen. Eine Nachricht der 15-jährigen Marion aus der Nähe von Stuttgart, die auf Bornholm Urlaub machte. Und ein stark gewelltes Papier mit einer Botschaft von – wirklich wahr – Thomas aus Sassnitz, die fast siebeneinhalb Jahre unterwegs gewesen ist.

Liepāja am nächsten Morgen. Biruta und Rudolfs, der Freund der Enkelin, der wieder übersetzen wird, warten schon vor dem Haus. Wir fahren nach Nida. Eine gute Autostunde immer geradeaus und kurz vor Litauen rechts. Drei Familien von früher sind noch im Dorf, erzählt Biruta. Viele sind gestorben. Einige Häuser wurden von Stürmen zerstört. Sie sagt: «Es ist eine neue Zeit angebrochen.» Es gibt Leute, die sprechen davon, dass die Grenze verschoben wurde, dass Nida längst nicht mehr zu Lettland gehört. Heute kann es passieren, dass man gefragt wird, woher man kommt, und der Fragende sich wundert, dass man kein Litauer ist. «Litauer», schimpft Biruta, «haben Angst davor, dass andere kommen und ihnen ihr Land wegnehmen. Deshalb bauen sie Zäune. Wie im Zoo.» Hinter den Zäunen bellen große Hunde. Es gibt Videokameras und Bewegungsmelder. Selbst auf der Düne stehen die *Privati*-Schilder. Und in manchem Garten wird zum Zeichen der Eroberung die litauische Fahne gehisst.

Biruta möchte jetzt doch noch einmal kurz an den Strand. Sie will mir etwas zeigen. Über ihr streckt sich der Himmel. Licht und hoch. Ein Schwarm Seeschwalben gleitet im Tiefflug über das Wasser. Lange Wellen treiben schräg an Land. Sie haben einen roten Putzhandschuh und zwei Plastikflaschen gebracht. Eine zerbrochene Neonröhre. Eine Holzkiste. Kurz legt Biruta die Stirn in Falten, verzieht den Mund zu einer Schnute und bleibt stehen. «Wenn ich noch hier leben würde, dann würde es nicht so aussehen!» Sie stapft weiter.

Sie hebt ein paar schöne Steine auf und gibt sie mir. Sie sagt, sie habe 20 Jahre lang gesammelt und gesammelt. Und dann wurde ihr alles genommen. Nun mag sie nicht mehr sammeln. Sie zieht eine kleine, mit Bernsteinen gefüllte Plastiktüte aus ihrer Jackentasche und schenkt sie mir. Sie schenkt mir die Bücher mit den Grüßen ihrer Gäste, die sie in einem Stoffbeutel mitgebracht und die Jahre über gehütet hat. Menschen aus Finnland, Neuseeland und England, aus Italien, Australien, Litauen oder den USA haben Wünsche hinterlassen. Und heute lesen sich die Eintragungen wie die Sätze in einem Kondolenzbuch. Anne aus Deutschland schreibt im August 2006: *Das ist echte Kunst. Es ist eine Freude dieses wunderschöne Haus und diesen inspirierenden Garten anzuschauen. Es war mir eine Ehre.*

Ein Mann aus Riga notiert am 14. Mai 2003: *Nichts kann nicht aus dem Nichts entstehen. Alles braucht eine eigene Idee und den eigenen Schweiß. Lassen Sie sich niemals entmutigen, das Schöne zu erschaffen.*

Und Klaus aus Darmstadt am 16. Juni 2003: *Hier ist die Welt friedlich, bunt, skurril, tierlieb und steinreich. Was braucht der Mensch mehr als so einen Flecken Erde?*

Es ist auch eine Art Tagebuch für die Jahre 2004, 2005 und 2006 dabei. Für jeden Tag hat Biruta die Temperatur und Windrichtung eingetragen. Sie hat gewissenhaft protokolliert, ob es regnete oder schneite, ob die Sonne schien, ob das Meer stürmte oder schwieg, wann sie Tomaten und Gurken pflanzte, wann sie Bohnen oder Karotten säte. Tag für Tag für Tag. Eintrag folgt auf Eintrag. Kein Tag fehlt. Am 24. Dezember 2003 notiert sie: *Klar und sonnig, +4°, Wind 11 m/sek. Kiste Bananen gefunden.*

Und am Ende bleibt die traurige Wahrheit, dass etwas ungewöhnlich Schönes nur noch in den Erinnerungen existiert, die so ähnlich aussehen, wie es Véronique und Francis aus Frankreich empfunden haben: *Liebe Biruta, wir werden uns immer daran erinnern, wie du uns deinen Garten, dein Haus, ja, deine Welt gezeigt hast. Es ist eine magische*

Welt, surreal und schön. Es ist ein Platz, an dem die Phantasie und die Freiheit wohnen. Und wer weiß, vielleicht werden wir eines Tages an diesen Ort zurückkehren.

Es war einmal ein Garten in einem Dorf namens Nida. Ein Garten, von dem man sich erzählte, dass er die Menschen verzaubern konnte, weil er nicht erwachsen werden wollte. Wie ein Kindheitstraum, der den Menschen nun fehlen wird. Denen, die ihn kannten, und auch denen, die ihn nicht kannten, die aber heute noch nach Nida kommen, weil sie von den verrückten Kunstwerken aus Treibgut und der Frau, die dort leben soll, gehört haben. Sie fahren den Schotterweg, bis es nicht mehr weitergeht und die Piste in den Dünen versandet, wie hier vieles versandet ist in den Jahren. Sie wundern sich, dass dort nichts mehr von dem zu finden ist, was dieses Dorf über Lettlands Grenzen hinaus fast ein bisschen berühmt gemacht hat. Und dann ist alles wie im Märchen, das man glaubte, weil es so gut erzählt, am Ende aber doch erfunden war.

Und dieses Buch endet dort, wo es anfing: am Strand von Nida, wo das Meer gelegentlich die Post bringt, wo die Dinge sich verändert haben. Denn eine Geschichte, die wir erzählen, hat immer einen Schluss. Die Geschichte aber, die wir erleben, ist nie zu Ende.

Paldies, Tak, Ačiū, Spasiba, Dziękuję, Tack und Danke an …

… alle Flaschenpostschreiber und -finder in diesem Buch für die Gespräche, eure Gastfreundschaft und das Vertrauen.
… Katrin Bojarzin, die als eine der Ersten an dieses Buch glaubte.
… den Rowohlt Verlag und Julia Vorrath für die Zusammenarbeit.
… Tobias Schumacher-Hernández, der dieses Buch lektorierte.
… Rainer Schäfer, Sartorius Benz und Johannes Schweikle, die so manche Geschichte vorab lasen und mir wertvolle Tipps gaben.
… Holger Vonberg von der Tourismuszentrale Rügen und das Romantik Hotel Kaufmannshof in Bergen für die freundliche Unterbringung.
… Heidi Barghusen, die mir auf Bornholm einen Dolmetscher vermittelte.
… Anna Scherschun für das Übersetzen der Gespräche mit Alla und Vladimir.
… Marianne Jensen von der Touristeninformation in Allinge auf Bornholm, die den Kontakt zu Mogens Christensen herstellte.
… Dennis Marco Tomiola für das Dolmetschen der Gespräche mit Mogens Christensen und die Inselführungen auf Bornholm.
… Sandra Schreiner und Philipp Päper von der Reederei DFDS Seaways für die freien Fahrten nach Litauen und zurück.
… Martina Alfers von der Emsland Touristik und an das Hotel Pöker in Meppen für die Unterbringung.
… Mārtiņš Feodosovs vom Tourismusbüro und die Frau im Rathaus von Rucava, die mir bei der Suche nach Biruta Kerve halfen.

- ... Andreas Lehmann und Rainer Froese vom GEOMAR Helmholtz-Zentrum für Ozeanforschung in Kiel für die Hintergrundinformationen über Meeresströmungen, Winddrift und Überfischung in der Ostsee.
- ... Katrin Löwenadler von Visit Karlskrona, die eine Unterkunft auf Ungskär organisierte.
- ... die Journalistin Daiva Pauliukevičienė von der Verlagsgruppe Diena Media News aus Klaipėda, die bei der Suche nach Vytautas half und seine Flaschenpost übersetzte.
- ... Frank Janssen vom Bundesamt für Seeschifffahrt und Hydrographie in Hamburg, der die Driftwege der Flaschenpostbriefe für die Seekarten berechnete.
- ... die Reederei Faergens und an Helle Mogensen vom Tourismusbüro auf Bornholm für die freien Fahrten nach Bornholm.
- ... Karen und Daniel Masloboy, die bei den stundenlangen Gesprächen mit vielen Erinnerungen halfen.
- ... Piotr «Fiskekaker» Śpiałek, der diverse polnische Flaschenposten übersetzte und nach den Absendern suchte.
- ... Denise Schettler und Lars Wähnert von der SEE-TRANSIT Schiffahrts- und Speditionsgesellschaft, die bei der Suche nach Kapitän Denisenko halfen.
- ... Anette Ustrup Svendsen und Michael Dietz von der Reederei Scandlines für das Entgegenkommen beim Kauf der Tickets für die Fahrten nach Dänemark.
- ... die Künstlerin Kirsten Kaiser aus Münster für die Beratung beim Flaschenpostautomaten.
- ... die Graphikerin Nadine Rybaczyk, die das *Flaschenpost*-Schild für den Flaschenpostautomaten entwarf.
- ... Christin Nilsson, Bibliothekarin des Blekinge Museums in Karlskrona, für die Suche und das Finden eines alten Fischerliedes über die verschollenen Männer von Ungskär.

- … Raimonds Zilicuis und Rūdolfs Vilsons für das Dolmetschen der Gespräche mit Biruta Kerve.
- … Nora Drike von der Tageszeitung *Kurzemes Vārds*, die half, nach Vytautas zu suchen, und mir die gefundene Flaschenpost schenkte.
- … Anna und Vladimir für die Stadtführung in Selenogradsk.
- … Anna Fosselius, Anna Wideskär-Benoni und Lasse Rosén, die die Gespräche mit Arne Nordström übersetzten.
- … Bernd Stiegler und Oliver Röhner von der Automatenfirma Sielaff und an Andreas Rehder von der Automatenfirma Bogdol für die fachmännische Beratung.
- … Brigitte Haase vom Deutschen Wetterdienst in Hamburg für die Informationen und die Bereitstellung von Wetterdaten, die wichtig für diese Recherche waren.
- … Pedi Petersen, der mit mir den Flaschenpostautomaten an diverse Strände schleppte und sich nie beschwerte.
- … Günther Kraemer und Martin Kunst, die mich bei der Suche nach Verwandten von Elfriede Broda unterstützten.
- … meine Frau, die (bis auf ein- oder zweimal) immer gelassen und geduldig blieb.
- … Maija Meiere und Guna Dancīte vom Liepāja Muzeja für die Besichtigung der Flaschenpostbriefe.
- … Peter Palm für die Seekarten und Postwege in diesem Buch.
- … Doris Wilmer-Huperz von der Tourismus-Agentur Lübecker Bucht und an Andrea Hufnagel vom Tourismus-Service Sierksdorf für die Fotogenehmigung.
- … Peter Scharstein für das Basteln wunderschöner Flaschenposten, die ich nun bei meinen Lesungen zeigen werde.
- … Flo für Käpt'n Kork!
- … Locke, meine Hovawart-Hündin, die mich auf den vielen Reisen immer begleitete, stets aufmerksam zuhörte und nie widersprach.